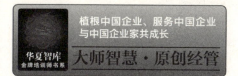

植根中国企业、服务中国企业
与中国企业家共成长

大师智慧·原创经管

U0575870

管理第1现场

张学民　编著

中国财富出版社
（原中国物资出版社）

图书在版编目（CIP）数据

管理第 1 现场 / 张学民编著 . —北京：中国财富出版社，2012.7
（华夏智库·金牌培训师书系）
ISBN 978 - 7 - 5047 - 4287 - 2

I. ①管… II. ①张… III. ①车间管理 IV. ①F406.6

中国版本图书馆 CIP 数据核字（2012）第 102849 号

策划编辑 黄　华		**责任印制** 方朋远		
责任编辑 刘淑娟		**责任校对** 孙会香　梁　凡		

出版发行	中国财富出版社（原中国物资出版社）	
社　　址	北京市丰台区南四环西路 188 号 5 区 20 楼	**邮政编码**　100070
电　　话	010 - 52227568（发行部）	010 - 52227588 转 307（总编室）
	010 - 68589540（读者服务部）	010 - 52227588 转 305（质检部）
网　　址	http：//www.clph.cn	
经　　销	新华书店	
印　　刷	北京京都六环印刷厂	
书　　号	ISBN 978 - 7 - 5047 - 4287 - 2/F · 1785	
开　　本	710mm×1000mm　1/16	**版　　次**　2012 年 7 月第 1 版
印　　张	22.25	**印　　次**　2012 年 7 月第 1 次印刷
字　　数	364 千字	**定　　价**　42.00 元

前　言

　　现场管理就是指用科学的管理制度、标准和方法对生产现场各生产要素，包括人（工人和管理人员）、机（设备、工具、工位器具）、料（原材料）、法（加工、检测方法）、环（环境）、信（信息）等进行合理有效的计划、组织、协调、控制和检测，使其处于良好的结合状态，达到优质、高效、低耗、均衡、安全、文明生产的目的。现场管理是生产第一线的综合管理，是生产管理的重要内容，也是生产系统合理布置的补充和深入。

　　企业管理活动中，无论在资金、人员、设备哪一个方面出现问题都会给生产带来困难。在开始时也许还不是那么严重，但是随着生产进程的加快，问题就会变得越来越突出，甚至出现生产停顿的情况，从而使整个企业的生产经营活动陷于瘫痪。所以，要维持企业的正常运作，就必须使所有的资源处于良好的、平衡的状态，加强现场管理，以有限的资源获得最佳的经济效益。无论我们走进企业的哪一个现场，都能够比较清楚地知道该企业的管理水平，从而知道企业的经营状况。这是因为现场是企业管理活动的缩影，企业的主要活动都是在现场完成的，企业现场管理具有非凡的意义和作用。

　　现场实行"定置管理"，使人流、物流、信息流畅通有序，现场环境整洁，文明生产；加强工艺管理，优化工艺路线和工艺布局，提高工艺水平，严格按工艺要求组织生产，使生产处于受控状态，保证产品质量；以生产现场组织体系的合理化、高效化为目的，不断优化生产劳动组织，提高劳动效率；健全各项规章制度、技术标准、管理标准、工作标准、劳动及消耗定额、统计台账等；建立和完善管理保障体系，有效控制投入产出，提高现场管理的运行效能；搞好班组建设和民主管理，充分调动职工的积极性和创造性。

　　总之，到了现场才能清楚地了解现场的实际情况。一个企业管理水平的高低，就看其现场管理是否为完成总的经济目的而设定了各项阶段性的细化了的具体目标，是否很好地引导广大员工有组织、有计划地开展工作，经济合理地完成目标。现场是企业活动的出发点和终结点，不重视现场管理的企业终究是要衰败的。

强化现场管理，落实现场各项管理制度。公司强调基层单位要认真落实现场管理制度及巡回检查和交接班等制度。要求交接班提前到岗，检查了解安全、工艺、设备等运行状况，实行集体交接或岗位交接，建立全天候、全方位、全过程以及专业人员和操作工在现场相互衔接立体交叉的巡回检查网络，提高生产现场巡回检查的频率，及时捕捉生产现场安全、工艺和设备等运行的细微变化，加强对数据变化的实时分析和调整健全设备"五位一体"的维护保养体系，不断完善关键机组特护细则，重视重要机组和关键设备的巡回检查与特级维护保养，使设备始终处于完好状态，为生产运行提供可靠的基础，全面落实管理，增强安全责任意识，落实安全生产责任制，及时消除事故隐患，确保现场安全无事故。

本书旨在打造金牌管理第一现场，用最权威、最实用的理论和操作手法给读者推介一种全新的现场管理模式。本书针对目前企业普遍存在的不良现象，把外抓市场与内抓现场统一起来，坚持以人为本，提高企业活力与效益出发，全面阐述现场作业管理、现场质量管理、现场设备管理、现场物料管理、现场环境管理、现场安全管理、现场人事管理的要点和难点，让企业管理现场有据可依、有据可查，使企业轻松做到与时俱进，快速健康发展。本书实现了企业专业管理理论与现场管理实际的有机结合，极具指导意义和参考价值。本书结构严谨、层次分明、内容翔实、语言规范，是现场管理工作者不可多得的工作指导工具。

作者

2012 年 2 月

目录
Contents

总 论　现场管理

企业现场管理

一、企业现场管理含义与目的

企业现场管理是指运用科学的方式方法，在企业内部展开运作的直接服务于生产经营的一系列管理活动的总称。

加强企业现场管理的目的是"练内功"，以企业的效率、效益为终极目标，全面提升本企业的生产经营管理水平，逐步完善，与时俱进，在日益激烈的市场竞争大潮中立于不败之地。效益包含经济效益、社会效益与环境效益三大方面内容。

二、企业现场管理表现特征

企业现场管理的表现特征是直接性、群众性和紧迫性。

1. 直接性

企业的生产管理、质量管理、设备管理和物资管理是企业最基本、最直接的生产经营活动，这些活动的优劣会导致直接的经济结果。如车间生产出现了质量不合格产品，给企业带来的经济损失基层班组非常清楚，对照本单位经济责任制，自然也清楚自己应承担的责任和受罚数目。

2. 群众性

从事现场管理工作的内部员工大约占到企业全员人数的80％以上，除直接操作的生产一线职工外，还包含间接从事生产经营服务的二、三线员工，如质量检验人员、机电检修职工、仓库保管职工等。其中还包含参与现场管理运作的各级管理人员，如主管厂级领导、相关的各职能部门管理人员、车间级和工段（生产班）级负责人。

3. 紧迫性

各行业的企业现场管理表现出的共性特征是具有很强的时间性、紧迫性。

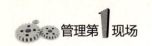

很多企业内都是三班倒的连续性生产，一环紧扣一环，尤其是现代化生产的大中型企业，如发电及电力系统、铁路及交通运输系统、冶金系统等。

这些企业现场管理的时间性、紧迫性特别突出，因为这些企业的现场管理涉及国计民生和人民群众的安全状况，涉及企业动力能源供应、产量质量指标和生产工艺客观规律的要求。处理现场管理问题特别是生产一线问题，必然要涉及生产工艺、技术要求和设备与人员安全等项，处理这些问题的原则是果断与正确，一般情况不允许"隔夜"回答处理（如车间内发生的设备事故）。时间就是金钱、时间就是效益。

现场管理的原则与目标

一、现场管理的基本原则

实行现场管理，企业的每一个人都必须共同致力于以下三项基本原则。

1. 维护环境

维护环境是良好管理不可缺少的一环，借助环境的维护，员工可以学习和实践以提高自律。没有自律的员工，是不可能提供良好的产品或服务给客户的。

2. 消除浪费

浪费是指任何不会产生附加价值的活动。在现场作业的员工，不是正在产生附加值，就是没有产生附加价值。这一判断对其他诸如机器及材料资源而言也是相同的。消除浪费，可以作为提高生产力和降低作业成本的最有效方法。现场管理应着眼于消除现场浪费，而非以增加投资来增加产出。

3. 标准化

标准化可以定义为做事的最佳方式。产品或服务是经历一系列流程生产的结果，为确保品质，在每一个流程都要维持一定的标准。标准化是在每一个流程中，贯彻确保品质和防范错误发生的方法。

二、现场管理的流程与法则

与现场保持密切的接触及了解，是现场管理的首要步骤。现场管理的流程及法则如下所述。

1. 先去现场

现场管理员的职责，包含了现场员工的聘用与训练，为他们的工作设定标准，设计产品及流程。现场管理员设定的现场作业标准，使得无论发生了什么事，都能及时为管理员知道。管理员要知道现场中的第一手情况，就必须先去现场，把先去现场作为自己的例行事务。现场管理员应当到现场去，站在那里观察事情的进展。在养成到现场去的习惯之后，现场管理员就能解决现场随时出现的问题。

2. 检查现物

现物是指有形的实体。现物可用来指代一部有故障的机器、一个不合格的产品、一件被毁损的工具、一件退回来的产品甚至是一位投诉的客户。一有问题或遇到异常的情况时，现场管理员应该到现场去检查现物。借助在现场详细检视现物，并且应用一般常识和低成本的方式，现场管理员应当能够确认问题的原因，而无须使用那些高深复杂的技术。例如，如果生产出一个不合格的产品，只要简单地握在手上，观察、感觉、仔细调查，然后再去看看生产的方式，便能找出问题的原因。

3. 当场采取暂行处理措施

机器如果出现故障，有时简单地进行修理，也会使机器再启动。然而，这样的暂时处理措施，并没有找到机器故障的真正原因，并未消除隐患。这就是为什么现场管理员必须去查核现物，持续问"为什么"，直到找出问题的真正原因为止。

4. 找出真正原因

应用现场现物原则及一般的常识，可以迅速地解决许多问题。现场管理员应留在发生问题的场所，观察现场，而且下定决心找问题的真正原因。许多与现场有关的问题都可以当场解决，其余诸如技术上的困难或新技术的导入等问题，才需要长久的准备与计划。

许多现场管理员都认为：在实施任何改善措施之前，都必须对每一种状况先做好详细研究。事实上，现场管理员若能当场详细了解和察看，则大约90%的现场问题都能立即得以解决。在这个解决的过程中，现场管理员应具

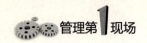

有执行改善的素质以及胜任所担当的角色的训练。

探寻现场问题最有效的方法之一就是持续地问"为什么",直到找到问题的原因为止。此过程有时亦称"问5次为什么",因为问了5次为什么后,就很容易发掘到问题的原因。

5. 进行标准化,以防止问题再发生

在现场,当一个问题发生时,不论是金属碎屑掉落,卡住传动带造成机器故障,或者是客户投诉传真文件的处理方法,首先,必须依照现场现物的原则,详细观察问题。其次,必须找出问题的原因。最后,在确定解决问题的方式有效后,必须将新的工作程序予以标准化。标准化是用来确保改善效果的,使之能继续维持下去。

标准化的其中一个定义是指做事情的最佳方法。如果现场员工都能遵照这样的标准做的话,就能确保客户满意。如果标准是意味着最佳的方法,那么每一位员工每一次作业都必须遵照相同的标准、相同的方法。如果员工在其重复性的工作过程中不遵守标准工作,就会导致品质的变动或差异。现场管理员应当明确制定标准,把它当作员工唯一的工作方式,以确保满足客户对品质、成本及交期的要求。不能令工作程序标准化的现场管理员,是对现场管理的失职。

现场管理的内容与任务

一、现场管理的内容

现场管理的内容如下。

1. 现场作业管理

现场作业管理是现场管理中最基本的管理内容,其目的是设计最优的作业方法。主要包括如下内容。

(1) 动作的改善。减少基本动作的次数,缩短动作时间,使动作简单化。

(2) 作业的简易化。减少排队作业中的时间浪费,确定经济合理的作业时间。

（3）作业方法的标准化。作业者按固定程序、方法作业。

（4）作业时间的标准化。采用已确定的标准作业方法，用标准速度进行作业所需的时间，可用来计算日工作量、工时、成本和所需人员、设备。

2. 现场工序管理

现场工序管理包括以下内容。

（1）确定以人或物为中心的工序配置，通过工序分析、动作分析、时间分析，使现场作业各工序及作业时间合理化。

（2）改善多余、不合理的操作顺序，使工序品质、工序成本始终处于受控状态。

（3）工序分析一般分为制造加工、搬运、检查、停滞工序。具体如下。

①制造加工工序。主要研究加工机械和工装的改善，缩短加工时间，使加工顺序合理化，找出并剔除多余的操作。

②搬运加工工序。确定搬运方法，选择合适的搬运机器，缩短搬运距离，减少搬运次数。

③检查工序。研究检查的必要性和检查方法，决定检查方式是全数检查、抽样检查还是重点检查。

④停滞工序。研究库存量大小、存入和保管方法。

现场管理人员可设置出工序分析图，清楚地标明产品或零部件加工顺序，工序占用时间及加工、运输、存放情况。一目了然地分析出此物品是否存在不必要的停滞，移动次数是否过多，移动方式有无问题，加工、检查能否同时进行等。

3. 现场材料管理

现场材料管理包括现场材料、零部件、产成品的存储、运输等保证工序衔接、均衡生产的因素。在现场，要以最低成本，按计划、标准、规定时间，将所需材料、物品送至规定场所。作业现场的物、料、工具应按工艺要求和操作顺序分类码放，应做到平稳、整齐，防止滑落、倾倒，同时不应妨碍正常作业。

二、现场管理的任务

现场管理的任务如下。

1. 完成生产计划

不管是预定生产还是接单式生产,作为现场管理人员,有责任完成每日的生产计划。完成不了生产计划就完成不了营销计划,对企业来说就不能产生利润,这种状态继续下去企业就不存在了。所以在进行生产的过程中,即使有一点点不良的情况,也不要说成是经营者或其他部门的原因,而必须负责任地去解决问题,从而完成生产计划。

2. 维持和提高品质

现场管理人员还负有防止不良品的发生,生产出符合规格的产品的责任。

作为管理人员现场不仅要生产符合规格的产品,而且要在不提高成本的基础上设法提高品质。否则,企业将在竞争中失去生存的机会。

3. 遵守和缩短交期

遵守与客户约定的交期的责任主要在生产现场。但是生产现场往往会发生使用的材料送来迟了、工程中途发生不良情况、生产设备出现故障、劳动灾害、预计不到的多数人缺勤等意外的情况。即使发生了这些情况,现场管理人员也要尽一切力量遵守交期。此外,还要想法缩短工期(制作产品的时间),从而达到缩短交期的目的。

4. 维持和降低标准成本

生产现场有控制制造成本的责任,不仅要维持标准成本,还要谋求降低成本,在市场竞争中取得价格优势。

5. 保养与点检机械设备

正确使用生产现场的机械设备,定期地进行规定内容的点检、保养工作。在异常发生时,修复设备也是生产现场的工作,否则将完成不了计划中预定的生产数量。

6. 开展5S活动

5S(整理、整顿、清洁、清扫、素养)在提高生产现场的生产效率、防止劳动灾害发生等方面,起着重要作用,所以每天都要切实执行5S,否则企业就会走下坡路,导致生产无法正常进行。

7. 防止劳动灾害

生产现场有防止劳动灾害发生的责任。有责任排除不安全因素,并且排除不安全的操作行为。

生产现场诊断

一、现场诊断流程

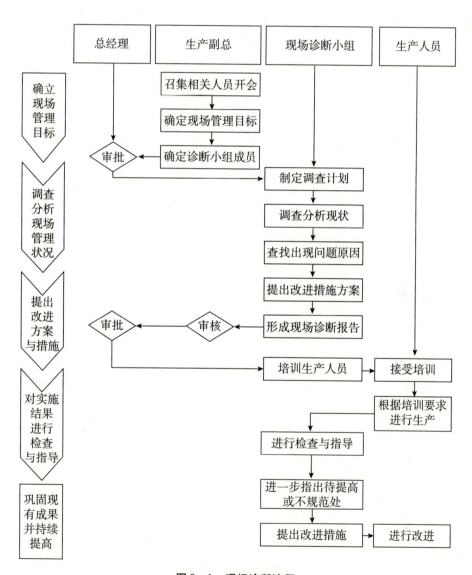

图 0 - 1　现场诊断流程

二、现场诊断报告

现场诊断报告例文如下。

<h3 style="text-align:center">××公司现场诊断报告</h3>

一、前言

1. 公司面临的经济环境

目前，我公司所面临的经济环境主要有两个方面的特点，一是国内外市场环境趋于冷清；二是原材料的价格一路上扬，而产品的售价却由于竞争的加剧有下跌的可能。

为了应对上述局面，我公司应该在管理上狠下工夫，向企业生产现场要效益，提高生产一线人员及管理人员的工作效率，将产品生产过程中的浪费降至最低，以此消除外部环境对公司经营的负面影响。

基于以上情况，公司领导特决定对生产现场进行一次全面、彻底的诊断行动。

2. 对生产现场加强管理的必要性的说明

对生产现场加强管理的必要性表现在以下五个方面。

(1) 控制标准化的作业流程，提高产品的质量。

(2) 减少不必要的动作或时间，提高生产效率，间接降低生产成本。

(3) 使生产现场资源得到合理的配置和使用，减少浪费。

(4) 整洁有序的生产现场能够给人留下良好的印象。

(5) 将发生安全事故的可能性降至最低。

二、诊断小组的成员构成

此次诊断活动由主管生产的副总×××担任组长，具体成员名单如下。

1. 副组长

×××。

2. 组员

×××、×××、×××、×××、×××。

生产现场诊断与评价表

一、现场评价流程

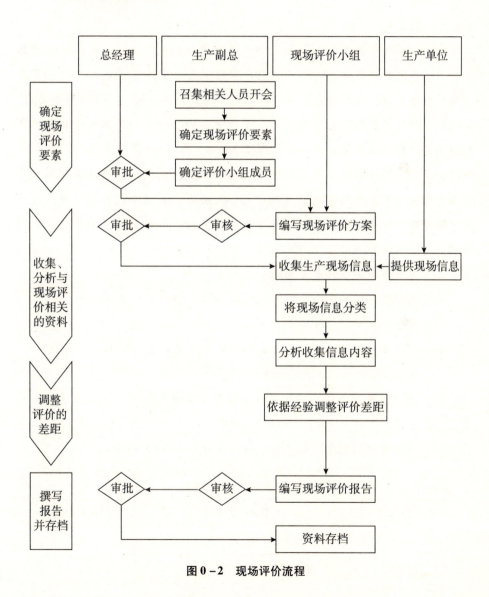

图 0-2 现场评价流程

二、现场评价方案

现场评价方案例文如下。

××公司现场评价方案

一、前言

生产现场的相关人员既承担着公司所有产品的制造加工，也承担着产品质量、工艺技术的改善改进工作。生产现场既是公司所有生产信息（如产品信息、质量信息、技术信息等）的衔接地，也是隐藏公司利润潜力的聚集地。所以，生产现场管理是公司最基础也是最重要的活动之一，其水平的高低直接影响到公司产品质量水平和公司的经济利益。

为考察、掌握公司生产现场管理的实际状况，发现生产现场管理的优势与不足，挖掘生产现场管理存在的潜力，为公司生产效率的提高、产品质量水平的提升、生产成本的控制等打下坚实的基础，创造更大的经济效益，特组织此次现场评价活动。

二、现场评价小组的成员构成

此次现场评价活动由主管生产的副总×××担任组长，具体成员名单如下。

副组长：×××。

组员：×××、×××、×××、×××、×××。

三、现场评价活动的时间与计划

（1）此次现场评价活动将从××××年××月××日—××××年××月××日开展。

（2）现场评价活动的具体步骤及时间安排如表0－1所示。

表0－1　　　　　　　　现场评价活动时间安排表

现场评价阶段	具体工作内容	具体时间安排
开始阶段	1. 组建现场评价小组	
	2. 确定现场评价要素	
	3. 制订调研计划	

现场评价阶段	具体工作内容	具体时间安排
实施阶段	1. 调研生产现场的工位器具管理状况	
	2. 调研生产现场的工艺管理状况	
	3. 调研生产现场的质量管理状况	
	4. 调研生产现场的成本控制状况	
	5. 调研生产现场的设备管理状况	
	6. 调研生产现场的物料管理状况	
	7. 调研生产现场的安全管理状况	
	8. 调研生产现场的人员管理状况	
	9. 调研生产现场的5S管理状况	
收尾阶段	1. 整理收集的资料	
	2. 对收集的资料进行分析	
	3. 根据以往经验调整现场评价结果	
	4. 出具现场评价报告	

四、现场评价的执行

此次现场评价活动采用直接评价法与间接评价法相结合的方式进行。

1. 运用直接评价法进行评价

生产现场的工位器具管理、工艺管理、质量管理、成本控制管理、设备管理、材料管理、安全管理、人员管理、5S管理九个方面，采用直接评价法进行考评。这九大方面作为生产现场的专项管理，每个专项管理包括若干项评价的内容与要求。

采用直接评价法时，将每个专项管理的分值均设为100分，再将分值一一分配到各项评价的内容中，具体请参考表0-3。

直接评价法不仅能直接评价出各个专项管理的优劣，还可以将九大专项管理的分值综合取平均分，从而可衡量出长期以来公司在生产现场管理方面的优劣情况。

2. 运用间接评价法进行评价

间接评价法是采用与生产现场管理有密切关系的经济技术指标，包括质量指标、效率指标、成本指标及配套指标四个方面进行评价。间接评价法的

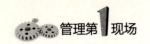

计算步骤如下。

（1）根据相关历史生产资料，计算每项经济技术指标的具体数值，得分即为百分数的分子值（例如，经过计算，产品质量抽检合格率为 98% 时，则这一指标的评价得分为 98 分）。

（2）将某项经济指标的各个评价指标的得分进行加总，并计算其算术平均值，所得分数即为某一项经济技术指标的参考分数。

（3）将四个方面的经济技术指标的平均分数综合求和，得出生产现场的间接评价分数，作为评价生产现场管理的一个参考因素。

3. 划分现场评价得分的等级

评价生产现场时，生产现场的得分等级划分如表 0－2 所示。

表 0－2　　　　　　　　生产现场评价得分等级表

优秀	良好	合格	不合格
90（含）～100 分	80（含）～90 分	70（含）～80 分	70 分以下

五、生产现场评价要素

1. 直接评价法的生产现场评价要素

直接评价法的生产现场评价要素如表 0－3 所示。

表 0－3　　　　　　生产现场评价要素表（即直接评价法）

专项管理项目	具体内容	单项总分	实际得分
工艺管理	1. 严格按照技术文件中规定的参数执行，并做好生产记录	25	
	2. 严格执行更改了的工艺、技术流程	20	
	3. 各生产岗位都备有通用的生产工艺流程并能够认真执行	20	
	4. 现场所使用的工艺文件或参数均经过鉴定与审批，并以红头文件的形式下发	25	
	5. 技术文件的管理井井有条，没有短缺	10	
单项得分（上述各项内容实际得分的加权得分）		100	

专项管理项目	具体内容	单项总分	实际得分
工位器具管理	1. 生产现场的工位器具齐备，不短缺	40	
	2. 生产现场的工位器具干净并摆放整齐	30	
	3. 工位器具的现场台账账目清晰易懂	20	
	4. 生产现场没有闲置的工位器具	10	
单项得分（上述各项内容实际得分的加权得分）		100	
质量管理	1. 生产现场有完备的质量保证系统	35	
	2. 每个操作点都有完备的作业标准书	25	
	3. 用于控制质量的计量器具摆放整齐、合理且精度准确	25	
	4. 生产人员了解每种产品的不良率要求	15	
单项得分（上述各项内容实际得分的加权得分）		100	
成本控制管理	1. 生产现场有明确的材料消耗定额和限额领用制度	35	
	2. 现场可目视的边角料的利用程度达到最大	20	
	3. 生产现场的生产作业达到平衡状态，无窝工、停工待料现象	30	
	4. 生产现场设置有节约能源（如水、电、气等）的管理看板或标语	15	
单项得分（上述各项内容实际得分的加权得分）		100	
设备管理	1. 每个设备前有设备资料卡与保养维修卡，且内容清晰、明了	20	
	2. 设备上的危险地方标有明显的危险标志	15	
	3. 设备的保养点检记录良好，且无中断现象发生	20	
	4. 所有设备的操作人员都有由公司技术部颁发的设备操作证，操作人员能够熟练掌握相关设备的操作规则	30	
	5. 设备在近一年中没有因操作错误而引起重大事故发生	15	
单项得分（上述各项内容实际得分的加权得分）		100	

续　表

专项管理项目	具体内容	单项总分	实际得分
材料管理	1. 材料、物品放置整齐，放置场所有明显的标志	20	
	2. 生产现场人员能够及时掌握现场材料是否不足或多余	25	
	3. 生产现场的材料能够按公司规定的量进行存储	20	
	4. 生产现场的材料无老化、残次品现象	15	
	5. 废料堆里没有可以再次使用的材料	20	
	单项得分（上述各项内容实际得分的加权得分）	100	
安全管理	1. 生产现场有危险的地方有明确的标识或作了相应的处理	30	
	2. 生产通道及安全通道无物品占用，安全出口处无物品堆积	15	
	3. 所有的保护安全的设施、设备处于正常的工作状态	20	
	4. 危险系数较高的设施、设备的操作人员均有上岗证	20	
	5. 生产人员能够熟记安全操作规范	15	
	单项得分（上述各项内容实际得分的加权得分）	100	
人员管理	1. 生产现场人员的出勤状况良好，出勤记录完备	15	
	2. 生产现场人员的工作态度良好，无闲聊、串岗、吃零食、打瞌睡的现象发生	25	
	3. 对技术不熟练的员工进行了现场指导并有记录	25	
	4. 对生产人员培训的现场记录完整、清晰、针对性强	20	
	5. 生产现场的人员待人接物有理、有节，能够保守公司的机密	15	
	单项得分（上述各项内容实际得分的加权得分）	100	
5S管理	1. 现场划分了物品放置区域，且色彩的使用恰当，让人一目了然	20	
	2. 现场物品都在规定的区域内整齐摆放	25	
	3. 生产现场的通路保持了畅通，无其他物品挤占	15	
	4. 生产现场的所有物品标识清晰	25	
	5. 生产现场的地面干净，无废水、废油、废弃物	15	
	单项得分（上述各项内容实际得分的加权得分）	100	

2. 间接评价法的生产现场评价要素

间接评价法的生产现场评价要素如表0-4所示。

表0-4　　　　生产现场评价要素表（即间接评价法）

经济技术指标	评价指标	实际得分
质量指标	1. 产品质量抽检合格率	
	2. 优等品及一等品的质量合格率	
	3. 产品首件检验合格率	
	4. 半成品的质量合格率	
单项经济技术指标得分（上述各个评价指标的平均得分）		
效率指标	1. 生产现场的劳动生产率	
	2. 生产人员的劳动生产率	
	3. 定额工时的平均完成率	
	4. 工时的利用率	
单项经济技术指标得分（上述各个评价指标的平均得分）		
成本指标	1. 原材料利用率	
	2. 单位产品的原材料消耗定额达成率	
	3. 单位产品的成本降低目标达成率	
	4. 可比产品的工时定额达成率	
单项经济技术指标得分（上述各个评价指标的平均得分）		
配套指标	1. 每日生产的产品均衡率	
	2. 生产现场的零部件生产配套率	
	3. 产品的按期交货率	
单项经济技术指标得分（上述各个评价指标的平均得分）		

六、以往现场评价易出现差错的项目分析及对策

（略）

撰稿人：

日期：××××年××月××日

17

现场定置管理

一、定置管理的概述

定置管理是现场管理的一种常见、有效的方法，是以生产现场物品的定置来实现设计、组织实施、调整、协调与控制的全部过程的管理。它的核心是以生产现场为研究对象，研究生产要素中人、物、场所的状况以及三者在生产活动中的相互关系，力求消除工作中不合理的因素和浪费现象。定置管理旨在进行科学的整理、整顿，把生产中不需要的物品清理掉，把需要的物品放在规定位置上，使其随手可得。在生产过程中通过健全物流信息管理系统和合理的生产工艺流程，充实完善必要实用的工位器具与运送装置，使物流系统处于受控状态，实现人、物、场所等在时间和空间上的优化组合，从而达到文明操作、高效运行，提高劳动效率，达到安全生产、文明生产的目的。定置管理有利于建立数据指标，实现有效考核，使现场管理实现经常化、规范化与制度化，从而推进企业现场综合治理工作。

二、定置管理的基本原理

在生产活动中，构成生产工序的要素有材料、半成品、机械设备、工夹模具、操作人员、工艺方法、生产环境等，归纳起来就是人、物、场所、信息等。其中最基本的是人与物的要素。只有人与物合理结合，才能使生产有效地进行。人与物的结合可归纳为 4 种基本状态。

A 状态：人与物处于能够立即结合并发挥效能的状态。例如，操作工人使用的各种工具，由于摆放地点合理而且固定，当操作者需要时能立即拿到。

B 状态：人与物处于寻找状态或尚不能很好发挥效能的状态。例如，一个操作者想加工一个零件，需使用某种工具，但由于现场杂乱，或忘记了该工具放在何处，结果因寻找而浪费了时间；或者由于半成品堆放不合理，散放在地上，在加工时每次都需弯腰拣起，既浪费了工时，又增加了劳动强度。

C 状态：人与物处于关系松散、已不需要结合的状态。如本加工工序已完成，需要转入下一工序再加工或转入检验工序的物品。

D状态：人与物失去联系的状态。这种状态下物品与生产无关系，不需要人同该物结合。如生产现场中存在的已经报废的设备、工具、模具，生产中产生的垃圾、废品、切屑，以及与生产现场无关的工人生活用品等。这些物品放在生产现场，必将占用作业面积，而且影响操作者的工作效率及安全。

定置管理就是要根据生产活动的目的和要求，通过相应的设计和控制、整理、整顿，改进B状态，使之达到A状态，减少C状态，消除D状态，把有价值的物品移到需要的地方，把不需要的、无价值的物品从现场清除掉。

在定置管理中，各种信息媒介物是很重要的，实行定置管理，必须重视和健全各种信息媒介物。良好的定置管理，要求信息媒介物达到五个方面的要求：生产现场标志清楚；生产现场设有定置图；位置台账齐全；存放物的序号、编号齐备；信息标准化（物品流动时间标准、数量标准、摆放标准等）。

三、定置管理图的设计

定置管理图是将生产现场的定置管理用标准化的形式反映出来的一种方法。运用形象的图示描述生产现场人、物、场所和信息等的关系。物品放置区域，用各种符号代替设备、零件、工位器具、工具箱等定置物品。

1. **设计定置管理图的要点**

（1）对生产现场、工序、工位、机台等进行定置诊断，根据人机工程学确定是否符合人的心理、生理需要与满足产品质量的需要，做到最大的灵活性和协调性；最大的操作方便和最少的多余动作；做到切实的安全和防护保障；充分利用空间与时间，做到单一的流向和看得见的搬运路线；最短的运输距离、最少的装卸次数；最少的改进费用和统一的标准。

（2）定置管理图的设计应按统一标准。如全厂范围内的定置管理图用A0图纸幅；各车间、各仓库必须绘制定置管理图，用A2图纸，可镶在镜框内悬置明显处，亦可制成版面置于车间、仓库明显处；班组定置管理图用A3图纸；机台、工位、工具箱内的定置管理应按上放轻、下放重，中间放常用的工具的要求，用A4图纸绘制定置管理图，贴于门内侧，做到所有物品摆放整齐，与图、标记相符，图纸尺寸全厂要统一。

（3）设计定置管理图时应尽量按生产组织划分定置区域。如一个分厂有4个较大的生产工段，即可在定置图上标出4个相应的定置区域。

（4）设计定置管理图先以设备作为整个定置管理图的参照物，依次划出加工件区、半成品待检区、半成品合格区、产成品待检区、产成品合格区、废品区、返修品区、待处理区等定置管理图。

2. 定置管理图的图形符号

定置管理图上的物品一律用图形符号代替。图形符号的确定原则可依据该物品名称拼音的第1个字母组合而成。

3. 定置管理图标注内容

车间定置管理图与工具箱内的定置管理图应标注的内容如下：

（1）按工艺流程设计的工段（班组）工作地（机床、工位）的平面布置区域；

（2）适应物流过程需要的原材料、半成品、在制品、工位器具、运输机械等停放区域；

（3）生产作业场地、区域、机台（工位）之间的明显运输通道；

（4）消防、安全保护设施定置状态；

（5）各类残料、垃圾回收箱定点布置场地；

（6）必须定置物品的大致数、生产区域和作业场所职工生活必需用品等的规定；

（7）移动物品，如手推车、衡器、可移动容器的静止停放位置。

四、如何推行定置管理

推行定置管理，一般开展程序如下。

1. 对现场进行调查，明确问题点

成立调查小组，以推行定置管理的主管人员为主（一般为车间主任），组织有经验的管理者和现场有关人员参加，对生产现场进行调查。

调查内容一般包括：

（1）生产现场中人—机联系情况；

（2）物流情况；

（3）工人操作情况；

（4）生产作业面积和空间利用情况；

（5）原材料、在制品管理情况；

（6）半成品库和中间库的管理情况；

（7）工位器具的配备和使用情况；

（8）生产现场物品摆放情况；

（9）生产现场物品搬运情况；

（10）质量保证和安全生产情况；

（11）设备运转和利用情况；

（12）生产中的消耗情况等。

调查应有侧重点，在调查的基础上，找出现场存在的主要问题，明确定置管理的方向。

2. 分析问题，提出现场改善的方案

主要分析以下几个方面的问题：

（1）人物结合情况；

（2）现场物流状况及搬运状况；

（3）现场信息流状况；

（4）工艺路线和工艺方法状况；

（5）现场利用状况等。

分析方法可采用工业工程（IE）方法，具体讲就是生产作业分析、作业研究、动作分析及时间分析等。

3. 定置管理的设计

（1）各种场地（厂区、车间、仓库等）及各种物品（机台、货架、箱柜、工位器具等）的定置设计。其表现形式就是各类定置图、定置方式，实质是工厂布置的细化、具体化，它必须符合工厂布置的基本要求。

（2）信息媒介物的标准设计。如各种区域、通道、流动器具的位置、信息符号的设计；各种料架、工具箱、生活柜、工位器具等物品的结构和编号的标准设计；位置台账、物品确认卡片的标准设计；结合各种物品的专业管理方法，制定出各种物品进出、收发的定置管理办法的设计等。

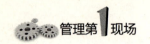

4. 各种场地及物品的定置管理

（1）生产现场的区域定置管理

按运行区域和工艺流程对生产场所的划分进行定置，确定本区域各种设备、工器具的位置和存放区；对区域的设备、工具、仪器、仪表等实行规范定置，达到标准化；对非运行的设备、备品、废弃物（垃圾）、绿化区等确定定置区域，定置后不得随意变动。

现场划线规定：

①黄色60mm实线：预备料区、工具、工具车、辅料、工作台等。

②黄色100mm：区域划分用实线，出入口用虚线。

③黑黄（斑马线）60mm实线：危险区、电机区、风机、水泵等。

④红色60mm实线：废品区，消防区。

⑤红色100mm实线：禁止进入区。

⑥蓝色60mm实线：等处理区，暂存待回收区。

⑦绿色60mm实线：饮水区。

⑧绿色100mm实线：作业区。

（2）设备检修定置管理

周转工具、材料要按区定置摆放，如道木、跳板、模板、脚手架、滑轮、钢丝绳、手推车等，用后及时清理、收回，以保证施工现场整洁，道路畅通；油泵系统、高电压作业要实行特别定置，设安全防护标志，准备足够的灭火器材。按照设备运行方式，设置安全围栏，明显地区别带电和不带电设备，防止误登、误进、误触、误动。

安全用具定置管理：阀门、开关、刀闸、开关室、电缆层等设备的钥匙，号位要对应，放置要合理；绝缘杆、接地线、绝缘手套、绝缘胶靴等号位相符；消防用具、安全网、安全绳、安全帽、安全标示牌、验电器等定置定位，方便使用。试验不合格的安全用具要及时处理，不可混放。

（3）工作间的定置管理

工作间内所摆（存）放的物品都应与工作有关，无关不得放置；工作台（桌）上可放置仪器、仪表、工具材料等，但要及时清理、整顿。

（4）仓库（包括班组工具、材料间）定置管理库房内或露天储存的物品，均按物品类别存库，分区定置，按物资的品种、规格、型号、性能等区别存放，按"四号"定位（库号、柜号、层号、位号），"五五"摆放（按五个为一个记数单元进行摆放）的要求，做到齐、方、正、直，保证安全，领取方便，账、卡、物相符；机器备品配件要进行特别定置，不得与一般物资混放，并有明显的区别标志；易燃、易爆、有毒物品要进行特别定置；库房内通道畅通，温度适宜、清洁整齐、禁放与生产经营无关的物品。

（5）工具柜（架）、仪器柜与资料柜的定置管理

工具柜内物品要按上轻下重、精密粗糙分开、取用方便、存放安全、互不影响的原则定置；工具柜内只允许存放工具、量具等与生产经营有关的物品；仪器柜内只允许存放仪器、仪表等与生产经营有关的物品；资料柜内的资料、台账、文件、报表、记录、图纸等要分类放置，资料每册有目录及顺序号，对应资料编上顺序号，并按序装订；

物品定置后，要依次编号，排列有序，号码与定置表标注相符，定置图、表贴在工具柜门背后，（若是玻璃门柜贴放在左上方）；工具柜及资料柜要经常保持清洁、有序、方便取用查找的状态；更衣柜内定置摆放衣、帽、鞋等个人用具及生活用具，要保持清洁、卫生，严禁存放其他物品。

（6）办公室定置管理

办公桌上可定置电话机、台历、台灯、茶杯，文具等，除办公时间外，一律不准摆放文件、书报、资料等；办公桌玻璃板下，可放电话号码、年历及与工作有关的图表，要求摆放整齐，不得放置与工作无关的照片、图表、画报等；卫生用具放在隐蔽处，保持清洁；定置图贴在门后上方居中位置。

（7）示板定置管理

示板的结构可根据现场实际情况设计和制作，力求统一，板面布局合理、紧凑、朴实，不搞形式主义。

示板内容按其作用可分为三类：

①提示——班组的目标及对策表、设备检修进度表等；

②规范——如职工守则、安全管理规定等；

③运行班组的系统接线、设备揭示、指标竞赛表、设备巡视路线图、影

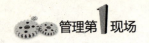

响设备安全的障碍物、污染区图表等。

(8) 特别定置管理

在实施定置管理的同时，把安全、质量突出出来进行特别定置管理。

①特别定置管理的内容。易燃、易爆、放射、剧毒、异味、挥发性强，对环境和人身产生不良影响的物品；安全帽、安全绳、绝缘靴、绝缘手套、绝缘拉杆、高压验电器、接地线、安全标志牌、围栏绳，消防器材、刀闸（开关）钥匙等安全防护用具、事故备品、配件等；保密资料、文件。

②特别定置管理的要求。要有特别存放的场所，对危险品必须定置在对人与生产设备不会造成危害的地方；消防器材的存放位置符合消防的要求；要有特别的物品标示，如对危险品及其存放场所要悬挂规定的危险品标示牌或示意图等；要有特殊的管理办法，如对剧毒之类的物品，要有几个部门或几个人共同管理，库房或柜门要上锁，非两个以上人员不能开锁；安全用具及计量器具应有试验记录；消防器材的定置变动要得到安质部门的同意等；某些特殊物品要用特别的、固定的形式进行定置，如刀闸钥匙、接地线等的编号与定位要对应，以防用错。

五、定置管理的实施和考核

定置管理的实施，即按照定置的设计具体内容进行定置管理。对生产现场的材料、机械、操作者、方法进行科学的整理、整顿，将所有的物品定位，按图定置，使人、物、场所的结合状态达到最佳。按照设计的要求，对生产现场的材料、机械、操作者进行科学的整理和整顿。将所有的物品定位，要做到物必有区、有区必有牌、按区存放、按图定置、图物相符。如物品定点放置、按工序排列、靠近使用点；应尽量做到物品放置安全可靠、照明通风状况良好和高度适当。

定置的考核是定置管理的最后一个阶段。为了巩固已取得的成果，发现存在的问题，不断完善定置管理，必须坚持定期检查和考核定置工作。

现场 5S 管理

一、5S 的起源

所谓 5S 就是整理（Seiri）、整顿（Seiton）、清扫（Seiso）、清洁（Seiket-su）、素养（Shitsuke）。以上五项内容在日语的发音中，都以"S"开头，故称为 5S 法。5S 起源于日本，指的是在生产现场中将人员、机器、材料、方法等生产要素进行有效管理。它针对企业中每位员工的日常行为方面提出要求，倡导从小事做起，力求使每位员工都养成事事"讲究"的习惯，从而达到提高整体工作质量的目的。它是一种日式企业独特的管理方法。

1955 年，日本 5S 的宣传口号为"安全始于整理整顿，终于整理整顿"，当时只推行了前 2S，其目的仅是为了确保作业空间和安全，后因生产控制和品质控制的需要，而逐步提出后续 3S，即"清扫、清洁、素养"，从而使其应用空间及适用范围得到进一步拓展。1986 年，首本 5S 专著问世，对整个日本现场管理模式起到了灯塔式的指引作用，并由此掀起 5S 热潮。

日式企业将 5S 运动作为工厂管理的基础中的基础，作为推行各种质量管理方法的基础平台，在第二次世界大战后产品质量得以迅猛提升，从而一举奠定了经济强国的地位。尤其在丰田公司的倡导并推行下，5S 对于塑造企业形象、降低成本、准时交货、安全生产、高度标准化、创造令人心怡的工作场所等现场改善方面的巨大作用逐渐被各国管理界所肯定。随着世界经济的发展，5S 现已成为工厂管理的一股新潮流，成为管理过程中不可或缺的一个基本环节。

根据企业的进一步发展需要，我国的企业在 5S 现场管理的基础上，结合安全生产活动，在原来 5S 基础上增加了安全（Safety）要素，发展形成"6S"。还有企业加上节约（Save）形成"7S"，也有的加上速度（Speed）、服务（Service）及坚持（Shikoku）形成"10S"。但是万变不离其宗，所谓"6S"、"7S"、"10S"都是从"5S"里衍生出来的。

二、5S 的效果与作用

作为企业，实行优质管理，创造最大的利润和社会效益是一个永恒的目标。而优质管理具体说来，就是在 Q（Quality，质量）、C（Cost，成本）、D（Delivery，交货期）、S（Service，服务）、T（Technology，技术）、M（Management，管理）方面有独到之处。通过推进 5S 运动，可以有效达成 Q、C、D、S、T、M 六大要素的最佳状态，实现企业的经营方针和目标。所以说，5S 是现代企业管理的基础，具体表现如下。

Q——指产品的性能价格比的高低，是产品固有的特性。好的质量是顾客信赖的基础。5S 所要求的生产过程的秩序化、规范化，其目的就是为好的质量打下坚实的基础。

C——在相同的产品质量下，产品的成本越低，产品竞争力就越强，企业就能继续生存和发展。5S 管理活动可以减少各种"浪费、勉强、不均衡"，提高效率，从而达到成本最优化。

D——为适应社会个性化的需要，只有弹性、机动灵活的多品种少批量的生产方式才能适应交货期需要。交货期体现企业的适应能力高低。5S 是一种行之有效的预防方法，能够及时发现异常，减少问题的发生，保证准时交货。

S——服务是培养客户忠诚度的重要手段。5S 可以提高员工的敬业精神和工作乐趣，使他们更乐意为客人提供优质服务。另外，通过 5S 可以提高行政效率，减少无谓的确认业务过程，可以让客人感到快捷和方便，有效提高客户满意度。

T——未来的竞争是科技的竞争，谁能掌握高新技术，谁就更具竞争力。5S 通过标准化来优化技术，积累技术经验，减少开发成本，降低开发风险，加快开发速度。

M——主要是对人员的管理、对设备的管理、对材料的管理、对方法的管理 4 种。只有通过科学化、效能化管理，才能达到人员、设备、材料、方法的最优化，取得综合利润最大化。5S 是科学管理最基本的要求。

5S 有八大作用，即亏损为零、不良为零、浪费为零、故障为零、切换产品时间为零、事故为零、投诉为零、缺勤为零。因此这样的工厂我们也称之为"八零工厂"。通过 5S 运动，企业能够健康、稳定、快速地成长，逐渐发展成对地区有贡献和影响力的世界级企业，并且达到投资者满意（IS：Investor Satisfaction）、客户满意（CS：Customer Satisfaction）、雇员满意（ES：Employee Satisfaction）和社会满意（SS：Society Satisfaction）的目的。

5S 活动推进标准

一、整理

它是 5S 活动的第一步。其内容是对现场的物品进行清理，区分要与不要的物品，把不要的物品移往别处保管，现场只保留适量的必需物品，以提高现场的使用空间和效率。

1. 整理活动的要点

一是对生产现场摆放和停滞的各种物品进行分类，区分哪些是现场需要的，哪些是现场不需要的，哪些是不用的，哪些是长期不用的；二是当场地出现紧张时，首先考虑的不是增加场地，而是开展整理活动；三是即便是必须用、立即用的物品，在现场保留也要适量。对于永久性不用的物品，应坚决处理掉；对暂时不用的物品，应进行合理保管。

2. 现场整理的物品

（1）废弃无使用价值的物品，如过期变质的物品、无法修理的设备工具、过时的资料等；

（2）不使用的物品，如已停产的产品原辅材料、半成品、包装物等，已无保留价值的实验品或样品，已被替换而无用的物品等；

（3）销售不出去的产品，如过时、预测失误而过剩的、有致使缺陷的产品等；

（4）造成生产不便的物品，如取放物品不便的盒子、影响搬运传递的门等；

（5）占据场地重要位置而又只是偶尔使用的其他闲置物品。

3. 整理活动的作用

（1）改善和增大作业面积；

（2）现场无杂物，行道通畅，提高工作效率；

（3）减少磕碰的机会，保障安全，提高质量；

（4）消除管理上的混放、混料等差错事故；

（5）有利于减少库存量，节约资金；

（6）改变作风，使员工心情舒畅，提高工作效率。

二、整顿

它是指对现场保留的必需物品进行科学合理的摆放。它是生产现场改善的关键。摆放留在现场的必需物品通常采取六定方法。即定区（物品放在什么场所合适）、定点（物品放在什么地点合适）、定容（用什么容器合适）、定量（放置多少）、定标识（用什么标识以便识别）、定法（针对物品特点采用什么放置方法合适）。

1. 整顿活动的要点

（1）物品摆放要有固定的区域和地点，以便于寻找和消除因混放而造成的差错；

（2）物品摆放要科学合理，例如根据物品使用的频率，经常使用的东西放得近些（如放在作业区内），偶尔使用或不常用的东西则应放得远些（如集中放在车间某处）；

（3）物品摆放目视化，使定量装载的物品做到过目知数，不同物品摆放区域采用不同的色彩和标记。

2. 整顿活动的作用

（1）减少物品寻找时间，提高工作效率；

（2）能马上发现异常情况，及时采取纠正预防措施，减少故障发生，提高控制质量。

三、清扫

把工作场所打扫干净，设备异常时马上修理，使之恢复正常。现场在生产过程中会产生灰尘、油污、材料屑和垃圾等，从而使现场变脏。脏的现场会使设备精度降低，故障多发，影响产品的质量，使安全事故防不胜防，更会影响人们的工作情绪，使人不愿久留。因此，必须通过清扫来清除那些脏污，创建一个明快、舒畅的工作环境，以确保安全、优质和高效率地工作。

1. 清扫活动的要点

（1）建立清扫责任区（室内、室外）；

（2）执行例行扫除，清理脏污；

（3）调查污染源，予以杜绝或隔离；

（4）设备的清扫，重点放在设备的维修保养上，并结合设备的日常检查，把设备的清扫与检查、保养润滑结合起来；

（5）清扫也是为了改善，所以当清扫地面发现有飞屑和油水泄漏时，查明原因并采取措施加以改进；

（6）建立清扫基准，作为规范。

2. 清扫的作用

（1）通过彻底地清扫，消除脏污，保持现场干净、整洁、明亮，从而稳定产品质量，减少工业伤害；

（2）有利于及时发现和处理现场异常，减少和避免设备故障和质量损失。

四、清洁

它是指对经过整理、整顿和清扫以后的现场状态进行保持。清洁，不是单纯从字面上来理解，而是对前三项活动的坚持与深入，从而消除发生安全事故的根源，创造一个良好的工作环境，使员工能愉快地工作。

清洁活动的要点有以下几方面：

（1）车间环境不仅要整齐，而且要做到清洁卫生，保证员工身体健康，增强员工劳动热情；

（2）不仅物品要清洁，而且整个工作环境要清洁，进一步消除混浊的空气、粉尘、噪声和污染源；

（3）不仅物品、环境要清洁，而且员工本身也要做到清洁，如工作服要清洁，仪表要整洁，及时理发、剃须、修指甲、清洁个人卫生等；

（4）员工不仅做到形体上的清洁，而且要做到精神上的"清洁"，待人要讲礼貌，要尊重别人；

（5）领导以身作则，并通过各种途径，坚持不懈地强化5S意识；

（6）推行制度化、透明化管理，用制度来引导和监督约束。

五、素养

它是指养成良好的工作习惯和行为规范。素养即教养。努力提高人员的素质，养成严格遵守规章制度的习惯和作风，这是5S管理的核心。没有人员素质的提高，各项活动也不能顺利开展，开展了也坚持不了。所以，抓5S管理，要始终着眼于提高人的素质。5S管理始于素养，也终于素养。

在开展5S管理中，要贯彻自我管理的原则。创造良好的工作环境，不能单靠添置设备来改善，也不要指望别人来代为办理，让现场人员坐享其成。应当充分依靠现场人员，由现场的当事者自己动手为自己创建一个整齐、清洁、方便和安全的工作环境。使他们在改造客观世界的同时，也改造自己的主观世界，产生"美"的意识，养成现代化大生产所要求的遵章守纪的风气和习惯。因为是自己动手创造的成果，也就容易保持和坚持下去。

由此可见，整理、整顿、清扫、清洁、素养，这五个项目并不是各自独立、互不相关的，它们之间是一种相辅相成，缺一不可的关系。其中，整理是整顿的基础，整顿又是整理的巩固，清扫是对现场管理在整理、整顿后的深化，而通过清洁和素养，则使整理、整顿、清扫的效果得以保持并形成规范和习惯。系统地开展5S管理，是实现企业安全文明生产、全面提高企业工作质量的一条有效途径。

现场目视管理

一、目视管理的定义

目视管理就是通过视觉来感知事物的一种管理方法。在日常活动中，我们是通过"五感"（视觉、嗅觉、听觉、触觉、味觉）来感知事物的。其中，最常用的是"视觉"。因为人的行动的 60% 是从"视觉"的感知开始的，所以在企业管理中，使用目视管理能够让员工容易明白、易于遵守，自主性地接受、执行各项工作，这将会给管理带来极大的好处。如包装箱的箭头管理，有零件的箱表面箭头朝上（↑），无零件的箱倒置箭头朝下（↓）；排气扇上绑一根小布条，看见布条飘起即可知道运行状况。

为了要从各个方面满足消费者的需求，企业不得不进行多品种、少量、缩短交货期的生产，从而增加了对现场、现物的各种管理难度。而目视管理作为一种管理手段，能使企业全体人员减少差错、轻松地进行各种管理工作，是现场管理的一种有效方法。

二、目视管理的内容

目视管理是管理上最为简单而又非常有效的一种方法。目视管理的原理在生产的现场管理中得到应用后，往往达到事半功倍的效果，如通道线、部门标识牌、生产线看板等。现场管理中目视管理的主要内容如下。

1. 生产计划及其完成情况图表化

计划指标通过层层分解落实到分厂、车间、班组、个人，列表公布，同时定期以图或表的方式公布完成情况，使职工了解生产进程、存在的问题和趋势。

2. 工作标准和规章制度公开化

将各种工作标准公布于众，将各种规章制度让职工掌握以便贯彻执行。

3. 信息显示符号标准化

按定置设计的要求，采用清晰的、标准化的显示符号，将各种区域、通道、物品摆放位置鲜明地标示出来，各种设备、器具采用标准颜色涂染等。

4. 生产设置控制直观化

直观、简便地设置生产控制符号，如在设备和流水线上安装事故显示灯，在质量管理点上设置质量管理图，在车间设立废品展示台，在组织生

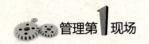

产上应用看板管理等。

5. 物品放置标准化

物品放置和运送标准化后，可过目知数，以便实行定额装车、装箱等。

6. 统一着装，实行挂牌制度

统一而又有区别的着装，可显示企业内部不同单位、工种、职务间的区别，使人产生归属感、荣誉感和责任感；挂牌制度通过单位挂牌和个人佩戴标志，如胸章、胸标、臂章等，给人以压力和动力，达到催人进取，提高效率的目的。

7. 现场色彩标准化

现场各种色彩标准化管理，通常要考虑三种因素。

（1）技术因素。如强光照射的设备涂成蓝灰色，因为蓝灰色反射系数低，可减少对眼睛的刺激；危险信号多用红色，因为红色穿透力强，颜色鲜明。

（2）生理、心理因素。不同色彩给人以不同的重量、空间、冷暖、软硬、清污等感觉效果。如高温车间涂浅蓝、蓝绿、白等冷色，使人感觉清爽；低温车间涂红、橙、黄等暖色，使人感觉温暖。

（3）社会因素。不同的民族、国家和地区对颜色爱好不同，如中国普遍喜欢绿色，而日本则视绿色为不吉祥。

三、目视管理的三大原则

目视管理要符合三个要点：无论是谁都能判明是好是坏（异常）；能迅速判断，精度高；判断结果不会因人而异。

目视管理的第一个原则，是要使问题曝光，现场一旦有事故苗头，就能让人立即发现，生产线即能停止生产。当生产线停止时，每一个人都能意识到发生了问题，通过追究原因，以确保此生产线不会再因相同的原因停止，这是现场目视管理最好的例子之一。

目视管理的第二个原则，是要使作业人员及督导人员能当场直接地接触到现场的事实。目视管理是一种很可行的方法，可以判定每件事是否在控制状态之下，在发生异常时即能马上发送警告的信息。当目视管理发挥功能时，现场每个人就能做好流程管理及现场改善，实现"自主管理"的目的，从而实现管理的目标。

目视管理的第三个原则，是要使改善的目标清晰化。改善的终极目标，就是要实现最高管理部门的方针。最高管理部门的职责之一，就是要设定公司的长期和中期方针以及年度方针，并且要通过目视化陈列让员工知道。通常这些方针都是用文字或图表等绘制成展板陈列在工厂的大门口处、餐厅以及现场，让这些方针逐层地向下一个管理阶层贯彻，最后可使作业人员发掘许多的改善机会，增强他们自己的工作绩效。

四、目视管理的常用工具

1. 红牌
红牌使用于 5S 管理的整理，是改善的基础和起点，用来指示日常生产活动中的问题点，如有油污、不清洁的设备，办公室的死角等。

2. 看板
它是写有使用物品、放置场所等基本状况的标识板。具体位置、数量、负责人、工作等重要情况均要记入，让人一看就明白。目视管理多以看板为载体。

3. 信号灯
信号灯是工序内发生异常时用于通知管理人员的工具，生产现场第一线的管理人员必须随时知道作业者和机器是否正常开动和作业。信号灯有很多种类，主要有异常信号灯（用于质量不良及作业异常）、发音信号灯（用于请求物料供应）、运转指示灯（显示设备运转状态）、进度灯（用于组装生产线）等。

4. 错误示范板
错误示范板主要作用是把不良品直接展现出来。具体表现形式有：

（1）不良现象及其结果揭示表；

（2）不良品的重点事项在改正前后的对照相片；

（3）被示范的错误动作以及与正确动作相比较的照片。

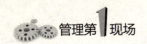

5. 错误防止板

为了减少错误而做的自我管理的防止板，一般以纵轴表示时间，横轴表示作业单位。

6. 操作流程图

操作流程图是描述工序重点和作业顺序的简要作业指导书，有时也称为"步骤图"，用于指导生产作业。在现场一般使用将人、机器、工作组合起来的操作流程图。

7. 警示线

在仓库或其他物品放置场所标示警示线，以表示最大或最小的限量。它主要用于看板管理中。

8. 生产管理板

生产管理板是用来揭示生产线生产状况进度的标识板，记入生产实绩、设备移动率、异常原因（停线、故障）等。它也主要用于看板管理。

9. 物流图

物流图是在一块板上形象地画出各种零件取送的数量、时间间隔、路线、目的地、工位器具种类及其存放地点和数量、运输车辆类别等，是生产现场与有关取、送单位相互间物流综合平衡后的标准图，其作用是统一各方面的步调，避免生产现场发生物流混乱现象。物流图多用于毛坯、半成品、协作品和成品等物品的存放和取送。

10. 地面标志

常见的地面标志为安全线。安全线一般为在厂房内外的地面通道两侧画以禁止逾越的黄色或白色通道线。对工位线是生产现场或库房指定摆放的位置线，如白色方框线等。

五、目视管理的实施手段

在日常工作中，目视管理的应用实例非常多。常见的目视管理手段有标志线、标志牌、显示装置、信号灯、指示书以及色彩标志等。表0-5列举了区域画线、物品的形迹管理、安全库存量与最大库存量、仪表的正常异常标识等目视管理实例的实现办法以及产生的作用。

表0-5　　　　　　　　**目视管理办法**

实　例	实现的方法	产生的作用
区域画线	1. 用油漆在地面上刷出线条 2. 用彩色胶带贴于地面上形成线条	1. 划分通道和工作场所，保持通道畅通 2. 对工作区域画线，确定各区域功能 3. 防止物品随意移动或搬动后不能归位
物品的形迹管理	1. 在物品放置处画上该物品的现状 2. 标出物品名称 3. 标出使用者或借出者 4. 必要时进行台账管理	1. 明示物品放置的位置和数量 2. 物品取走后的状况一目了然 3. 防止需要时找不到工具的现象发生
安全库存量与最大库存量	1. 明示应该放置何种物品 2. 明示最大库存量和安全库存量 3. 明示物品数量不足时如何应对	1. 防止过量采购 2. 防止断货，影响生产
仪表正常、异常标识	在仪表指针的正常范围上标示为绿色，异常范围上标示为红色	使工作人员对于仪表的指针是否处于正常范围一目了然
5S实施情况确认表	1. 设置现场5S责任区 2. 设计表格内容：责任人姓名、5S实施内容、实施方法、达到的要求、实施周期、实施情况记录	1. 明确职责，明示该区域的5S责任人 2. 明确日常实施内容和要求 3. 监督日常5S工作的实施情况

六、活用目视管理检查表

在目视管理过程中，为使之有效推行，可设计检查表进行日常查对。目视管理检查表（见表0-6）应达到以下目的。

第一，明确目视管理的有关问题。

第二，目视管理实施状态的测定、评价。

第三，使目视管理活性化，将优秀的生产现场明确化。

表 0-6 　　　　　　　　　　　目视管理检查

现场名：　　　　　　检查者：　　　　　　　　　　　年　　月　　日

	检查项目	检查方法	评价	备注
资材管理	材料、部品放置场有无标示	确认放置场的标示		
	能否知道资材的过剩或不足	调查资材管理表		
	有无老化的资材	老化管理对象品		
治工具管理	模具治工具的整理、整顿是否完好	观察放置场		
	有无模具治工具管理台账	调查管理台账		
	模具治工具管理状态如何	观察治工具架		
	现场是否放有不用的治工具	调查作业现场		
人员管理	是否维持了出勤率	调查出勤管理表		
	是否进行了必要的教育	调查教育记录		
	离开工作现场的人员去向是否清楚	确认不在者		
现场管理	现场的整理、整顿如何	调查作业现场		
	是否根据作业标准书进行作业	调查作业标准书		
	安全卫生状况如何	调查劳动灾害率		
货期管理	能否掌握与预定的货期比较，延误了多少天	确认进度管理表		
	作业者是否知道预定的交货日	向作业者作听问调查		
	安全卫生状况如何	延期资材管理表		
品质管理	品质保证系统是否确立	调查品质手册		
	有无 QC 工程表、作业标准书	调查标准资料		
	是否了解不良率的情况	调查不良率图表		
	计测器的制度管理如何	确认计测器		
	了解投诉发生的推移情况	调查投诉发生图表		

评价水准：A＝非常清楚；B 清楚；C 普通；D＝不十分清楚；E＝不清楚。

第一章　现场作业管理

生产系统运作

企业生产系统可看做是一个输入—输出系统。它包括输入、中间转换、输出、反馈四大环节，如图1-1所示。

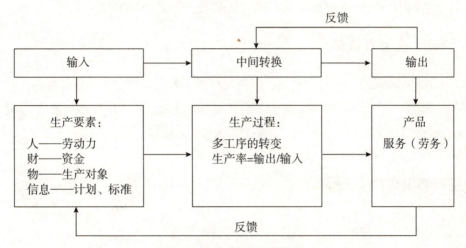

图1-1　生产系统运转程序

一、输入部分

1. 人

人的体力劳动和脑力劳动。

2. 财

对生产系统的资金投入。

3. 物

参与生产的对象，包括设备和工艺装备、原燃材料、工具、构筑物、建筑物和运输车辆等。

4. 信息

计划、产品标准、技术要求、检验结果和调度指令等。

二、中间转换部分

它是指生产过程中合理组织调度人力、原料、燃料、材料、设备、工艺装备和动力能源,按规定技术要求和质量标准完成产品生产的过程。

三、输出部分

它是指生产出合格产品或提供满意的劳务,或说生产结果。

四、信息反馈部分

信息流的逆向传递是指将生产结果(产量、质量、消耗、进度、成本、故障、环境状况或异常情况等)的现场信息及时传递到生产过程各环节或输入端,进行比较以发现差异、查明原因、采取纠正措施的反复过程。

生产作业计划的编制

生产作业管理即生产作业计划的实施,它是在生产作业执行的过程中,对有关产品生产的数量和期限的控制。生产作业管理的主要目的是保证完成生产计划所规定的产品产量、品质与交期指标。为此,现场管理员必须做好生产作业计划的编制与管理、生产作业分配、生产作业控制等工作。

生产作业计划的编制,应根据不同的生产类型制定不同的生产作业计划,并由企业内各管理层次分别负责进行。具体的编制方法是,先把企业的生产任务分配到车间,然后由车间进一步把生产任务分配到工段、小组和工作地。

一、生产作业计划的特点

生产作业计划就是根据企业年(季)生产计划规定的生产任务,同时考虑到生产发展变化的实际情况,来具体规定企业内部各个现场(车间、工段、小组、工作地)在单位时间(月、旬、周、日、轮班)内的生产任务。生产作业计划的特点如下。

1. 时间比较短

生产作业计划的计划期不同于长期计划、年度计划，一般为一个月，也可以为一天、一个轮班，甚至在流水线上还可以具体到一个小时。

2. 明确具体

生产作业计划是非常明确具体的。生产作业计划所规定的各项生产任务不仅要分配到工段、小组，还要具体到每台机床、每个工人。

二、生产作业计划的类型

企业的生产类型不同，生产作业计划也有所不同。生产作业计划一般可以分为单件生产、成批生产和大量生产等三种类型。

1. 单件生产作业计划

单件生产作业计划有工程项目作业计划和单件小批生产作业计划两种情况。生产部门把承接的一份订单作为一项生产任务单独处理并编制作业计划，在这种情况下，每份订单的生产路线是分别制定的，每项任务都保持单独的记录。在这种生产作业计划中，一项任务的部分生产过程可能与其他产品的部分生产过程结合在一起进行，但由于它们的完成进度要求不同，在过程中投入的材料和服务不同，因此在具体的生产运作中，从整个生产过程来看，不会出现在同一段时间中采用完全相同的作业路线。

2. 成批生产作业计划

成批生产作业计划可以有两种情况：一种是一批产品根据需求不定期地重复生产；另一种是一批产品为满足持续的需求定期间隔地重复生产。这两种情况下的成批生产作业计划编制的基本目标都是平衡生产能力的利用，通过通盘协调生产与库存的关系，确定生产批量和生产间隔期，满足用户订货量和交期要求。

3. 大量生产作业计划

大量生产一般都采用专用设备、专用工具以及流水生产。大量生产作业计划的编制在很大程度上取决于产品的生产技术。大量生产作业计划的编制主要是确定为达到要求的产出速度，各生产操作环节之间工作量和工作时间的协调

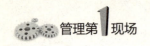

平衡。

三、生产作业计划编制的要求

现场管理员在编制生产作业计划时，必须要在保证企业经营目标和订货合同的前提下，努力提高经济效益。因此，生产计划的编制要符合以下要求。

1. 保证完成生产任务

编制生产作业计划要逐级保证上一层次规定的生产任务能够落实完成。具体编制生产作业计划任务必须逐级分配，即把企业生产任务分配到各个车间，各个车间再分配到工段、小组，甚至每个岗位。在层层下达任务的同时，还必须做到层层保证。编制各级生产作业计划时，要使它们在每一段时间内都有充分的负荷，并均衡地生产产品，实施均衡生产，克服前松后紧，确保企业生产任务的均衡完成。

2. 充分考虑现场的特点

编制生产作业计划要充分考虑各现场，如车间、工段、小组和机台（个人）的特点。各个车间、工段、小组的专业分工，都已考虑到工艺和经济上的合理性而加以明确划分。所以，分配任务时，尽量不要打乱原来的专业分工。如果由于负荷不平衡，则可适度打破原有分工以平衡负荷。把任务分配到机台（个人）时，要根据具体的对象，作出具体的决定，少数专业化程度较高、产品品种较少的企业，可以把分配给机台（个人）的任务固定下来，实行定人、定机、定活的"三定"工作。

3. 确保取得良好的经济效益

现场管理员在编制生产作业计划时，要确保计划有利于提高生产效率，缩短生产周期，减少在制品和生产资金，从而达到提高经济效益的目的。为此，现场管理员必须采取相应的措施，比如组织同类零部件集中生产；实行并批、分批或提前投料；减少轮班内生产的产品种类；组织平行或平行顺次移动；先安排关键设备、关键工种的负荷，后安排一般设备、一般工种的负荷等。

四、生产作业计划编制的依据和资料

生产作业计划的编制过程，实际上也就是对企业有关生产活动的各种资料

进行加工、处理的过程。生产作业计划编制部门能否充分掌握和科学地运用有关的资料，直接决定了生产作业计划的质量。

编制生产作业计划所需要的资料很多，除了生产管理部门自己准备一部分之外，相当一部分要依靠其他部门提供。为了确保编制生产作业计划时有充分可靠的资料来源，企业应根据自己的生产特点、管理体制和工作习惯等因素，将生产作业计划编制所需的具体资料名称、提供部门、提供时间用制度的形式确定下来，以保证资料提供渠道畅通无阻。一般来说，编制生产作业计划所需的资料主要有：

（1）年、季生产计划；

（2）临时接受的加工协作任务；

（3）机器设备的实际运行状况和检修计划的安排；

（4）原材料的供应情况和动力资源的限额分配情况，以及消耗定额的执行和变化情况；

（5）产品零部件的图纸、工艺文件、工艺装备情况；

（6）人员配备情况和上期出勤情况；

（7）产品零件、分工种的工时定额的执行和变化情况；

（8）反映各车间上期生产作业计划执行情况和生产进度的作业核算资料；

（9）技术组织措施项目投入生产的情况；

（10）在制品和半成品预计情况；

（11）主要产品的期量标准；

（12）有关供货合同的协议等。

五、厂级生产作业计划的编制

厂级生产作业计划的编制方法随着车间组织形式和生产类型的不同而各异。车间按对象专业化原则组织，各车间之间没有依次提供半成品的关系时，其生产作业计划的编制可按照各车间既定的专业分工和各车间生产能力的负荷情况，直接分配给各个车间。

车间按工艺专业化原则组织，各车间之间存在着依次提供半成品的关系，编制其生产作业计划时，要按工艺过程的顺序方向进行。它的具体方法又因生

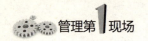

产类型不同而有别。

1. 在制品定额法

在制品定额法是以预先制定的在制品数量标准，即在制品、半成品定额为主要依据，编制厂级生产作业计划的方法。它适用于大批量生产。这种方法的特点是只要保持在在制品定额水平上，就能保证车间之间的协调、衔接。其计算公式如下：

某车间产出量 = 后车间投入量 + 本车间半成品计划外销售量 +

(车间之间库存半成品占用定额 – 期初预计半成品库存数量)

某车间投入量 = 本车间生产量 + 本车间半成品计划允许的废品量 +

(本车间内部在制品定额 – 本车间期初预计在制品数量)

上式中，最后车间的产出量和各个车间的半成品计划外销量，是根据企业所接订单的要求确定的。车间计划允许的废品数是按计划规定的废品率计算的。运用上述公式，根据年度分季、分月产品出产进度计划的要求，先规定最后车间的投入量，然后依次规定前面车间的产出量和投入量，就可以编制出厂级生产作业计划。

2. 累计编号法

累计编号法是以预先制定的提前期标准，确定各车间产出和投入应达到累计号数的方法。它适用于成批轮番生产的机械工业企业的厂级生产作业计划的编制。在成批轮番生产的条件下，由于主要产品的生产间隔期、批量、生产周期和提前期都是比较固定的，所以，可用各车间在同一时期应产出产品的累计数量的差额来反映前后车间应保持的提前期。

为了计算方便，以这种产品全年度或开始产出第一台起为1号，依次把号数累计上去。用这种累计编号法可以编制出厂级生产作业计划。其计算公式如下：

本车间产出（或投入）累计号数 = 最后车间产出累计号数 +

最后车间平均日产量 ×

本车间产出（或投入）提前期

各车间在计划期应完成的当月产出量和投入量按下列公式计算：

计划期车间产出（或投入）量 = 计划期末产出（或投入）累计号数 –

计划期初已产出（或投入）累计号数

用累计编号法编制厂级生产作业计划有以下几个特点。

（1）它可以同时计算各个车间的任务，而不必按工艺顺序方向依次计算。

（2）如果计划期初实际的完成情况与原来预计的数字不一致，则厂部不必修改车间的计划任务数，由车间自己进行调整就可以了。

（3）由于同一台产品所有零件都属于一个累计号数，所以只要每个车间都生产到规定的号数，就可以保证零件的成套性。

3. 生产周期法

生产周期法是以预先制定每类产品中代表产品的生产周期标准和各项订货的交货日期的要求，编制生产作业计划的方法。它适用于单件小批生产。在单件小批生产条件下，产品品种很多，每种产品的数量很少，而且大部分都根据用户的订货要求来进行生产。所以，各种产品很少重复生产，或者不定期重复生产。因此，既不能用累计编号法，更不能用在制品定额法。编制这类生产作业计划只能采用生产周期法。应用生产周期编制厂级生产作业计划的步骤如下。

（1）根据各项订货合同规定的交货日期，以及事先编制好的生产周期标准，制定各种产品的生产周期表。

（2）根据各种产品的生产周期表，编制厂级生产作业计划表。

把每项订货都集中到这一生产作业计划表内，可以协调各种产品的生产进度和平衡车间的生产能力。通过编制生产作业计划，把各种产品在各个加工阶段的投入生产日期确定后，即可据此运用生产周期图表，确定各部件投入生产日期，在编制车间生产作业时，只要在综合生产作业计划中摘录属于该车间的当月应该投入和生产的任务，再加上上月结转的任务和临时承担的任务，就可编制出当月该车间的生产作业计划。

4. 订货点法

订货点法适用于编制生产标准件的企业的厂级生产作业计划。由于各个时期对标准件的需要量很不稳定，并且标准件的加工劳动量一般也很小，为了提高劳动生产率，通常要为每种标准件规定合理的批量，一次集中生产一批，等到它的库存储备量减少到"订货点"时，再提出制造下一批的任务，所以这种方法称为订货点法。订货点可用下列公式计算：

$$订货点 = 平均每日需要量 \times 订货周期（日）+ 保险储备量$$

5. 订单法

订单法，又称以销定产法，是按已接订单和预计订单来编制厂级生产作业计划的方法。订单法适用于产品生产周期短（几个小时或几天）、品种多、客户要货急、数量少的生产企业。在买方市场情况下，市场竞争激烈，客户处于中心地位，拥有主动权。客户往往在需要的时候才来电或发出订单，而且数量少、品种多、交期短。

订单法强调计划是销售的后勤，满足销售的需要，以销定产；无销售的生产是无效的生产；销不出的产品是无效的产品。因此，订单法一般以年度生产计划作为奋斗目标；月度计划作为近期目标，着重编制旬（周）生产作业计划。编制生产作业计划的主要依据是已经接到的订单、销售人员每天拜访客户反馈的当旬（周）需求信息、上月销售情况、上年同期销售情况、当前库存和生产能力。厂部根据订单要求、销售动态和库存分品种编制旬（周）计划任务，分配给各有关车间，各车间依此编制本车间的生产作业计划。

为了降低单位产品的成本和费用，减少流动资金占用，合理组织生产，提高产销率，运用此法编制生产作业计划时，可以采用 ABC 分类管理法。对于月需求量很少的产品，可根据预计需求和库存控制上限，一次性集中生产；对于月需求量较大的产品，则可采取分批轮番生产。

六、车间生产作业计划的编制

车间给工段（小组）编制生产作业计划的方法是：对于按零部件对象专业化原则组织起来的工段（小组），如果生产任务和生产能力相适应，就可以按原有的分工，把各工段（小组）分别承担的零部件任务直接分配下去。在实际工作中，往往有些零件加工的个别工序还需要别的工段（小组）进行协作，对于这种情况，车间编制其生产作业计划时，要注意组织好这些跨工段（小组）的零部件在有关工段（小组）之间流转，做到在品种、数量、期限和协作工序方面紧密衔接。

对于按工艺专业化原则组织的工段（小组），车间就要按照工艺过程的顺序，根据不同生产类型和生产的稳定程度，分别选择使用上面介绍的在制品定额法、累计编号法和生产周期法，在负荷平衡和考虑生产准备工作的情况下，编制车间的生产作业计划。

车间给工作地（工人）编制生产作业计划的方法，根据不同类型的工段（小组），分配工作地（工人）生产任务的方法也不同。通常有以下三种方法。

1. 标准计划法

在大量大批生产的工段（小组）中，每一个工作地和每一个工人所执行的工序比较少，而且是固定的。在这种情况下，各个工作地的生产作业计划，可以编制成标准计划指示图表（或称正常工作计划指示图表）。标准计划指示图表就是把工段（小组）所加工的各种制品的投入及产出顺序、期限和数量，制品在各个工作地上加工的次序、期限和数量，以及各个工作地上加工的不同制品的次序、期限和数量全部制成标准，并固定下来。可见，标准计划就是标准化了的生产作业计划。有了标准计划，就可以有计划地做好生产前的各项准备工作，严格按标准计划的安排进行生产活动，就不必每日都编制生产作业计划，而只需每月对产量任务作适当调整就可以了。

2. 定期计划法

在成批生产的工段（小组）中，每一个工作地和每一个工人要轮番生产多种零部件，轮番执行多种工序。为了使各道工序能够相互衔接地进行，为了使机器设备能够有充分的负荷，就必须安排零部件工序进度和机床负荷进度计划。由于编制这种生产作业计划的工作量很大，所以在品种较多的情况下，往往编制某些关键零部件的加工进度和某些关键设备的负荷进度，以保证关键零部件的产出及关键设备的负荷。至于其他零部件则采用日常分配法解决。

3. 日常分配法

这种方法适用于单件小批生产的车间，在一些生产不太稳定的单件小批生产的工段（小组）里，由于变化因素比较多，难以预先做较长时间的安排，现场计划员就要根据生产任务的要求和各种设备的实际负荷情况，每天给工作地安排生产任务。采用日常分配法，一般采用分配箱或配工板的形式编制生产作业计划。

生产作业计划的管理

生产作业计划就是车间内部的行动计划。生产作业计划管理的基本要求是

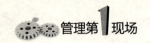

把企业的年度生产任务具体分配到车间各个生产现场，落实到每个现场人员，规定其月度以下的生产作业任务，并据此进行生产控制，组织均衡生产，保证全面完成企业的生产任务。

一、生产作业计划管理的内容

生产作业计划管理的基本内容如下。

1. 编制生产作业计划

生产作业计划一般由车间编制。车间根据厂部下达的生产任务，结合车间生产现场的实际情况，具体规定各工段、班组、岗位、个人的生产作业任务。

2. 制订生产准备计划

包括原材料、辅料及外协件、外购件的采购供应；设备维修保养与工具准备；工艺技术文件及工装、计量器具的准备；劳动力调配与组织；燃料动力准备等一系列计划，以保障生产正常进行。

3. 生产能力负荷核算与平衡

包括设备与生产面积负荷核算与平衡、各工种劳动力负荷核算与平衡。目的在于使设备、生产面积、劳动力得到充分利用，负荷饱满，并找出薄弱环节，及早采取措施快速解决。

4. 日常生产派工

根据车间生产现场计划，向各工作地和工人下达生产指令。

5. 生产作业控制

由现场调度人员按照生产作业计划对实际生产进度进行监督、控制，及时发现纠正偏差，保证生产作业计划的完成。

二、生产作业计划管理的流程

图 1－2 为某企业生产作业计划管理的流程，以供参考。

三、生产作业计划的安排

生产作业计划的安排，即为作业排序，它是指在一定的约束条件下，为使总的生产加工时间最短的一种安排生产先后顺序的作业。生产作业计划安排一

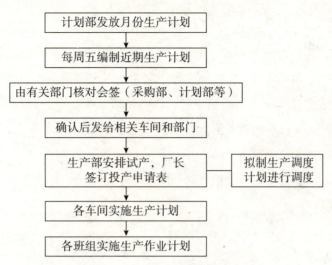

图1-2　生产作业计划管理流程

般应遵循以下原则。

1. PCFS 原则

即先来先服务原则，指作业按照到达机器或工作中心的顺序进行加工处理。

2. SPT 原则

即最短加工时间，指作业顺序取决于它在机器或工作中心的加工时间，最短的先处理。

3. DD 原则

即预定日期原则，指根据预定日期处理作业，最早的先处理。

4. CR 原则

即关键比率原则，指选择最小比率作业。比率是指到预定日期剩余的时间和剩余的加工时间之比。

5. S/O 原则

即各工序松弛时间原则，指根据平均松弛时间（即到预定日期的时间减去剩余加工时间）进行作业处理。松弛时间除以剩余工序数（包括当前工序）则为平均松弛时间。

6. 紧急性原则

指紧急情况或首选项目最优。

四、生产作业计划的变更

导致生产作业计划变更的主要原因包括：客户要求追加或减少订单数量、客户要求取消订单、客户要求变更交期、客户有其他要求导致生产计划必须调整、因生产进度延迟而可能影响交期、因物料短缺预计将导致较长时间停工、因技术问题延误生产、因质量问题尚未解决而需延迟生产时间、其他人为因素造成的失误、重大意外事故。

生产作业计划变更时，企业各部门的处理作业如下。

1. 管理部门

（1）发出生产作业计划变更通知书。

（2）修改周生产作业计划、月生产作业计划。

（3）确认并追踪变更后的物料需求状况。

（4）协调各部门因此产生的工作调整、配合。

2. 销售部门

（1）相应修改出货计划或销售计划。

（2）确认变更后各订单交期是否可确保。

（3）处理因此而产生的需要与客户沟通的事宜。

（4）处理出货安排的各项事务。

3. 研发部门

（1）确认产品设计、开发进度能否确保生产需要。

（2）确认技术资料的完整性、及时性。

4. 技术部门

（1）确认生产工艺、作业标准的及时性、完整性。

（2）确认设备状况。

（3）确认工装夹具状况。

（4）确认技术变更状况。

5. 品质部门

（1）确认检验规范、检验标准的完整性。

（2）确认检验、试验的设备、仪器状况。

（3）查核质量历史档案，了解重大历史事故。

（4）安排质量控制重点。

6. 采购部门

（1）确认物料供应状况。

（2）确认多订购物料数量及处理情况。

（3）处理与供应商的沟通事宜。

7. 物料部门

（1）确认库存物料状况。

（2）负责现场多余物料的接收、保管、清退事宜。

（3）其他物料仓储事宜。

8. 制造部门

（1）处理变更前后物料的盘点、清退、处理事宜。

（2）生产任务安排调整。

（3）必要的人力、设备的调度。

（4）确保变更后作业计划的顺利完成。

生产过程组织和生产控制

一、生产调度

对企业日常生产活动（含外围辅助保障）进行控制与协调的工作称为生产调度。它是实现生产作业计划的一种有效的组织手段。现代化大生产环节多、连续性强、协作关系密切、情况复杂，某一局部发生故障或滞后，都可能波及全局生产甚至中断生产，其损失不言而喻。加强生产调度，可迅速解决已发生的问题，预防可能出现的异常及偏差，把故障、偏差消灭在萌芽状态。

1. 生产调度机构设置

贯彻集中领导、统一调度、分级管理、归口负责的原则设置调度机构。一般大中型企业设置三级调度机构：公司、分厂和车间；小型企业设置两级调度机构：厂部和车间。轮班生产条件下，均要设置值班调度员负责当班的调度工作。夜班值班调度员（长）行使同级行政领导的生产指挥职权。

2. 生产调度工作的内容、制度

（1）调度工作职责的内容大体上可归纳为三条。

①了解现场情况，掌握生产进度。

②督促与检查各单位执行"生产调度会精神"完成情况（结果），并负责记录、统计分析和向上级调度部门汇报。

③协调解决现场临时出现的问题、矛盾或异常因素。例如，外围辅助保障工作是否到位、调整厂内运输车辆、物料物资供应、设备运转状况、天气突变后（遇暴雨、冰雹、大风、大雪天气）生产方面的应对措施等。

（2）调度工作的制度主要包括以下几方面。

①定期召开调度会。生产调度会的作用是布置当前生产任务，协调各方面提出的问题（公司、厂部级一般每周召开一次，分厂、车间级一般每天召开一次）。

②调度值班制度。应当说，只要有生产就有调度值班。值班调度员需按规定填报"调度值班记录"，认真执行交接班制度。

③调度报告制度。各级调度机构必须把当天（当班）值班情况按规定汇报于上级调度部门和有关领导。总调度室要把每天生产、库存、出产进度、消耗及生产经营中存在的关键问题、主体设备运转状况等汇总写出"生产日报"抄报、抄送有关领导和有关科室、车间。

④现场调度制度。主管生产经营的领导干部、管理与技术部门的负责人和各级值班调度人员、生产一线员工需密切联系配合，在现场处理解决生产经营中存在的急迫问题。实践证明这是高效率指挥生产的途径，也是一种工作作风。各级值班调度人员的大部分工作时间应在生产现场，调查研究、了解实况、掌握第一手的材料，在各种事故发生后的第一时间到达事故现场，正确处理并控制局面。

⑤调度技术装备。为提高工作效率，适应现代管理的需要，各级调度机构可根据需要与企业条件，配置先进的生产调度技术装备，例如，对讲机、调度电话、工业电视、电子信息自动记录与显示屏等。

3. 生产调度工作原则

生产调度应遵循下列工作原则。

（1）强制权威性。各级调度机构必须按规定要求，正确行使调度权力、发布调度命令。下一级生产单位和同级职能部门必须坚决执行，以保证生产活动的集中统一指挥。如有不同意见，应在执行的同时，向上级领导请示或反映。

（2）全局性。各级调度人员需不断提高自身素质与业务水平，识大体、顾全局，面对复杂的现场问题，出主意、拿意见。下达调度指令的判断依据一是实际情况，二是对企业全局、整体利益负责，即判断有利还是无利，而不是对某一局部负责。

（3）及时性。生产调度部门对问题的处理要迅速果断，并督促有关方面迅速执行。生产调度的原则特征之一就是一个"快"字。及时处理现场问题，才能有效地控制生产作业计划执行过程中出现的偏差、障碍，缩小事故影响范围，把各种不利因素（如设备事故、产品质量偏差、安全隐患等）造成的损失降低到最小限度。

生产调度长（员）履行自身职责的主要方式是生产现场巡视工作。在生产现场巡视时应注意以下四点。

（1）及时。生产现场巡视中发现问题应立即处理，盯着不放，否则时间拖延，小问题便会演变成大问题，会产生不良后果。

（2）关注重点。抓纲举目、纲举目张，管理生产必须要有重点，做事才能有条不紊。把握关键、关注重点就是抓住了主要矛盾。现场一些相对不重要的问题可暂时放一放，缓一下，或者通知、安排其他管理人员来处理。

（3）目的明确。到生产现场巡视之前，就应思考本次监察、巡视的问题，带着问题下去、即心中有数，这样才能收到事半功倍的效果，才能出效率。例如，什么时间去现场巡视车间交接班状况最合适；应到几处现场去巡视原材料入厂质量、数量与管理现状；近期产品质量问题主要表现特征有几项等。

（4）做好巡视记录。进行生产现场巡视时，随身携带个记录小本，将生产现场一些定量的生产数据抄录下来（如仪表显示的异常数值等），把涉及生产的关键问题记录在本上，据此开展进一步的调查。

二、生产进度控制

生产进度控制是指从原材料投入生产到成品入库为止，在时间与数量上所

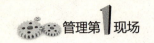

进行的全过程控制。它是围绕完成生产计划任务，在现场所进行的各种检测、检查、监督、调整等工作。生产进度控制的主要内容有投入进度控制、产出进度控制、工序进度控制和在产品占用量控制四个方面。需要指出的是，在产品又称在制品，指正在各阶段加工中的那部分制品，包括正在工艺加工、技术检验、厂内倒运传递中的零部件、半成品、毛坯等制品。

1. 投入进度控制

指控制核对开始投入（投料）的日期、数量、品种是否符合生产作业计划要求，同时核查外围辅助保障是否到位，具体包括库存原材料、动力能源准备、生产设备、备品备件、人力、技术措施、计量、化验检测、运输车辆等项目的投入生产是否按计划日期要求落实等。

（1）大批量生产投入进度控制方法，可根据投产指令、投料单、投料进度表、投产日报等，采用与现场实际情况对号核对方式进行控制。

（2）成批和单件生产模式的投入进度控制比前者复杂。它一方面要控制投入的品种规格、批量和成套性，另一方面还要注意控制投入提前期准备，如热处理工艺时效处理、烘干时差等。

2. 产出进度控制

是指对产品（或零部件）的产出日期、提前期、质量、产出量、产出均衡性和配套性的控制，这是保证生产车间内部各工序（工段）之间紧密衔接，上下游产品生产（工艺流程）之间同步推进，按质按量按时完成生产计划的有效手段。

3. 工序进度控制

是指在生产过程中，对产品（或零部件）经过的加工工序进度所进行的控制。它主要侧重于在成批和单件生产模式条件下，对那些工序多、周期长的产品（零部件）工序进度控制。如果缺少对这些产品的工序进度控制，将会导致生产作业秩序的混乱。

4. 在产品占用量控制

现代工业企业中，生产过程是连续进行的。各生产环节储存着一定数量的在产品或半成品是正常的，这是大生产的必然结果。如果在产品或半成品过少，会导致上下工序、前后流程脱节，生产中断；反之，在产品或半成品过多，又会造成流动资金积压、场地拥挤、仓储困难，甚至影响生产流程的畅通及生产经营效率。

标准化作业

一、现场标准化作业管理流程

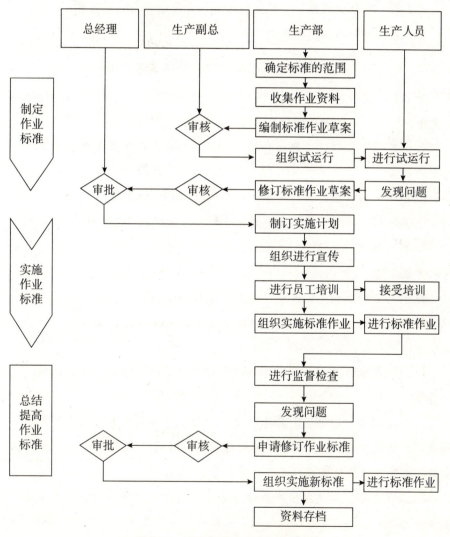

图1-3 现场标准化作业管理流程

二、现场作业标准管理制度

下面为某企业的现场作业标准管理制度。

第1章 总 则

第1条 为促进公司的技术发展,稳定并逐步提高产品的质量,打造公司产品品牌,创造最大收益,根据公司的实际情况,特制订本制度。

第2条 本制度适合于公司在标准化作业管理方面的相关事宜。

第3条 公司的作业标准化文件由技术部制订,生产部负责执行。

第2章 作业标准的制订与作业标准文件的编制

第4条 技术部门在编制标准化作业文件之前,应通过广泛的调查研究,确定生产作业可以标准化的作业内容。

第5条 技术部门在制订作业标准时,所收集的资料主要包括以下四个方面的内容。

1. 国内外与本公司产品或生产线有关的作业标准资料。

2. 与公司的现场生产相配套的作业标准和相应的参考资料。

3. 公司的设计部门、生产部门、质量部门及车间具体操作人员对作业标准的意见及建议。

4. 与作业标准相关的历年现场生产技术数据。

第6条 技术部门在收集、分析上述资料的基础上,制订作业标准,具体包括以下七项内容。

1. 动作内容,包括每一个详细的操作动作、搬运过程、操作过程、质量检查等。

2. 耗费时间,即每一个具体的动作过程从开始到结束所需要的时间,以供生产人员和管理人员识别增值时间与非增值时间,具体时间包括搬运时间、拿取工具时间、操作时间、放工具时间等。

3. 质量要求,必须包括产品的每道工序完成后的质量标准,质量标准必须详细、具体,必要时应以照片的形式表现,使员工能够更好地理解和掌握。

4. 物料描述,即针对作业人员在作业中所拿取的每一种物料进行描述,包括物料的图号、数量、规格、型号、存放地点等内容，防止在取料时拿错或找不到。

5. 工具、设备描述，即针对作业人员在作业中所使用的工具或设备进行详尽的描述，如工具或设备的名称、使用方法、注意事项等。

6. 动作位置示意，即用图片的方式描述出作业人员在作业中正确的操作位置。

7. 审批权限，即在所有的作业标准文件中明确该文件的审批人员及其权限，以证明文件的可控性。

第7条　技术部编制出的作业标准草案经相关领导（如技术副总等）审核后，发放到生产现场由生产部经理及各车间主任组织试运行，试运行的时间一般不超过2个月。

第8条　技术部根据收集到的试运行信息与相关的部门进行讨论、求证，对作业标准草案进行最终的校对确认，并报技术副总审核，经相关部门会签后，报总经理审批。审批通过后方可正式执行。

第9条　技术部编制的作业标准方案，其具体内容必须包括产品标准、工艺技术标准、半成品标准、设备技术标准、计量标准、包装技术标准、包装材料标准、现场环境标准、安全生产技术标准、搬运技术标准、技术基础标准等内容。

第3章　标准化作业的实施

第10条　生产现场实施标准化作业之前要做好以下三个方面的准备工作。

1. 人员准备，即在实施标准化作业之前，对相关作业人员、管理人员进行作业标准培训，使生产现场的工作人员了解、掌握该项作业标准。

2. 技术准备，即编制标准化作业与原作业的区别表，并进行相应的培训，对于较难的工艺组织技术攻关，下发新的技术资料等。

3. 物质准备，指准备标准化作业所必需的工装、量具、检测器具等用具。

第11条　实施标准化作业时应考虑到不同的作业部门实施标准化作业的潜力，要量力而行，避免打乱生产现场正常的生产秩序。

第12条　生产现场管理人员（如生产部经理、车间主任等）在标准化作业实施期间负责监督检查与指导，监督生产作业人员严格按照标准化作业规定进行操作，同时收集标准化作业文件中欠妥的地方，为标准化作业的改善提供可行性建议或提案。

第13条　作业标准文件一经审批颁布执行后，未经许可或论证，任何人不得随意更改。对于多次违反标准化作业规定的生产作业人员，应及时调离生产线实施标准化作业集中培训；若培训后的作业行为仍不符合标准化作业的规定，作转岗处理直至劝退。

第4章　作业标准的修改与复审

第14条　有下列情形之一者，需要修改作业标准。

1. 标准中的内容在配上示意图后仍有含糊不清、难以理解的。

2. 标准中要求的工作在现实中无法完成，或即使完成也需要付出很大代价的。

3. 公司生产的产品质量水平已经做出变更的。

4. 工艺流程已经改变的。

5. 生产设备的部件或材料已经发生改变的。

6. 生产设备、生产工具或使用的仪器发生改变的。

7. 工作程序出现了变动的。

8. 影响生产的外界因素或要求发生了变动的。

9. 国家标准或行业标准发生了改变的。

第15条　作业标准的修订，必须由生产部或技术部提出申请，经技术副总组织相关人员开会审议后，方可进行修订。

第16条　修订作业标准时，对于公司在生产中无法满足的国家或行业标准，只能采取通过组织技术攻关或引进新的工艺及设备等措施，不允许随意降低国家或行业的作业标准。

第17条　作业标准的复审规定。

1. 根据现实情况的需要，所制订的作业标准每两年进行一次复审。

2. 复审工作由技术副总组织生产部、技术部、质量部的相关人员组成作业标准复审工作小组进行。

3. 作业标准的复审工作主要包括重新确认、修改、修订与废止四个方面，具体执行如下。

（1）确认。在既定的作业标准仍能满足当前生产需要，各种技术参数与技术指标符合当前技术发展水平，作业标准的内容无须做修改的情况下，此类作业标准的复审工作，只需在重新复印的内容封面上注明"××××年确认"字样即可。

（2）修改。若作业标准的名称、技术参数、示意图、示意表等内容有少量的修改与补充时，则此类作业标准需做"修改"补充后，方能作为标准使用。

（3）修订。若既定的作业标准内容发生较大的改变，则需要重新修订原来的作业标准。此类标准进行修订时，必须在原件处附上修订的详细依据（如原标准执行时存在的问题、工艺的发展现状等），并按标准文件的编号将原作业标准文件全部收回后，下发新修订过的作业标准。

（4）废止。若经复审，作业标准的内容已不适应当前的生产需要，或复审时作业标准已经失去了意义，则进行"废止"处理。

第5章　附　　则

第18条　本制度由总经理办公室制订，其解释权、修改权归总经理办公室所有。

第19条　本办法经总经理办公会议审议后，自颁布之日起执行。

第20条　公司原有的与本制度类似或条款有相反意见的，自本制度颁布之日起自动废除。

三、某企业现场生产改善案例

某企业是一家从事工艺品生产的企业，从10多个工人发展到600多人，销售额5年内便达到了1亿元。如今，该企业遭遇到如下问题：生产副总辞职，每月盘点要停产3天，部门间扯皮不断，生产效率低下，外加工环节多且无法控制，加之原材料涨价，利润空间下滑。为此，该企业决定从现场管理入手，改善其生产作业状况，以提高生产效率，提高全员士气。

工艺品生产由于其品类繁多，不同品种生产的工艺路线长短、工序顺序完全不一样，该企业的生产计划只是一个粗略的生产周期计划，老产品还好说，管理人员凭经验就知道大概时间，但新产品就不知道了。工序之间的衔接也是问题，后工序常常因前几个工序的零件没做到位而不能组装焊接，现场中间半成品堆积如山，但半坯品却迟迟不能出。所有的生产现场的组织工作全在几个车间管理人员的脑海中，生产量少时可以不出错，但生产任务多时，就难免顾此失彼了。

根据以上情况，该企业决定从两点入手改善其生产作业，提高生产效率：第一是瓶颈工序必须满负荷生产；第二是所有工序的衔接必须是紧密的。

半坯车间的订单生产计划，首先经过计划员根据各车间的生产能力和生产特点将订单下给各车间。各车间主任再根据生产任务的先后分解每个产品的工序，根据自己车间的设备特点算出产品瓶颈工序所要的时间，再根据瓶颈工序的物料需求量下达前置工序的生产计划，特别强调对所有工序的计划要全部每天列表，并在车间看板上标示出来，这样所有工序的产能和完成时间就会一清二楚，如果有产能剩余的工序就要安排其他的中间半成品加工，这样瓶颈工序和前置工序的产能基本上可以满负荷生产。

其次是工序之间的物流衔接，重新设计工序派工单，在原派工单上加上上一工序名称和下一工序名称，这样工序之间的衔接员工就一清二楚，不用每次问管理人员就知道产品物料的流向。最后就是将生产各工序的计划列表交给换模人员，改变了以前要等产品做完了再去叫换模人员来的方式，这样模具、夹具的切换也可以做到充分准备，及时更换，又缩短了浪费的时间。

生产现场经过以上改善，现场堆积的物料大为减少，物流速度明显提升，后来又及时规范现场管理制度，导入5S管理，一个个整齐有序的生产车间出现了，于是该企业又增加了一些辅助设备为现场管理锦上添花。该企业实施了这些改善措施后，其生产中心的运行终于稳定下来了，销售人员和客户沟通时再也不必一个订单查一天，订单的准时到货率也大为提高，订单评审和新产品开发流程的良好实施也让销售部和生产中心的衔接更为顺畅。同时，采购、库存、在制品的良好管理也让财务能即时获得数据，做好预算管理，仓库的积压品也大为减少。目前，该企业正朝着良好的方向前进。

实施好目视管理

一、监督员正确作业

能真正控制生产品质和作业速度的只有现场的"作业者"。这可从以下分析得出。

第一，知道在什么样的情况下出良品、在什么样的情况下出不良品的是作业员。在加工的产品中若混入了不良品，进行清除作业的是作业者。当不能明确判断良品或不良品时，那不该流出的不良品就是由作业员判断的。流出的不良品一般在后工序中非常难发现。

第二，有许多熟练员工在作业中掺杂着自己的习惯动作，其中有些是不正确的，会导致不良品的产生或作业速度的减慢，因此有必要在工作中将其纠正过来，使其作业标准化。

第三，是在平常的紧张度下集中精神作业，还是脑子里一边想着其他事情一边作业，只有作业者本人才知道。即使经验丰富的现场管理者也看不透作业者本人的注意力、集中力。

把作业者引导到正确的作业标准规范轨道上是现场管理者的使命。有些现场管理者会给作业者正确的作业标准书，明示必要的注意事项，但仅此并不足够，现场管理者还应想方设法使作业者本人知道该工作的重要性，使其真正认真负责，高度集中精力，以确保生产品质和作业速度。

二、控制好流水生产线

流水线就是通过某种形式将很多个各自独立的个体，有机地联系在一起，并使其彼此关联，彼此制约，统一频率，统一速度，达到高效匀速生产、品质稳定的作业流程。

1. 流水线的管理

（1）IN（投入）、OUT（产出）

生产现场管理中的重点，就是 IN、OUT 的管理。

IN、OUT 直译的意思是：

IN——进，生产中称之为"投入"；

OUT——出，生产中称之为"产出"。

根据标准时间（生产1个需要多长时间），那么1小时能够生产多少个，就可以算出来。8小时一天的工作时间内能够（应该）生产多少的计划数，也就是可投入数，也非常清楚了。从将应该（能够）投入的部品按单位时间投放生产线起，现场管理工作就开始了，怎样才能将投入的部品，在单位时间内全部转换成良品送出生产线，这就要取决于每一位管理者、每一位员工的管理水平、管理手段以及作业方法，和一定要在单位时间内完成指定工作的决心和信心，大家齐心协力的团队精神。而跟点作业则是 IN、OUT 管理的开始。

（2）跟点作业

这是流水线管理的重点。在能力所及、速度可达的范围内，在指定的时间里，完成一个组装动作，将完成品放入流水线上划定的间隔点（线）上。为了使作业能够很好地跟上点，就必须要求每一个员工全身心投入到工作中去，不可开小差，不能心不在焉，更不能一边工作一边做其他与工作无关的事情。

2. 现场中流水线常见问题

（1）跟不准

流水线上第一道投入工序准确跟点，第二道工序开始就跟不准了，要么在点的前面，要么在后面，越往后的工序，越跟不准，流水线工时无法平衡。

（2）没有点

流水线根本就不设节拍，当天生产快要结束前，后工序拼命清机，一台都不留下过夜。第二天生产启动时，后工序处于待机状态，无事可做，形成"紧尾松头"，而现场管理人员只是一个劲地催促作业人员："快点，再快点！"

（3）不跟点

从第一道工序开始，就不跟点，做完就走。有时跳空几点，一件产品都没有，有时加塞几点，两个点里有三四件产品一起移动。动作麻利的人，有多余的时间找人聊天；动作缓慢的人整天堆积，清都清不完。

（4）全承载

不只是产品，就连托盒、空箱，甚至连私人物品、小食品等都用流水线来传递。

以上这些问题不但没有发挥流水线的优点，相反还会直接导致作业品质的下降。

3. 流水线作业管理要领

（1）线点颜色要鲜艳

流水线线点颜色要鲜艳，与输送带底色完全不同，且粘贴牢固，当有两套以上线点（混流）时，识别颜色必须不同。

（2）输送带行进速度要稳定

输送带行进速度（节拍）必须经常验证，以保持稳定。

（3）特别留意连接过渡处、转弯处

前后两条输送带的连接过渡处、转弯处，要注意能否顺利流动。

（4）摆放人性化

前工序跟点投入时，作业对象的摆放方向要尽量为后工序的取拿方便着想。

（5）输送带上不得搭建各种托架

如果不得已需要将一些小型设备摆放在流水线上的话，应该用统一式样的台架支撑起来，以达到美观的效果。

（6）流水线的开动、停止

流水线正常班次的开动、停止，由靠近电源控制开关的作业人员代为实施即可。

因生产要素不良而导致停止时，其命令要由相应的管理人员下达，作业人员不得擅自停止。

如遇生命财产将要遭受重大损失时，作业人员可以紧急开动或停止流水线。

(7) 流水线平衡效率

在正常情况下，不熟练的顶位对工时平衡破坏最大，常常出现堆积、跳空，因此一定要小心安排好。

(8) 堆积识别

由于设备、材料、作业方法而引发的不良，造成中途工序出现大量堆积时，首先要将堆积的作业对象离线存放好，并做好识别管理。

(9) 输送带要随时保持整洁

可在前后两头，设置半湿润清洁拖布或黏物辊筒，清除输送带上的脏物。

(10) 取放方法要明确并加以培训

一般而言，是"左进右出"或"右进左出"，这样取放双手便可同步进行。

若左侧对流水线，则左手取放作业对象兼投料，右手操作设备、仪器较好；若右侧对着流水线，则右手取放作业对象兼操作设备、仪器，左手投料。

对取放的方法和时机，在作业人员上岗培训时加以说明，并使其严格遵守。

(11) 线点数量控制

线点不是越多越好，点数设定越多，在线库存越多，但前后两个工序之间的点数不少于两点。

生产结束时，必须将流水线上的产品遮盖防尘，或收回工序内暂时存放，次日才重新摆放到流水线上。

对人手台面传递的流水线作业，要控制好第一个工序的投入数量，整条生产线的产出才有保障。

三、活用生产信息

生产信息就是符合生产的妥当的计划、实施，进一步进行生产改善所需的信息。也可以说是"5W1H"（做什么、到什么时候止、谁做多少、在何处做、为什么做、怎样做）。

生产计划信息是指计划生产所需要的基础性的生产信息。明确 QCD（品质、成本、货期）所需要的信息有：订单信息、生产技术信息、生产管理信息、品质信息、成本信息。

生产性信息是评价工厂的生产性，使其上升的指标，具体有以下内容：

- 生产性 = 产出量 ÷ 投入量
- 原料生产性 = 生产量 ÷ 原材料使用量
- 劳动生产性 = 生产量 ÷ 作业人数
- 设备生产性 = 生产量 ÷ 设备台数
- 作业能率 = （计划工时 ÷ 实绩工时）×100%
- 劳动率 = （有效劳动时间 ÷ 总劳动时间）×100%
- 作业度 = （实际生产量 ÷ 标准生产量）×100%
- 出勤率 = （出勤人员数 ÷ 在籍人员数）×100%
- 良品率 = （良品 ÷ 检查数）×100%
- 材料利用率 = （产品数量 ÷ 材料使用量）×100%

1. 生产信息如不明确会产生的问题

如对生产信息不能明确地设定，生产现场就会发生多种问题，也就不能妥当地维持良好的生产状态。具体如下：

（1）即使做生产计划，而因基础的生产信息不足就会成为马马虎虎的计划。

（2）生产现场也会因不相信生产计划，而以随意的日程来进行生产。

（3）即使发出生产指令，也因该日的生产优先顺序不明确而完成不了应该完成的目标。

（4）在生产中即使突然来了紧急加工任务，也会因不明确哪个应该优先生产，而未作有效安排。

（5）即使发生了交货误期的事件，也没有明确以后要如何去防止的措施。

（6）不了解生产设备和工程处于何种负荷状态，不能恰当地分配工作。

2. 活用生产信息

（1）活用生产信息的目的

活用生产现场信息的目的是：确保生产 QCD、先期解决生产的变动、提高管理的水准、让生产现场充满生气。

（2）生产信息活用的要点

①要确保生产信息能在转动管理圈（PDCA）时起作用。

②要确保生产信息能在预防、事先的管理上起作用。

③生产信息应是新鲜的、实时的信息。

④可利用目视管理法来活用信息。

3. 捕捉生产现场的信息

为捕捉在生产现场中发生的故障信息，可采取以下方法。

（1）基层管理人员在巡视中发现

在作业中来回巡视，观察有无不良品的发生、机械故障、次品、异材混入等，从而发现异常。

（2）来自现场流水线直接通报的信息

作业者是流水线发生异常的第一发现者。发现时必须通报给管理人员，而这种方法可采用以下几种方式。

①口头通报。

若生产现场不大，可大声地把异常状态通报给管理人员。管理人员马上进行确认，采取停止生产、排除不良品等措施。

②利用流水线表示板来通报。

呼叫法。即在每条流水线、每个作业者旁边都安装 1 个按键，发生故障时一按，设置在管理人员旁边的警示板上的灯就会亮。

③移动情况。

分机械设置警示装置，使得在现场任何地方都能看得到。运行中有意外时按键就报警，警示板的中心灯会亮，听到报警声管理人员就会去现场。

四、预防并解决生产瓶颈

在一条生产流水线上，或者是某个生产过程的生产环节中，其进度、效率和生产能力常常存在着很大差异，这必然会导致在整体生产运作上出现不平衡的现象，正如在"木桶短板原则"中，最短的一条决定水位高度一样，"生产瓶颈"也最大限度地限制了生产能力、生产进度和生产效率，从而影响生产任务的完成。

1. 生产进度瓶颈解决办法

生产进度瓶颈，是指在整个生产过程之中，或各生产工序中，进度最慢的时刻或工序。

如果瓶颈工序与其他工序在产品生产过程中的地位是平行的，那么，瓶颈问题将会影响产品配套。

解决生产进度瓶颈问题的具体步骤和方法如下：

（1）寻找进度瓶颈所处的位置点；

（2）分析研究该瓶颈对整体进度的影响及作用；

（3）确定该瓶颈对进度的影响程度；

（4）找出产生瓶颈的因素并进行具体分析；

（5）确定解决的时间，明确责任人，解决研究的具体办法；

（6）实施解决办法，并在生产过程中进行跟踪；

（7）改进后对整体生产线再进行评估。

2. 材料供应瓶颈

材料供应不及时，会造成瓶颈或影响产品某一零部件的生产，甚至影响产品最后的安装与配套；也可能影响产品的总体进度，这主要看瓶颈材料在全部材料中所处的地位。

由于材料的供应工作存在着一定的周期性和时间性，因此须及早发现，及早预防并及早解决。具体步骤如下：

（1）寻找造成瓶颈问题的材料；

（2）分析研究其影响及程序；

（3）对材料进行归类分析；

（4）材料类型分析；

（5）与供应商就该材料进行沟通协调，并努力寻找新的供应商，从而建立可靠的供应网络；

（6）也可进行替代品研究，或要求客户提供相关材料。

3. 技术人员瓶颈

技术人员的短缺会影响生产进度，特别是特殊人才或者是技术人员、重要的设备操作员，一时缺失又不是一下子可以得到补充的，因此这一瓶颈也

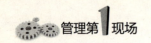

常常成为困扰生产进度的重要问题。

在生产空间允许的情况下，特别是实行计件工资的企业，应注意人员的充分配置，加强人员定编管理，确保各工序的生产能力，防止瓶颈的出现。具体方法如下：

（1）找到人员或技术力量不足的工序或部门；

（2）分析这种情况所造成的影响；

（3）进行人员定编研究；

（4）确定人员的定编数量、结构组成；

（5）进行技术人员的培训；

（6）积极招聘人员，及时补充人员缺失；

（7）平日应积极进行人员储备。

4. **工艺技术与产品品质问题瓶颈**

在产品的生产过程中，特别是新产品的生产，总会遇到这样或那样的工艺技术问题或难以解决的品质问题，这就出现了工艺技术瓶颈与品质瓶颈。解决方法如下：

（1）找到工艺技术瓶颈的关键部位；

（2）研究讨论寻找解决方案；

（3）进行方案实验或批量试制；

（4）对于成功的工艺技术方案，建立工艺规范；

（5）制定品质检验标准和操作指导说明书；

（6）进行后期监督。

五、生产异常要及时处理

生产异常是指造成制造部门停工或生产进度延缓的情形，由此造成的无效工时，也可称为异常工时。生产异常一般指下列异常。

（1）计划异常：因生产计划临时变更或安排失误等导致的异常。

（2）物料异常：因物料供应不及时（断料）、物料品质问题等导致的异常。

（3）设备异常：因设备、工装不足或故障等原因而导致的异常。

（4）品质异常：因制程中出现了品质问题而导致的异常，也称制程异常。

（5）产品异常：因产品设计或其他技术问题而导致的异常，或称机种异常。

（6）水电异常：因水、气、电等导致的异常。

1. 使用生产异常报告单

（1）生产异常报告单内容

发生生产异常，即有异常工时产生，时间在 10 分钟以上时，应填具"异常报告单"。其内容一般应包含以下项目。

①生产批号：填写发生异常时正在生产的产品的生产批号或制造命令号。

②生产产品：填写发生异常时正在生产的产品的名称、规格、型号。

③异常发生单位：填写发生异常的制造单位名称。

④发生日期：填写发生异常的日期。

⑤起讫时间：填写发生异常的起始时间、结束时间。

⑥异常描述：填写发生异常的详细状况，尽量用量化的数据或具体的事实来陈述。

⑦停工人数、影响度、异常工时：分别填写受异常影响而停工的人员数量，因异常而导致时间损失的影响度，并据此计算异常工时。

⑧临时对策：由异常发生的部门填写应对异常的临时应急措施。

⑨填表单位：由异常发生的部门经办人员及主管签核。

⑩责任单位对策（根本对策）：由责任单位填写对异常的处理对策。

（2）使用流程

①异常发生时，发生部门的第一级主管应立即通知技术部门或相关责任单位，前来研究对策，加以处理，并报告直属上级。

②制造部门会同技术部门、责任单位采取异常的临时应急对策并加以执行，以降低异常的影响。

③异常排除后，由制造部门填写"异常报告单"一式四联，并转责任单位。

④责任单位填写异常处理的根本对策，以防止异常重复发生，并将"异常报告单"的第四联自存，其余三联退生产部门。

⑤制造部门接责任单位的异常报告单后，将第三联自存，并将第一联转财务部门，第二联转生产部门。

⑥财务部门保存异常报告单，作为向责任厂商索赔的依据及制造费用统计的凭证。

⑦主管部门保存异常报告单，作为生产进度管制控制点，并为生产计划的调度提供参考。

⑧生产部门应对责任单位的根本对策的执行结果进行追踪。

2. 异常工时计算规定

（1）当发生的异常导致生产现场部分或全部人员完全停工等待时，异常工时的影响度以100%计算（或可依据不同的状况规定影响度）。

（2）当所发生的异常导致生产现场必须增加人力投入排除异常现象（采取临时对策）时，异常工时的影响度以实际增加投入的工时为准。

（3）当所发生的异常导致生产现场作业速度放慢（可能同时也增加人力投入）时，异常工时的影响度以实际影响比例计算。

（4）异常损失工时不足10分钟时，只作口头报告或填入"生产日报表"，不另行填具"异常报告单"。

3. 责任判定与处理

（1）各部门责任的判定

对于生产异常的发生，为采取改善对策，应对异常的责任进行判定，以便有针对性地管理。

（2）责任处理规定

应制定相关规定，对异常发生的部门及人员进行处理，具体可参考以下所列。

①公司内部责任单位因作业疏忽而导致的异常，列入该部门工作考核，责任人员依公司奖惩规定予以处理。

②供应厂商的责任除考核采购部门或相关内部责任部门外，列入供应厂商评鉴，必要时应依损失工时向厂商索赔。

③损失索赔金额的计算：

损失金额＝公司上年度平均制费率×损失工时

④生产部、制造部均应对异常工时作统计分析，在每月经营会议上提出分析说明，以检讨改进。

认识交期与交期管理

交期管理是现场管理员的重要工作内容之一。交期，一般是指交货期。交期管理是指为将所需数量的产品及时送达以符合客户的需求而展开的一系列管理活动。

一、交期

交期是指客户进货的日期。它是企业根据与客户的交涉，调整自己的生产状况而形成的日期。这个日期从签约时开始生效，现场管理员必须在了解生产现场负荷的基础上才能设定合理的交期。

交期与工期是有所区别的。工期是指企业产品的完工日期。交期和工期如不加以区别，就会把交期理解成生产现场在交期之前完成生产任务就可以。但是产品即使生产完成了还要进行包装、出货、试机等工序，等这些完成后才能进入交货阶段。所以现场管理员必须把交期与工期区别开来。

二、交期管理

交期管理是指为遵守与客户签订的交期，按计划进行生产并统一控制的管理。交期管理不好将会造成以下后果：

（1）在预定的交期内不能交货给客户，会造成客户在生产或使用上出现困境；

（2）不能遵守合约，丧失信用；

（3）完不成预定的生产，造成资金到账延期；

（4）资金到账延期又造成资金周转的困难，必然影响企业各方面的工作；

（5）生产现场因交期延迟，作业人员因加班或被呼来唤去而降低士气；

（6）现场作业人员为挽回时间而勉强加班加点工作，这种情况严重的话将会危害他们的健康；

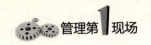

（7）交期管理不好的企业，品质管理和降低成本的管理也不会好。

三、交期管理的基本作业

交期管理的基本作业如下。

1. 制订生产计划

生产计划是根据订单的情况而制定的，有数量计划和日程计划两种。

（1）数量计划。数量计划是指生产多少某种产品的计划。如果仅根据接单数量来考虑生产多少是一种错误的想法。因为仓库里一般都有库存，就没有必要生产库存的这部分数量；另外，还要根据加工时的合格率以及不良发生时，从工位上拿掉的不良数，所以考虑到以上几点原因在最初投入物料时有必要增加一定比例。其计算公式如下：

$$物料投入数量 = 生产数量（订单数量 - 库存数量）÷$$
$$（1 - 不良品率）× 合格率$$

（2）日程计划。有关生产的日程计划要兼顾现场的生产能力和工作量来决定。为了了解各工序的能力，必须制订工时积累表，从而掌握成为瓶颈的工序，并在解决了瓶颈后对各工序的人员进行调整、平均。所以在制订生产计划时，如果知道某工位速度慢，就要适当采取其他的方法或延长工作时间或看能不能利用外包的方法。

2. 推进生产的统一控制

根据进度管理表可以了解产品生产的进度，知道哪个工位慢了，并想方设法补救。

3. 努力缩短交期

为达到缩短交期的目的，现场管理员可采取以下方法。

（1）排定生产品种的先后顺序。根据特定的品种优先进行生产，这种优先要事先取得销售部门的认可。

（2）分批生产，同时生产。把生产数量分作几批进行生产，首次的批量小点，就能尽快生产出来，这部分就能缩短交期，或用几条流水线同时进行生产也能达到缩短交期。

（3）缩短制造时间。缩短安排工作的时间，排除工作上浪费时间的因素或在技术上下工夫加快加工速度以缩短制造时间，从而达到缩短交期。

四、交期管理的要点

交期管理的要点如下。

1. 建立交期管理组织

（1）任命交期管理负责人。

（2）决定交期时，要在和外协加工企业进行协议的基础上进行，并且得到其明确的回答。

2. 掌握交期管理的方法

（1）设定标准时间和基准日程。

（2）做成工时管理累计表。

（3）做成生产计划表。

（4）生产进度的管理。

（5）发生延误交期时应尽早通知相关部门和尽快采取补救措施。

3. 培训交期管理知识

（1）培训导师最好是了解发出订单企业的专家。

（2）交期管理知识应提前培训，而不应在发生时或发生后再培训。

（3）根据发生交期延误的原因，决定交期管理培训的项目。

（4）交期管理负责人更换后应及时进行交期管理知识培训。

4. 加强进度管理

（1）对可能要延误的委外加工品，在中途要用电话或传真进行交期的确认。

（2）在委外加工品会议上要及时报告各外协加工企业的延误情况。

（3）在交期前几天要确认是否能按时交货。

（4）对已知道要延误的产品进行调查，看是否有补救的方法。

（5）就延误的产品通知企业各部门，并进行计划的变更以及随之而来的工作安排。

5. 避免不适当接单

（1）不能接受超出企业生产能力以外的订单。

（2）没有预计因不良品、机械故障发生频率高而超大规模接单。

（3）在报价时，预计的作业时间不切实际。

（4）在生产能力的变动和工作量的变动上的应变能力不完善，对策不周全，而造成不适当接单。

（5）日程管理不完善，不切实际。

（6）交期负责人不明确交期或交期管理意识不强。

6. 缩短交期的流程

缩短交期应在调查交期现状的基础上，制订缩短计划来实施。

缩短交期的计划由于是在生产工程发生变化时制订的计划，所以在日常的生产活动中实施是不行的。因而可以组成专案组在非生产时间上推进。团队领导为经理以上级别，团队（组）成员定为各主管级别。事务方面由生产管理部门负责。

交期现状调查的对象是产品的生产现状及花多少时间才能完工。以制造工程来说，它包括以下内容：

（1）从接单到制造工程命令书发行；

（2）设计；

（3）物料调配；

（4）加工；

（5）检查。

交期现状调查的主要依据是账票。查阅作为对象的工程的投产日期和出货日期，并调查制造需要的天数。

五、交期控制的时机

当企业出现以下交期异常的状况，现场管理员就应该采取措施控制交期。

（1）制订计划不善或生产技术变更频繁。这两种情形经常发生在新开发产品，生产技术资料欠缺或不完整的情况下。

（2）业务部门随意插单或变更订单内容。

（3）生产日程计划不好。安排生产计划时经验不足，且未能与生产部门做好沟通。

（4）物料供应不及时，造成断料，影响进度。

（5）物料品质低劣，影响作业进度。

（6）机器设备故障。

（7）生产效率低下。

（8）产品不良率太高，或需返工返修。

（9）进度落后未随即采取补救措施。

六、交期控制的核心

交期控制的核心如下。

1. 提升生产效率

提升作业效率与移动率，从而提高综合生产效率，是保障生产计划有效执行的重中之重。没有良好的效率为基础，其他的控制工具使用得再好也无济于事。

2. 选择进度控制点

除了在生产计划下达之后对实际生产进度进行控制以外，尚有许多需要其他部门协助进行的控制点。如：

- 订单分析；
- 产能与负荷平衡；
- 物料分析；
- 采购进度；
- 外包进度；
- 检验进度；
- 技术资料；
- 设备保养维护；
- 人力需求预估。

七、交期控制的方法

常用的交期控制方法，即生产进度控制法。

1. 现场观察的方法

现场观察即在现场观看作业状况，核对作业进度。此种方法适合多种少

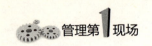

量及个别的订货生产，以此种方法掌握过程进度比掌握数量进度更为适合。

2. 每日作业进度看板

将每小时的作业进度实绩与计划量作对照，以便及时发现差距，分析原因，寻找对策。

3. 目视管理看板

采用目视管理看板，可以让现场每位人员了解进度状况，有直接的激励效果。

4. 进度跟催箱

将生产工令（制造命令、作业传票）依照预定开始生产的日期，放入标有相对的进度箱的网格中。现场作业者依先后顺序安排生产。

利用进度跟催箱的方法，可以轻易地发现进度落后的订单，也能了解进度落后的程度。

5. 生产日报表

根据每日的生产日报表来了解进度，分析原因，提出相应的对策。

八、交期延误的处理步骤

现场管理员对于交期延误问题必须通过以下步骤来谋求解决。

1. 现状调查

主要是调查在何种情况下发生何种程度的交期延误。调查的方法有以下几种。

（1）做成调查记录表（项目包括时间、客户名、产品名、数量、延误天数、客户投诉、延误原因等）。

（2）把过去1年内延误的实际状况记录到调查表中。

（3）记录将来的部分（未来3个月的部分）。

2. 原因分析和图表表示

根据调查的结果对交期延误的原因进行分析。图1-4对某企业交期延误的原因进行了分析。

3. 提出交期延误处理对策

（1）当前对策

●通过加班、休息日上班等延长劳动时间的方式来挽回时间。

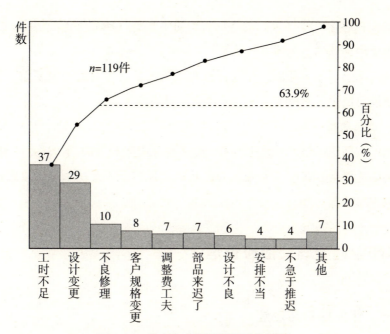

图 1-4　某企业交期延误原因分析图

• 分割批量、以先行的小批量来暂时挽回货期。

• 道歉并请求原谅。

（2）长期对策

• 组织交期延误问题的解决专案组，针对交期延误问题研究对策。

• 有计划地推进作业的标准化。

• 通过改变生产计划的组织方式来谋求交期问题的解决。

• 减少不良品。

• 通过对设备进行彻底管理减少设备故障。

• 通过作业者的多能化计划谋求生产线作业的顺利化。

• 减少劳动灾害。

• 通过实施各种对策使交期缩短（缩短准备时间、缩短加工所需的净时间、排除加工以外的时间浪费、提高相关工作的速度等）。

4. 实施对策

（1）把专案组提出的计划用到生产线上，由生产线长（拉长）负责去推行实施。

（2）向各生产线（拉）的下部组织吩咐实施（越到下部的组织，其指示内容越要做到具体落实到实际事务上）。

（3）实行长期对策时，作业标准化和缩短货期等对策在大多数情况下其本身要涉及组织上的范围，且需要较长的时间。

5. 确认效果

确认交期延误处理对策的效果，必须要花费较长的时间，这是不得已的。效果的确认要由专案组来实施。为此获取交期迟缓程度的数据，以数据来确认交期推移情况。

日常作业巡查与交接班管理

一、作业检查与巡查

优秀的班组每天的作业检查要做得井井有条，其情形如下。

1. 机械设备作业的检查（日常检查）

（1）是否已妥善加油。

（2）机械设备的机体处理是否按照规定实施。

（3）发现机械设备故障后，与管理者的联络处理是否妥善。

2. 其他日常检查内容

（1）所使用的物料质量、数量是否符合要求。在发现所使用材料中夹有不同质量的物料时，应停止使用，并通报管理者请示处置办法。

（2）是否使用规定的工具，并妥善运用。对于磨损、破损工具的处理是否妥善。对于工具的不妥，作业人员是否提出改善要求。

（3）是否在了解方法后才使用测定器。测定器有无定期检验，其精确度是否正确。

（4）作业人员是否按照批示工作。按批示作业是否发生问题。如有问题，原因是出于批示不妥，还是由于作业人员的知识、技能差距所造成。

（5）作业人员有无进行危险的作业。

（6）修整作业是否与正常作业分开记录。

（7）生产线的布置有无不妥。

（8）完工后的检查整理工作是否已做好。

（9）以上问题要点是否加以确认并拟订对策。

（10）是否了解发生异常情况时应采取的行动。

在工作时间结束前30分钟，要再度巡视班组的每一个角落：

（1）妥善检查机械的状况；

（2）从数字上确实了解不良品的发生状况；

（3）探视从业人员的健康状态。

日常巡回检查是保证班组生产的稳定和正常进行，及时发现生产中各种异常情况并加以处理，杜绝各类事故发生，保证安全、稳定生产的重要手段。

3. 巡回检查的内容

巡回检查的内容视不同行业而定，基本包括：

（1）检查各工艺条件的执行和变化情况。

（2）检查设备、管线、阀门的工作状况，有无异常情况。

（3）检查班组辖区内，窗、玻璃的完好情况，有无不安全因素。

（4）检查生产、岗位卫生、劳动纪律等情况。

（5）检查各控制点的质量情况。

（6）检查各岗位记录是否按时，是否整洁，巡回检查是否进行。

（7）检查设备润滑、卫生情况。

（8）检查水、电、蒸汽、煤气供应情况。

（9）检查安全生产及不安全因素整改情况。

4. 巡回检查要求

（1）车间根据生产技术部门规定的重点巡回检查点，结合本车间及班组的实际情况，制定出本车间各班组和岗位的巡回检查路线。

（2）每个生产班组和岗位的巡回检查路线，必须以图示形式在岗位或控制室内展示出来。

（3）每个重点巡回检查点必须挂上巡回检查牌，牌上标有时间标记。

（4）必须按所规定的间隔时间进行巡回检查。

（5）检查时必须认真、细致，发现问题应及时处理，不能处理的问题要

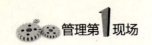

立即报告班组长或值班长。

（6）每检查完一个点要转动检查牌，使牌上所指时刻与实际检查时间相符，方可进行下一个点的检查。

（7）做好岗位巡回检查记录，对发现的问题及处理情况作详细的记载。

（8）每班组要做到各生产岗位巡回检查两次（上下班前各一次），对查出的问题要及时处理，对解决不了的重大问题，要及时向相关主管领导汇报，并采取有效措施，防止事态扩大。

5. 巡回检查方法

（1）看：看工艺条件是否稳定在正常的控制范围之内，看周围环境是否有异常情况。

（2）听：听设备、管线及周围是否有异常声音。

（3）查：查设备、阀门、管线是否有跑、冒、滴、漏现象。

（4）摸：摸设备、管线振动情况和温度情况。

（5）闻：闻电器设备及生产中是否有异常气味。

6. 巡回检查牌的管理

（1）巡回检查牌统一由生产技术部门发放。

（2）巡回检查牌要经常保持清洁卫生，必须挂在规定的检查点适当位置上，不得丢失或随意摆放。

（3）巡回检查牌腐蚀或损坏，要及时到生产技术部门更换。发现丢失时，车间要立即向生产技术部门说明并领取新牌，并追查所在班组或岗位的责任。

二、交接班管理

交接班管理的任务是，搞好岗位工作衔接，确保安全、文明、均衡地生产。班组长应在每次的交接班时做好自己的工作。

1. 交班

交班人：交班组长。

交班前工艺要求：一小时内不得任意改变负荷和工艺条件，生产要稳定，工艺指标要控制在规定范围内，生产中的异常情况要得到解决。

设备要求：运行正常、无损坏、无反常状况，液（油）位正常、清洁无尘。

原始记录要求：认真清洁，无涂改，项目齐全，指标准确；巡回检查有记录；生产概况、设备仪表使用情况、事故和异常状况都记录在记事本（或记事栏）上。

其他要求：为下一班储备消耗物品，工器具齐全，工作场地卫生清洁等。

接班者到岗后，详细介绍本班生产情况，解释记事栏中写到的主要事情，回答提出的一切问题。

"三不交"：接班者未到不交班；接班者没有签字不交班；事故没有处理完不交班。

"二不离开"：班后会不开不离开车间；事故分析会未开完不离开生产车间。

2. 接班

接班人：接班组长。

到岗时间：提前30分钟。

到岗检查项目：生产、工艺指标、设备记录、消耗物品、工器具和卫生等情况。

接班要求：经进一步检查，没有发现问题，及时交接班并在操作记录上签字。

接班责任：岗位一切情况均由接班者负责；将上一班最后一小时的数据填入操作记录中；将工艺条件保持在最佳状态。

"三不接"：岗位检查不合格不接班；事故没有处理完不接班；交班者不在不接班。

3. 班后会

参会人员：交班者全体。白班交班时要有一名车间领导参加。

班后会时间：岗位交班后召开。

班后会程序：

各岗位人员介绍本班情况；

值班组长综合发言；

车间领导指示。

第二章　现场质量管理

质量控制的原则

一、质量与质量控制

质量是企业生产的信誉节点，质量是制约企业发展的关键。如果质量出现问题，轻者会影响到企业的信誉，重者可能会改变企业的命运。

质量控制就是通过全面的管理，使企业运营各个环节的工作和产品质量符合标准。质量控制的原则，概括而言就是全员参与、全程管理、全面协调。全员参与、全程管理、全面协调作为一个体系，既相对独立又相互关联、相互依存，其中全员参与是核心，全程管理是关键，全面协调是保障。生产总监在进行质量控制时，应该根据三者的关系，围绕核心、抓住关键、注重保障。

同时，全员参与、全程管理、全面协调又各有重点、层面和方向，包括许多独特、具体的内容。生产总监在进行质量控制时，应该根据重点、层面和方向，落实具体的内容和要求，履行相关职责，把握问题关键，采取得当措施，关注多方利益，平衡各种关系，推动持续改进。

二、从领导到员工全员参与

1. 行使领导职责

（1）明确目标

要为企业建立一个清晰的愿景和明确的质量目标。企业的愿景是方向，主要描述企业的未来发展轨迹。比如，苹果公司的愿景——让每人拥有一台计算机，柯达的愿景——只要是图片都是我们的业务，联想公司的愿景——未来的联想应该是高科技的联想、服务的联想、国际化的联想。质量目标是要求，主要提出与质量方针相符的指标。比如，质量方针是开阔创新，相应

的质量目标就应该是产品开发等指标；质量方针是顾客满意，相应的指标就应该是客户满意度等指标。一般而言，质量目标应该包括产品质量、过程质量、服务质量三方面的内容。

（2）提供资源

为员工提供所需的物质、人力和组织资源，比如设置专门机构、建立项目团队、组织人员培训、提供相应条件和配备所需设施等，使质量管理的系统更加健全、质量管理的目标更加明确、质量控制的效果更加显著。

（3）建立机制

建立必要的培养和激励机制，通过制度化的培养，增强员工参与管理的能力，通过制度化的考评，认可员工参与管理的贡献，提高员工参与管理的热情。

2. 发挥员工作用

（1）认识角色

要让员工了解自己在质量管理中的角色、重要性和责任所在，增强参与的自觉性。以一线的操作工为例，角色就是质量的奠基人，其重要性在于能否完成质量指标，其责任就是做出合格的产品。

（2）主动参与

在认识角色的基础上，要让员工在质量控制的实践中学习知识、增强能力、共享经验，以主人翁的姿态去发现和解决质量问题，避免在自己的工作范围内出现失误或留下质量隐患。

（3）承担责任

要让员工学会用客观的标准进行各自的目标对照和业绩评价，当结果与目标有差距时，当业绩没有完成时，要勇于接受和承担责任。

三、从设计到售后服务全程管理

全程管理有三个层面：一是进行过程管理，二是基于事实决策，三是坚持持续改进。

1. 进行过程管理

（1）预期结果

要有清晰的预期结果，质量控制要达到什么目标、完成什么指标、什么时间完成，都应该十分明确。

（2）关键活动

要根据质量目标，确定从设计到售后服务全过程中的关键活动，并着重解决职责分配、能力平衡、环节衔接的问题。

（3）相关资源

要针对关键活动落实相关资源，如人员的操作技术、设备的性能状况、环境的配套条件等。

2. 基于事实决策

（1）信息基础

要加强对数据的记录、收集、保存、维护的管理，要求明确、职责分明，以确保各种信息的准确性和时效性。

（2）信息提供

要对信息进行分级管理，以满足不同使用者的信息需求。比如按照组织层次分类，分为高层、中层、基层信息；按照机密程度分类，分为绝密和机密信息等；按照职能分类，分为生产、技术、安全信息等。

（3）信息分析

要通过汇总、筛选、比较、加工等方法对信息进行分析和处理，去伪存真、去粗取精，提升信息的利用价值，为决策提供依据。

在基于事实进行决策时，也要做好与经验和直觉的平衡，力争做到信息、经验和直觉的统一。比如有时候受采集对象、采集时间、采集方法所限，信息并不能完全反映出真实的状况。当有直觉、经验感到信息存在偏差时，就应该进行必要的验证和修订，以避免出现失误。

3. 坚持持续改进

（1）选择方法

要根据自身特点、发展阶段、管理模式确定比较合适的持续改进方法，切忌生搬硬套。比如企业基础条件较差，属于创建阶段，采用的管理模式相对陈旧，那么就不应该采用技术性太强、环境要求太高的方法，而应该采用一些相对简单、容易推行的方法。在引入新型管理方法时要注意三点：一看

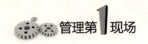

是否必须，二看是否符合企业实际，三看是否具备应用的条件，不能为引入而引入，不能搞形式主义。

（2）加强培训

员工的培训应该集中在经典方法和实用工具的应用层面，可以依据培训的对象和内容，确定培训力度，帮助员工掌握相关的技能。比如对业务骨干的培训，要侧重专业性，方法介绍要系统，工具讲解要细化，确保有关的方法和工具能在工作中得到正确的应用。又如对一线员工的培训，要侧重普及性，方法的介绍要简明，工具的讲解要直观，以便让一线员工了解知识、配合管理。

（3）目标管理

把持续改进作为全员工作目标，采用目标管理的方法，建立目标细分、转化、量化指标，落实责任，定期考核，严格奖惩，达到指导、测量、跟踪、激励员工持续改进的目的。在推动质量改进方面，要跟进结果，对有成效的质量改进项目要及时进行总结和推广，对作出贡献的团队和个人进行表彰和奖励，以充分显示企业对质量改进的重视和支持。同时，还可以把质量改进与绩效管理和薪酬制度挂钩，加大质量改进绩效的权重，以提升员工参与质量改进的积极性。

推进质量管理 PDCA 循环体系

PDCA 循环又叫"戴明循环"，简称"戴明环"。熟练掌握和灵活运用 PDCA 循环方法，对于提高质量管理体系运行的效果和效率十分重要。PDCA 循环是全面质量管理的基本方法，也是质量保证体系运行的基本方式。

一、PDCA 循环的四个阶段

1. P（Plan）——计划阶段

即在分析研究的基础上，确定质量目标、管理项目，确定活动计划和活动措施。

2. D（Do）——执行阶段

即根据预定目标、措施、计划，组织实现计划中的内容。

3. C（Check）——检查阶段

即检查计划实施情况，以计划目标为标准，与实际工作结果对比，衡量效果，找出存在的质量问题。

4. A（Action）——行动阶段

对总结、检查的结果进行处理，成功的经验加以肯定并适当推广、标准化，或制定作业指导书，便于以后工作时遵循；失败的教训加以总结，以免重现，并记录在案；未解决的问题应在下一次 PDCA 循环中解决，作为下一次循环制订计划目标的依据。

二、PDCA 循环的特点

1. 周而复始

PDCA 循环的四个过程不是运行一次就完结，而是周而复始地进行。一个循环结束了，解决了一部分问题，可能还有问题没有解决，或者又出现了新的问题，再进行下一个 PDCA 循环，以此类推。

2. 大环带小环

如果把整个企业的工作作为一个大的 PDCA 循环，那么各个部门、小组各自小的 PDCA 循环，就像一个星系一样，大环带动小环，一级带一级，有机地构成一个运转的体系。

企业的每个科室、车间、工段、班组，直至个人的工作，均有一个 PDCA 循环，这样一层一层地解决问题，而且大环套小环，一环扣一环，小环保大环，推动大循环。

3. 阶梯式上升

PDCA 循环不是在同一水平上循环，每循环一次，就解决一部分问题，取得一部分成果，工作就前进一步，水平就提高一步。到了下一次循环，又有了新的目标和内容，更上一层楼。

三、如何进行制程质量异常处理

班组长要明确制定发现质量异常时所应采取的措施，使问题迅速确实地改善，并防止再次发生，以维持质量的稳定。

制程质量异常处理要点如下。

第一，于制程中发现质量异常，应立即采取临时措施并填写"异常处理单"通知质量管理单位。

第二，填写"异常处理单"时需注意：

- 非量产者不得填写；
- 同一异常已填单后在24小时内不得再填写；
- 详细填写，尤其是异常内容以及临时措施；
- 如本部门就是责任部门，应先确认。

第三，质量管理部门设立管理簿登记，并判定责任部门，通知其妥善处理，质量管理部门无法判定时，则会同有关部门判定。

第四，责任部门确认后立即调查原因（如无法查明原因则会同有关部门研商）并拟订改善对策，经厂长核准后实施。

第五，质量管理部门对改善对策的实施进行稽核，了解现况，如仍发现异常，则再请责任部门调查，重新拟订改善对策；如已改善则向厂长报告并归档。

四、如何进行制程质量作业管理

为确保制程质量稳定，并力求质量改善，提高生产效率，降低成本，班组长需要积极进行制程质量作业管理。

制程质量作业管理要点如下。

第一，操作人员确依操作标准操作，且每一批的第一件加工完成后，必须经过有关人员实施首件检查，待检查合格后，才能继续加工。各组组长应实施随机检查。

第二，检查人员确依检查标准检查，不合格品检修后须再经检查合格后才能继续加工。

第三，质量管理部门派员巡回抽验，做好制程管理与分析，并将资料回馈有关部门。

第四，发现质量异常应立即处理，追查原因，并矫正及记录，防止再发生。

五、质量目视管理

目视管理能有效防止许多"人的失误"的产生，从而减少品质问题发生。目视管理的品质管理的要点如下。

1. 防止因"人的失误"导致的品质问题

方法：合格品与不合格品分开放置，用颜色加以区分；类似品也采用颜色区分。

2. 重要管理项目一目了然

方法：重要的项目悬挂比较图或采用"标准指导书"的形式，形象说明其区别和要点。

3. 正确地进行判断

方法：采用上、下限的样板判定方法，防止人为失误。

全面质量管理（TQM）

一、全面质量管理的定义

全面质量管理（Total Quality Management，TQM），是组织全体职工和相关部门参加，综合运用现代科学管理技术成果，控制影响质量形成全过程的各因素，以经济的研制、生产和提供顾客满意的产品和服务为目的的系统管理活动。TQM 被提出后，相继为各工业发达国家乃至发展中国家重视和运用，并在日本取得巨大的成功。多年来，随着世界经济的发展，TQM 在理论和实践上都得到了很大的发展，成为现代企业以质量为核心的提高竞争力和获得更大利益的经营管理体系。

二、全面质量管理的特点

1. 全面的质量管理

全面质量的管理，即全面的质量管理的对象——"质量"的含义是全面

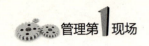

的，不仅要管产品质量，还要管产品质量赖以形成的工作质量和工程质量。实行全面的质量管理，就是为达到预期的产品目标和不断提高产品质量水平，经济而有效地搞好产品质量的保证条件，使工程质量和工作质量处于最佳状态，最终达到预防和减少不合格品、提高产品质量的目的，并要做到成本降低、价格便宜、供货及时、服务周到，以全面质量的提高来满足用户各方面的使用要求。

2. 全过程的质量管理

全过程的质量管理，即全面质量管理范围是全面的。产品的质量，有一个逐步产生和形成的过程，它是经过企业生产经营的全过程一步一步形成的。所以，好的产品质量，是设计和生产出来的，不是仅靠检验得到的。根据这一规律，全面质量管理要求从产品质量形成的全过程，从产品设计、制造到使用的各环节致力于质量的提高，做到防检结合，以防为主。质量管理向全过程管理的发展，就有效地控制了各项质量影响因素，它不仅充分体现了以预防为主的思想，保证质量标准的实现，而且着眼于工作质量和产品质量的提高，争取实现新的质量突破。根据用户要求，从每一个环节做起，都致力于产品质量的提高，从而形成一种更加积极的管理。

3. 全员的质量管理

全员的质量管理，即全面质量管理要求参加质量管理的人员是全面的。全面质量管理是依靠全体职工参加的质量管理，质量管理的全员性、群众性是科学质量管理的客观要求。产品质量的好坏，是许多工作和生产环节活动的综合反映，因此它涉及企业所有部门和所有人员。这就是说，一方面产品质量与每个人的工作有关，提高产品质量需要依靠所有人员的共同努力；另一方面，在这个基础上产生的质量管理和其他各项管理，如技术管理、生产管理、资源管理、财务管理等各方面之间，存在着有机的辩证关系，它们以质量管理为中心环节相互联系，又相互促进。因此，实行全面质量管理要求企业在集中统一领导下，把各部门的工作有机地组织起来，人人都必须为提高产品质量，为加强质量管理尽自己的职责。只有人人关心产品质量，都对质量高度负责，企业的质量管理才能搞好，生产优质产品才有坚定基础和可靠保证。

4. 综合性的质量管理

综合性的质量管理，即全面质量管理用以管理质量的方法是全面的、多种多样的，它是由多种管理技术与科学方法组成的综合性的方法体系。全面、综合地运用多种方法进行质量管理，是科学质量管理的客观要求。随着现代化大生产和科学技术的发展以及生产规模的扩大和生产效率的提高，对产品质量提出了越来越高的要求。影响产品质量的因素也越来越复杂，既有物质因素，又有人的因素；既有生产技术的因素，又有管理因素；既有企业内部的因素，又有企业外部的因素。要把如此众多的影响因素系统地控制起来，统筹管理，单靠一两种质量管理方法是不可能实现的，必须根据不同情况，灵活运用各种现代化管理方法和措施加以综合治理。

上述特点都是围绕着"有效地利用人力、物力、财力、信息等资源，以最经济的手段生产出顾客满意的产品"这一企业目标的，这是推行全面质量管理的出发点和落脚点，也是全面质量管理的基本要求。坚持质量第一，把顾客的需要放在第一位，树立为顾客服务、对顾客负责的思想，是推行全面质量管理贯彻始终的指导思想。

三、全面质量管理的基本指导思想

1. 质量第一，以质量求生存

任何产品都必须达到所要求的质量水平，否则就没有或未完全实现其使用价值，从而给消费者及社会带来损失。从这个意义上讲，质量必须是第一位的。市场的竞争其实就是质量的竞争，企业的竞争能力和生存能力主要取决于它满足社会质量需求的能力。"质量第一"并非"质量至上"。质量不能脱离当前的消费水平，也不能不考虑成本而一味追求质量。应该重视质量成本分析，综合分析质量和质量成本，确定最适宜的质量。

2. 以顾客为中心，坚持用户至上

外部的顾客可以是最终的顾客，也可以是产品的经销商或再加工者；内部的顾客是企业的部门和人员。实行全过程的质量管理要求企业所有工作环节都必须树立为顾客服务的思想。内部顾客满意是外部顾客满意的基础。因此，在企业内部要树立"下道工序是顾客"，"努力为下道工序服务"的思

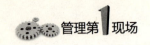

想。只有每道工序在质量上都坚持高标准，都为下道工序着想，为下道工序提供最大的便利，企业才能目标一致地、协调地生产出符合规定要求，满足用户期望的产品。可见，全过程的质量管理就意味着全面质量管理要"始于识别顾客的需要，终于满足顾客的需要"。

3. 预防为主，不断改进产品质量

优良的产品质量是设计和生产制造出来的而不是靠事后的检验决定的。事后的检验面对的是既成事实的产品质量。根据这一基本道理，全面质量管理要求把管理工作的重点，从"事后把关"转移到"事前预防"上来；从管结果转变为管因素，实行"预防为主"的方针，使不合格品消失在它的形成过程之中，做到"防患于未然"。当然，为了保证产品质量，防止不合格品出厂或流入下道工序，并把发现的问题及时反馈，防止再出现、再发生，加强质量检验在任何情况下都是必不可少的。强调预防为主、不断改进的思想，不仅不排斥质量检验，而且甚至要求其更加完善、更加科学。

4. 用数据说话，以事实为基础

有效的管理是建立在数据和信息分析的基础上。要求在全面质量管理工作中具有科学的工作作风，必须做到"心中有数"，以事实为基础。为此必须要广泛收集信息，用科学的方法处理和分析数据和信息。不能够"凭经验，靠运气"。为了确保信息的充分性，应该建立企业内外部的信息系统。坚持以事实为基础，就是要克服"情况不明决心大，心中无数点子多"的不良决策作风。

5. 重视人的积极因素，突出人的作用

各级人员都是组织之本，只有他们的充分参与，才能使他们的才干为组织带来收益。产品和服务的质量是企业中所有部门和人员工作质量的直接或间接的反映。因此，全面质量管理不仅需要最高管理者的正确领导，更重要的是充分调动企业员工的积极性。只有他们的充分参与，才能使他们的才干为组织带来最大的收益。为了激发全体员工参与的积极性，管理者应该对职工进行质量意识、职业道德、以顾客为中心的意识和敬业精神的教育，还要通过制度化的方式激发他们的积极性和责任感。

四、全面质量管理中品质控制方法

全面质量管理的基本特点之一就是用数据说话，通过对相关数据进行收集、处理、分析，找出形成原因和解决方法，并实施改进。因此，企业每一分子，特别是一线生产的班组员工，应该具有质量意识、问题意识、改善意识，寻求本身工作最有效方法谋求改善。

质量管理的提高，必须要管理、改善与统计方法相辅相成，三者相互联系，在整体上才会发挥效果。具体步骤如下。

- 把握问题的发生点（柏拉图、直方图）。
- 对问题进行现状分析（控制图、查检表、散布图、层别法）。
- 实施改善对策（利用各种统计方法及固定的技术）。
- 确认实施结果（推移图、柏拉图）。
- 标准化。

常用的统计分析方法有 QC（品质控制）七大手法，利用 QC 七大手法，能让我们迅速找到质量问题解决之道。在全面质量管理中，七种工具都能发挥很重要的作用。应该注意到，各种工具的应用不是孤立的，而是相互关联的，一种工具又可能使另一种工具的结果得到深化和具体化，为解决问题创造更加良好的条件。只要充分熟悉掌握了各种工具的奥妙，就能在遇到实际问题时得心应手。例如，在前面所讲的 PDCA 循环中，我们已经看到各种工具的灵活运用。

班组长不但要能看懂这些常用图，还要学会利用这些分析手法，以强化班组质量管理。

QC 七大手法包括：查检表、柏拉图、因果图、分层法、散布图、直方图、控制图。另外还有新 QC 七大手法，即关联图法、系统图法、箭条图法、PDPC 法、KJ 法、矩阵图法、矩阵数据分析法，具体内容这里不作介绍。

1. 查检表

查检表是最为基本的质量原因分析方法，也是最为常用的方法。在实际工作中，经常把查检表和分层法结合起来使用，这样可以把可能影响质量的原因调查得更为清楚。需要注意的是，查检表必须针对具体的产品，设计出

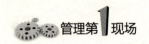

专用的查检表进行调查和分析。

常用的查检表主要有以下几种。

（1）缺陷位置查检表

若要对产品各个部位的缺陷情况进行调查，可将产品的草图或展开图画在查检表（见表2-1）上，当某种缺陷发生时，可采用不同的符号或颜色在发生缺陷的部位上标出。若在草图上划分缺陷分布情况区域，可进行分层研究。各区域要尽可能等分。

表2-1　　　　　　　　　　　缺陷位置查检表

名称			尘粒	日期	
代号		调查项目	流漆	检查员	
工序名称	喷漆		色斑	制表人	

（简图位置）

△尘粒
×流漆
●色斑

（2）不合格品统计查检表

所谓不合格品，是指不能满足质量标准要求的产品。不合格品统计查检表（见表2-2）用于调查产品质量发生了哪些不良情况及其各种不良情况的比率大小。

表2-2　　　　　　　　　　　不合格品统计查检表

名称	柴油机	项目数	7	日期	×××年1～12月
代号		不良品件数	104 台	检查员	
工段名称	总装工段	检查数	1310 台	制表人	
返修项目名称		频数	小计（台）	占返修的比率（%）	
汽缸内径椭圆度超差			36	34.6	
进水管漏水			23	22.1	
凸轮轴超差			15	14.5	

返修项目名称	频数	小计（台）	占返修的比率（%）
检爆阀座漏水		12	11.5
出水管漏水		6	5.8
栽丝漏水		5	3.8
其他		7	7.7
总计		104	100

（3）频数分布查检表

频数分布查检表（见表2－3）是预先制好的一种频数分布空白表格。该表应用于以产品质量特性值为计量值的工序中，其目的是为了掌握这些工序产品质量的分布情况。频数分布查检表比直方图更为简单，它的要点是收集、整理资料，根据事实、数据说话。

表2－3　　　　　　　　　　频数分布查检表

名称	缸头	质量特性	高度	批号	
代号		标准化		日期	×××年×月
工序名称	磨平面	总数	181	检查员	
单位	机二	检查数	181	制表人	

2. 柏拉图

又称排列图。柏拉图是找出影响产品质量关键因素的有效方法。

画排列图首先要收集一定期间的数据，然后对数据进行加工整理，据此画出直方排列图（见图2－1）。图上应注明取得数据的日期、数据总数、绘制者姓名、绘制日期及其他有参考价值的事项。

要点：一是确定主导因素；二是并非对所有原因采取处置，而是先就其中影响较大的2~3项采取措施。

3. 因果图

又称特性要因图、鱼骨图。因果图对查找产品质量问题产生的原因，对

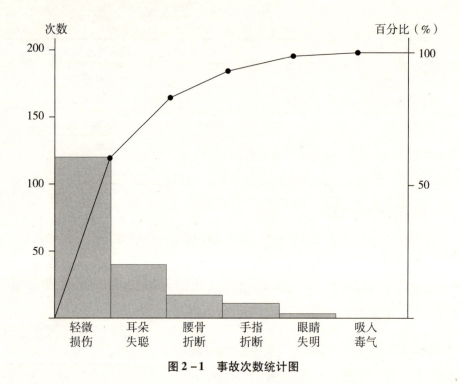

图 2 - 1　事故次数统计图

工程的管理和改善，都是一种简明而有效的方法。

采用因果图既可以对产品质量问题产生的原因进行分析，又是用于对各种问题产生的原因进行分析的有效方法，因此，编制因果分析图是 TQM 过程中用于质量分析时使用频率最高的方法。

因果分析图（见图 2 - 2）的绘法如下。

（1）明确分析对象，将要分析的质量问题写在图右侧的方框内，画出主干线箭头指向右侧方框。

（2）找出影响质量问题的大原因，与主干线成 60 度夹角画出大原因的分支线。

（3）进行原因分析，找出影响质量大原因的中原因，再进一步找出影响中原因的小原因……以此类推，步步深入，直到能够采取措施为止。

（4）找出影响质量的关键原因，采取相应的措施加以解决。

在因果图中，作为特性经常出现的，在质量方面有尺寸、重量、纯度、废品率、疵点数；在效率方面有工时、需要时间、运转率、负荷系数、产量；

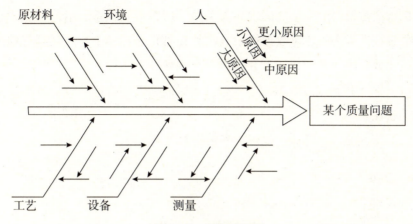

图 2 - 2　因果图示例

在成本方面有损耗、材料费、废品率、人工费等指标。此外，特性要因在大的方面一般可以分为 4M1E（人员、设备、方法、材料和环境）和八大要素（除了 4M1E 之外，加上工具、检测、搬运）。

要点：寻找引发结果的原因，整理原因与结果的关系，以探讨潜伏性的问题。

4. 分层法

又称层别法。分层法是整理质量数据的一种重要方法，是把收集到的数据，按照不同目的加以分类，把性质相同、在同一生产条件下的质量数据归类在一起加工整理，使得数据反映的事实更明显、更突出，以便于找出问题。

在全面质量管理过程中，分层法的原则是按照 5M1E 进行分类，即可以按操作人员进行分类、按工作场地或设备进行分类、按原材料分类、按操作方法分类、按生产时间分类、按测量手段分类。此外，我们还可以按照其他标志来分类，这完全取决于实际的生产情况。

要点：一是从不同角度层面发现问题；二是所有数据不可仅止于平均，需根据数据的层次，考虑适当分层。

5. 散布图

又称散点图。散布图是通过分析研究两种因素的数据之间的关系（例如零件加工时切削用量与加工质量两者的关系，喷漆时的室温与漆料黏度的关系等），来控制影响产品质量的相关因素的一种有效方法。

　　散布图是把两个变量之间的相关关系，用直角坐标系表示的图表，它把影响质量特性因素的各对数据用小点描绘在直角坐标图上，并观察它们之间的关系。散布图（见图 2-3）的绘制有下面两种方式。

　　（1）采用排列成直方图的方式，按照时间序列的推移，分析数据彼此之间的关联性。

　　（2）采用描点的方式，便于观察数据的分布状况。

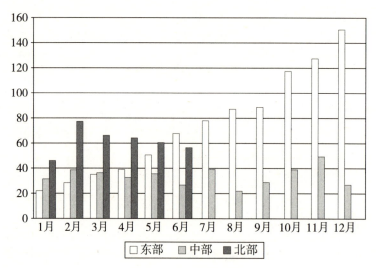

图 2-3　散布图示例

　　在散布图中，两个要素之间可能具有非常强烈的正相关，或者弱的正相关，这些都体现了这两个要素之间不同的因果关系。如果两个数据之间的相关度很大，那么可以通过对一个变量的控制来间接控制另外一个变量。因此，对散布图的分析，可以帮助我们肯定或者否定关于两个变量之间可能关系的假设。

　　一般情况下，两个变量之间的相关类型主要有六种：强正相关、弱正相关、不相关、强负相关、弱负相关以及非线性相关。

　　要点：展示变量之间的线性关系。

6. 直方图

　　又称数据图。直方图是对数据进行整理分析，通过数据的分布特征来验证工序是否处于稳定状态，以及判断工序质量的好坏等。

直方图是全面质量管理过程中进行质量控制的重要方法之一，适用于对大量计量数值进行整理加工，找出其统计规律，也就是分析数据分布的形态，以便对其整体的分布特征进行推断。

直方图（见图2-4）是将测量所得到的一批数据按大小顺序整理，并将它划分为若干个区间，统计各区间内的数据频数，把这些数据频数的分布状态用直方形表示的图表。通过对直方图的研究，可以探索质量分布规律，分析生产过程是否正常。

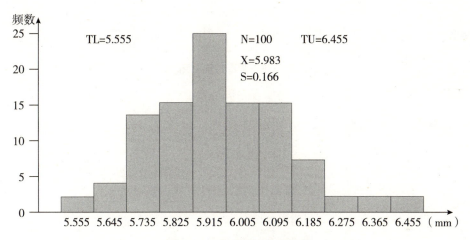

图2-4　直方图的基本格式

注：N 为数据个数，X 为平均值，S 为标准值，TL 为最小值，TU 为最大值。

在一般情况下，计量值在直方图图形的中心附近最高，而越向左右则越低，多呈左右对称的形状，从而形成各种各样的图形，具体分为常见形、孤岛形、双峰形、折齿形、偏态形和平顶形等形状。

（1）常见形直方图

常见形直方图（见图2-5）是最为常见的图形，特点是中心附近频数最多，离开中心则逐渐减少，呈现左右对称的形状。此时工序处于稳定状态。

（2）孤岛形直方图

孤岛形直方图（见图2-6）的特点是在直方图的左端或者右端出现分立的小岛。当工序中有异常原因，例如在短期内由不熟练的工人替班加工，或者是原料发生变化，测量有了系统性的错误时，会产生孤岛形直方图。

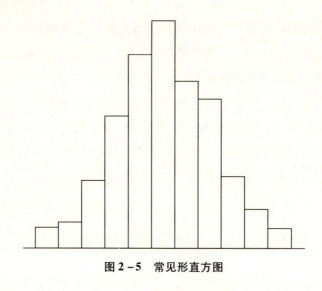

图 2 - 5　常见形直方图

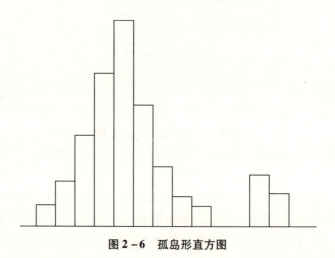

图 2 - 6　孤岛形直方图

（3）双峰形直方图

双峰形直方图（见图 2 - 7）的特点是分布中心附近频数较少，左右各出现一座山峰形状。造成这种结果的原因可能是：观测值来自两个总体，进而产生了两个分布，说明数据分类存在问题；或者是两个产品混在了一起，这时应当再加以分层，然后再画直方图。

（4）折齿形直方图

折齿形直方图（见图 2 - 8）的特点是在区间的某一位置上频数突然减

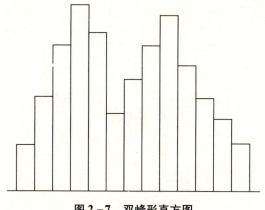

图 2-7　双峰形直方图

少，形成折齿形或者梳齿形。造成这种结果的原因可能是：由于数据分组太多，或者是测量误差过大、观测数据不准确所导致，应重新进行数据的收集和整理。

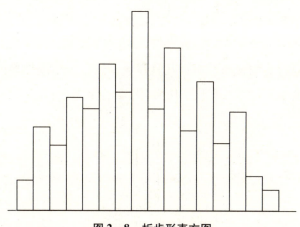

图 2-8　折齿形直方图

（5）偏态形直方图

偏态形直方图（见图 2-9）的特点是直方图平均值偏离中心，靠近一侧，频数多集中于同一侧，而另一侧则逐渐减少，形成一侧较陡，左右非对称的图形。当产品质量较差时，为了得到合格的产品，需要进行全数检查，以便剔除不合格品。当剔除不合格品以后的产品数据频数作直方图时，就会产生偏态形直方图，这是一种非自然形态的直方图。

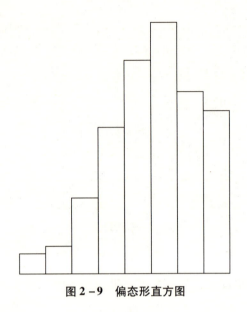

图 2 - 9   偏态形直方图

（6）平顶形直方图

平顶形直方图（见图 2 - 10）的特点是没有突出的顶峰，呈平顶形，通常是由于生产过程中某些缓慢的倾向在起作用，如工具的磨损、操作人员的疲劳等。

要点：展示过程的分布情况；凡是事物不能完全单用平均值来考虑，应该了解事物均有变异存在，需从平均值与变异性来考虑。

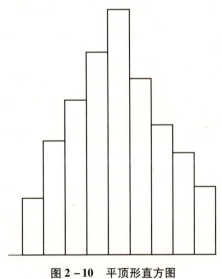

图 2 - 10   平顶形直方图

7. 控制图

又称管控图。控制图（见图 2 – 11）是通过把质量波动的数据绘制在图上，观察它是否超过控制界限来判断工序质量能否处于稳定状态。控制图应用简单，效果较佳，极易掌握，能直接监视控制生产过程，起到保证质量的作用。

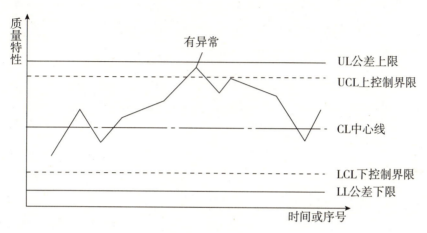

图 2 – 11　控制图

控制图的基本原理是把造成质量波动的六个原因（人员、机械、材料、方法、环境和测量）分为两个大类：随机性原因（偶然性原因）和非随机性原因（系统原因）。这样，我们就可以通过控制图来有效地判断生产过程工序质量的稳定性，及时发现生产过程中的异常现象，查明生产设备和工艺装备的实际精度，从而为制定工艺目标和规格界限确立可靠的基础，使得工序的成本和质量成为可预测的，并能够以较快的速度和准确性测量出系统误差的影响程度。

要点：识别波动的来源，凡是事物不能完全单用平均值来考虑，应该了解事物均有变异存在，需从平均值与变异性来考虑。

现场品质检验

现场品质检验是对在制品的一个或多个特性进行的诸如测量、检查、试验或度量，并将结果与规定要求进行比较，以确定每项特性合格情况所进行的活动。

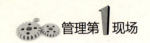

一、现场品质检验的任务

一般来说，现场品质检验有以下五项基本任务。

● 鉴别产品（或零部件、外购物料等）的品质水平，确定其符合程度以及能否接收。

● 判断工序的品质状况，为工序能力控制提供依据。

● 了解产品品质等级或缺陷的严重程度。

● 改善检测手段，提高检测作业发现品质缺陷的能力和有效性。

● 反馈品质信息，报告品质状况与趋势，提供品质改进建议。

二、现场品质检验的方式

现场品质检验活动可以分为三种方式，即进货检验、工序检验和完工检验。

1. 进货检验

进货检验是对外购货品的品质验证，即对采购的原材料、辅料、外购件、外协件及配套件等进行入库前的接收检验。为了确保外购货品的品质，进厂时的收货检验应由专职质检人员按照规定的检查内容、检查方法及检查数量进行严格的检验。

2. 工序检验

工序检验有时称为过程检验或阶段检验。工序检验的目的是防止在加工过程中出现大批不合格品，避免不合格品流入下道工序。因此，工序检验不仅要检验在制品是否达到规定的品质要求，还要检验影响品质的主要工序因素（即4M1E），以判断生产过程是否处于正常的受控状态。工序检验的意义并不是单纯剔除不合格品，我们还应看到工序检验在工序品质控制乃至品质改进中的积极作用。

3. 完工检验

完工检验又称最终检验，是全面考核半成品或成品品质是否满足设计规范标准的重要手段。

三、进货检验

进货检验的深度主要取决于企业对供应商品质保证体系的信任程度。企业可制定针对供应商的品质监督制度，如对供应商的定期品质审核，以及在生产过程的关键阶段派员对供应商的品质保证活动进行现场监察等。企业对供应商进行尽可能多的品质验证，以减少不合格品的数量，是企业保证进货物品品质的积极措施。

进货必须有合格证或其他合法证明，否则不予验收。供应商的检验证明和检验记录应符合企业的要求，至少应包括影响货品可接受性的品质特性的检验数据。

进货检验有首件（批）样品检验和成批进货检验两种。

1. 首件（批）样品检验

首件（批）样品检验是企业对供应商提供的样品的鉴定性检验认可。供应商提供的样品必须有代表性，以便作为以后进货的比较基准。

首件（批）样品检验通常用于以下三种情形。

（1）供应商首次交货。

（2）供应商产品设计或结构有重大变化。

（3）供应商产品生产工艺有重大变化。

2. 成批进货检验

成批进货检验是对按购销合同规定的供应商持续性后继供货的正常检验。成批进货检验应根据供应商提供的品质证明文件实施核对性的检查。针对货品的不同情况，有如下两种检验方法。

（1）分类检验法

对外购货品按其品质特性的重要性和可能发生缺陷的严重性，分成 A、B、C 三类。A 类是关键的，必须进行严格的全项检查；B 类是重要的，应对必要的品质特性进行全检或抽检；C 类是一般的，可以凭供应商品质证明文件验收，或作少量的抽检。

（2）接受抽样检验法

对正常的大批量进货，可根据双方商定的检验水平及抽样方案，实行抽样检验。

进货检验应在货品入库前或投产前进行；可以在供应商处，也可以在企业处进行。为了保证检验工作的品质，防止漏检或错检，应制定入库检验指导书

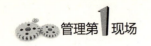

或入库检验细则。进货物品经检验合格后，检验人员应做好检验记录，及时通知仓库收货。对于检验不合格的应按照不合格管理制度办理退货或其他处理。

四、工序检验

工序检验可以采用以下三种形式。

1. 首件检验

所谓首件，是指每个生产班次刚开始加工的第一个工件，或加工过程中因换人、换料、换活以及换工装、调整设备等改变工序条件后加入的第一个工件。对于大批量生产，"首件"往往是指一定数量的样品。

首件检验一般采用"三检制"的办法，即先由操作者自检，再由现场管理员或品质管理员复检，最后由检验员专检。首件检验后是否合格，应由专职检验员认定并打上规定的品质标记，并做好首件检验的记录。无论在何种情况下，首件未经检验合格，不得继续加工或作业。检验人员必须对首件的错检、漏检所造成的后果负责。

2. 巡回检验

巡回检验要求检验人员在生产现场对制造工序进行巡回品质检验。检验人员应按照检验指导书规定的检验频次和数量进行，并做好记录。工序品质控制点应是巡回检验的重点，检验人员应把检验结果标记在工序控制图上。

巡回检验对检验人员提出了较高的素质要求，也是检验人员充分发挥职能作用的检验方式。检验人员在认真履行检验职能的同时，还应积极主动地帮助操作工人树立"品质第一"的思想意识，分析品质原因，提高操作技术。当巡回检验发现工序品质问题时，不能有情面观念，要严格把关。一方面，要和操作工人一起找出工序异常的原因，采取有效的纠正措施，恢复工序受控状态；另一方面，必须对上次巡回检验后到本次巡回检验前所有的加工工件全部进行重检或筛选，以防不合格品流入下道工序或市场。

3. 末件检验

末件检验是指在主要靠模具、工装保证品质的零件加工场合，当批量加工完成后，对最后加工的一件或几件进行检查验证的活动。末件检验的主要目的是为下批生产做好生产技术准备，保证下批生产时能有较好的生产技术状态。

末件检验应由检验人员和操作人员共同进行。检验合格后双方应在末件检验卡上签字。

五、完工检验

完工检验必须严格按照程序和规程进行，严禁不合格零件投入装配。对有让步回用标志的零件经确认后才准装配。只有在程序中规定的各项活动已经圆满完成，以及有关数据和文件齐备并得到认可后，产品才能准许发出。

完工检验可能需要模拟产品的客户使用条件和运行方式。在有合同要求时，须由客户及客户指定的第三方一起对产品进行验收。成品品质的完工检验有两种，即成品验收检验和成品品质审核，须有客户的参与并得到客户的最终认可。

现场产品抽样检验

一、质量检验

质量检验是保证产品质量的主要手段之一，企业的检验部门负责产品的检验工作，是企业质量管理的一个重要组成部分。质量检验是质量管理学发展的初级阶段，即使在全面质量管理阶段，实现质量控制也必须严格履行检验职能。就是说，实现全面质量管理并不意味着可以削弱或取消质量检验，相反，应当给予足够的重视和加强，尤其是对于军工产品来说必须严格进行质量检验。可见，质量检验仍然是现代质量管理中的一个不可或缺的重要组成部分。

检验或检查是用测量、检验、试验、测定或其他方法，将需检验的产品的特征值与标准值对比的一个过程。质量检验是通过对产品的质量特性进行观察和判断，结合测量、试验所进行的符合性评价活动。对产品而言，质量检验是一项技术性检查活动，即根据产品标准或检验规程对原材料、半成品、成品进行检查，适当时进行测量或试验，并把所得到的特性值和规定值做比较，判定出各个产品或成批产品合格与不合格。

质量检验的工作内容主要包括以下几点。

- 明确产品的质量特性，并对其规格要求进行必要的说明。

- 明确质量特性的计量单位和方法。
- 明确产品或产品批的比较基准。
- 选择适当的测量工具或装置，规定检验的程序。
- 进行实际的测量，必要时对测量结果进行换算。
- 与基准进行比较以做出是否合格的判断。

二、质量检验的功能

1. 鉴别职能

根据技术标准、产品图样、作业（工艺）规程或订货合同、技术协议的规定，采用相应的检测、检查方法观察、试验、测量产品的质量特性，判定产品质量是否符合规定的要求。

鉴别职能是质量检验各项职能的基础和前提，该职能主要由专职检验人员完成。

2. 把关职能

3. 预防职能

检验人员通过进货检验、首件检验、巡回检验等及早发现不合格品，防止不合格品进入工序加工导致大批量的产品不合格，避免造成更大的损失。

4. 报告职能

通过各阶段的检验和试验，记录和汇集了产品质量的各种数据，这些质量记录是证实产品符合性及质量管理体系有效运行的重要证据。

5. 监督职能

包括产品质量的监督，工艺技术执行情况的技术监督。

三、质量检验的目的

质量检验的目的概括地说主要有两个方面：一方面是对顾客（包括下道工序）保证质量，这是属于验收性质的检验；另一方面是判断工序或生产过程是否正常，这是属于监控性质的检验。具体地说，包括以下几个方面。

第一，作出符合性判断，区分合格品与不合格品，或区分合格批或不合格批。区分合格与不合格通常可以采用全检或抽样检验两种方式。

第二，实行质量控制。就是通过在生产过程中实行抽查，判断工序是否正常，发出警报，以便采取措施。这类检验通常用于工序控制点，结合控制图进行。其特点是，这类检验的直接目的不是判断产品或产品批是否合格，而是用来作为评定工序生产状态是否正常的反馈信息。

第三，提供重要的信息，以便企业更好地加强质量管理，更有效地做好经营决策工作。质量检验的结果是企业信息系统中重要的信息源，它综合地反映了企业的技术水平和管理水平。

第四，增强企业全体职工的质量意识，切实树立质量第一的思想。只有通过检验，才能使全体职工了解企业产品的质量状况并发现问题，进而通过同其他企业优质产品的对比激发职工荣辱感和提高产品质量的紧迫感。

四、质量检验的分类

1. 按检验产品在实现过程中的阶段分

（1）进货检验

对从外部购进的原材料、零部件、外协加工件进行的检验，以确保产品质量和产品在实现过程中的正常进行。

（2）过程检验

当某一工序完成时进行的检验，用来防止不合格的半成品流入下一过程。

（3）最终检验

在最终产品形成后进行的检验，即成品检验，目的是防止不合格品交付给顾客。

2. 按检验的数量分

（1）全数检验，对待检产品逐件进行检查

这种方法比较可靠，能提供完整的检据，缺点是检验工作量大、周期长、成本高、不能用于产品批量较大或破坏性检验。全验的主要目的是将产品区分为合格品和不合格品两大类。

全数检验适用于以下场合：

①经检验后合格批中不允许存在不合格品时；

②单件小批生产；

③检验费用低，检验项目少时。

（2）抽样检验

是按规定的抽样方案，随机地从某批产品或过程中抽取少量个体或材料样本。对样本进行全数检验，并根据对样本的检验结果对该批产品作出合格或不合格判定。

五、双抽样检验分类

1. 计量抽样检验

通过测量样本中每个单位产品的质量特性值，并计算样本的平均质量特性值，以此作为判定一批产品是否合格的依据。有些产品的质量特性，如灯管寿命、棉纱拉力、炮弹的射程等，是连续变化的。用抽取样本的连续尺度定量地衡量一批产品质量的方法称为计量抽样检验方法。

2. 计数抽样检验

按样本中的不合格品数或缺陷数作为判定一批产品是否合格的依据，而不管样本中各单位产品的质量特性值如何。例如有些产品的质量特性，如溶核不良数、测试坏品数以及合格与否，只能通过离散的尺度来衡量，把抽取样本后通过离散尺度衡量的方法称为计数抽样检验。计数抽样检验中对单位产品的质量采取计数的方法来衡量，对整批产品的质量，一般采用平均质量来衡量。计数抽样检验方案又可分为：标准计数一次抽检方案、二次抽检、多次抽检等。

3. 计数抽样检验与计量抽样检验的选择

计数抽样检验使用简便、实施简单，只把样本中的每个单位产品区分为合格品、不合格品，或者合格、不合格，计算样本中出现的不合格品数或不合格数，与抽样方案的接收数对比即可判断。该法适用于结构简单、不合格品可用合格品替换的场合。

计量抽样检验、测量、计算手续复杂，但与计数抽样检验相比，它样本量小，适用于破坏性检验、检验费用昂贵时的检验。

当检验指标多时，采用计量抽样检验是不适合的，因为每个特性都需要单独考虑。可对大多数检验指标采用计数抽样检验，仅对一、两个重要指标采用计量抽样检验，计数、计量并用效果好。

针对计数抽样检验与计量抽样检验的选择，首要问题是考虑采用计量检验是否比计数检验更合乎需要。在经济方面，要对按计数抽样将较大样本量进行简单检验与按相应计量抽样将较小样本量进行昂贵、耗时的检验的总费用进行比较，选择合乎需要的抽样检验方法。

六、抽样调查的方式

抽样是一种非全面的调查，根据抽取样本的方式不同，抽样可分为概率抽样和非概率抽样两类。

1. 概率抽样

概率抽样是按照随机原则抽取样本。概率抽样从抽样方法上看，可以分为重复抽样和不重复抽样两种。

（1）重复抽样

重复抽样是指要从容量为 N 的总体中抽取一个容量为 n 的样本，则每次从总体中抽取一个个体后又放回总体参加下一次抽样，连续抽 n 次，n 个观测值构成样本数据。其特点是：总体的每个个体都有数次被抽中的可能性，n 次抽样之间相互独立，每次抽样时总体都有 N 个个体可供抽选，样本由小于或等于 n 个不同的个体所组成。

（2）不重复抽样

不重复抽样是指若要从容量为 N 的总体中抽取一个容量为 n 的样本，则每次从总体中抽取一个个体后不再将它放回总体参加下一次抽样，连续抽 n 次，n 个观测值构成样本数据。其特点是：总体中每个个体都只有一次被抽中的可能性，n 次抽样之间不相互独立（前面的抽样结果影响后面的抽样），每抽一次总体中可供抽选的个体就减少一个，样本由 n 个不同的个体所组成。

不论是重复抽样还是不重复抽样，每个个体被抽中的概率都是可以计算的。

2. 非概率抽样

非概率抽样是凭人们的主观判断或根据便利性原则来抽取样本，总体中每个个体被抽取的可能性是难以用概率表示和计算的。具体地，非概率抽样调查又分为任意抽样、典型抽样、定额抽样和流动总体抽样等几种。

理论与实践都已经证明，概率抽样比非概率抽样更具科学和优越性，因此，

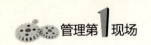

我们通常所指的抽样一般就是概率抽样。但作为一种补充，非概率抽样也具有重要的应用价值，只要相关条件具备就值得运用。

七、测量仪器

产品的质量是企业参与市场竞争的基础，产品生产过程中的各个环节均会对产品质量的形式产生影响。加工后的零件是否满足质量的要求，需要经过测量来判定。所谓测量是为确定被测对象的量值而进行的实验过程，即将被测量与测量单位或标准量在数值上进行比较，从而确定两者比值的过程。测量仪器是为产品服务的，测量仪器的精度、测量范围和形式应满足产品的要求。正确合理地使用量具，不仅是保证产品质量的需要，而且是提高经济效益的措施。

常用的量具有游标卡尺、千分尺、指示表等，可以直接测出零件的外径、内径、深度、高度和长度等尺寸，也可以作间接测量，应用范围很广。

精密的测量仪器有干涉显微镜、电动量仪、光栅测量装置以及车间生产使用的现代先进技术测量仪器——三坐标测量机等。

生产线制程品质检验

制程检验是从来料入库后到成品组装完成之前所进行的品质检验活动。其目的是及早发现不合格现象，采取措施，以防止大量不合格品的产生及流入下一道工序。

一、配置检验人员

为了保证顺利完成鉴别、把关、报告、监督任务以及时配合生产，应配备专职检验人员。当然，质量检验队伍的人数要少而精并相对稳定，每位检验员要"一专多能"，适应各工种的检验需要，做到整个检验工作人少而不紧张，忙而不乱，有序工作，配合生产。

1. 配置要点

在配置检验人员时，要根据实际的生产情况决定，具体的配置要点如下。

（1）对于产品种类较少、质量相对稳定的情况，检验员人数占生产人员总人数的 5% 左右为宜；反之，检验员占 8% 左右为宜。

（2）对于实行"道检"（即每道加工工序后跟一位检验员对产品质量进行检验）的工序，检验员要占到生产人员总数的近一半。

（3）在实行抽样检验的工序，可大大减少检验员的人数，可根据实际需要配置几名即可。

2. 检验员的职责

检验员在生产第一线执行鉴别、把关、报告、监督任务。具体职责如下。

（1）实行首件"三检"制度：生产工人自检、班组长（质量员）互检、检验员专检。"三检"均合格后方准批量生产。

（2）规定有巡回检验的，负责巡回检验的检验员应按规定的路线、周期、程序、项目、检验依据进行检验，并做好详细的检验记录。

（3）对加工完毕的产品，按检验依据规定进行全面的质量检验，质量合格后方能转入下道工序，严格把好质量关。

（4）产品装配时，按检验依据和装配程序进行全面检验和监督，并做好详细记录和标示。

（5）包装质量检验是检验中的最后一道关口，要检验产品的标志、附件、随机文件等内容，产品检验合格后签发合格证。

（6）执行上司临时下达的各种检验任务。

二、制程检验作业指导书

制程检验作业指导书是具体规定检验操作要求的技术文件，又称检验规程或检验卡片。它是产品形成过程中，用以指导检验人员规范、正确地实施检验工作而进行的检查、测量、试验的技术文件。

1. 内容

制程检验作业指导书要将检验的各项目进行具体说明，最好配以相关的图示。

2. 编制要点

制程检验作业指导书应根据产品图样、标准、技术条件等进行编制，具体的编制要点如下。

（1）对该制程作业控制的所有质量特性（技术要求），应全部逐一列出，不可遗漏。

（2）对质量特性的技术要求语言表述要明确、内容具体、语言规范，使操作和检验人员容易掌握和理解。

（3）必须针对质量特性和不同精度等级的要求，合理选择适用的测量工具或仪表，并在指导书中标明它们的型号、规格和编号，甚至说明其使用方法。

（4）当采用抽样检验时，应正确选择并说明抽样方案。

三、处理好制程中的不合格品

对于制程检验中的不合格品，在进行处理时应注意以下事项。

（1）作业人员或制程检验人员发现产品不合格时，应根据检验标准的规定予以区分或将其移离生产线。

（2）当发现属制程不良，也即有产品不良重复发生时，应立即向上司报告。若由作业人员发现，须立即将不符合情形向现场主管报告，并经主管确认后，立即进行改善。

（3）如果是制程本身或材料的问题，必须采取纠正措施以防止事件再次发生时，生产部门应立即发出"生产异常报告单"给相关责任部门，并要求在规定的期限内处理完毕。

（4）当制程变异对产品质量有不良影响时，经主管确认后，立即停止生产或采取其他相应措施。待问题解决并经确认后，恢复生产。

（5）生产部门发出"生产异常报告单"后，应主动跟催处理情形与结果，并将"生产异常报告单"的处理结果归档，以作为质量回馈与分析改善的资料。

（6）如果决定返工，则应依据"返工处理作业程序"的规定办理，返工后的产品应重新进行检验与测试，确认合格后，才可以出货。

现场品质控制实用工具

一、工序作业指导书

表 2-4

工序作业指导书

设备型号		指导书编号		加工部位	工具编号	工具名称	进刀量(毫米)	次数	转速(转/秒)	切削速度(米/秒)	进给量(毫米/秒)	换工具条件	准备时间
设备名称		工序号											换刀时间
夹具编号	零件编号	工序名称											单件工时
夹具名称	零件名称	加工部位											班产定额(件)
													切削液

工序质量管理点表

代号	检查项目	加工精度 最佳调整尺寸	测量工具 名称	测量工具 编号	测量频次 自检	测量频次 首检	测量频次 巡检	重要度	管理手段
								审批	编制
									组长

注：(1) 检查频次
全：百分之百检查
1/N：N件检一件
N/D：日(班)检 N件
N/M：月检 N件
(3) 管理手段
a：控制图
b：计量用表
c：记录用表
d：不用记录

(2) 重要度
a：关键
b：重要
c：一般
(4) 首检
a：开始工作时
b：磨换换刀具时
c：调修机床工装时
d：换工序时

简图：特别要求事项

序号	项目	内容

二、质量异常报告

表 2-5　　　　　　　　　　　质量异常报告

产口编号	产品（零件）名称	异常品质特性	抽样量	不良品量	合格标准	发现时间	检验人员	复检人员

异常原因分析		
制造部门		质检部门

处理对策：

处理结果：

三、工序品质检验记录表

表 2-6　　　　　　　　　　　工序品质检验记录表

零件号		零件名称		工序号		工序名称	
操作者				检验员			

检查项目	首检				自检			专检				签章
	时间	项目要求	检测结果	复检	自检结果	自检数量	不良品现象及原因	时间	抽检	抽检数量	不合格品数	

四、品质纠正和预防措施要求单

表 2 - 7　　　　　　　　品质纠正和预防措施要求单

编号：

纠正和预防措施任务的下达

①不合格信息来源：

②不合格事实陈述：

③不合格信息严重性评价：□严重 □一般
④纠正和预防措施任务的下达：
a. 责任部门：＿＿＿＿＿＿＿＿＿＿
b. 建议的纠正和预防措施：

填写人／日期：　　　　　　审核／日期：　　　　　　管理者代表／日期：

纠正和预防措施的制定（由责任部门填写）

①原因分析：

②纠正和预防措施的制定：

a. 责任人：＿＿＿＿＿＿＿＿＿＿　b. 预定完成日期：＿＿＿＿＿＿＿＿＿
c. 制定的纠正和预防措施：

编制／日期：　　　　　　审核／日期：　　　　　　管理者代表／日期：

纠正和预防措施的验证

□纠正和预防措施已按期在＿＿＿年＿＿＿月＿＿＿日完成。
效果简述：

□纠正和预防措施未在规定日期完成，推迟至＿＿＿年＿＿＿月＿＿＿日完成。
未完成原因：

□其他：
验证人／日期：　　　　　　核实／日期：

五、不良品统计表

表 2 – 8 　　　　　　　　　　不良品统计表

日期：

品 名	编 号	规 格	工 位	不良品变动			不良内容	责任人	备注
				进	出	存			

六、设备台账示范表

　　各种机械设备是完成加工生产的保障，设备的先进程度、好坏和技术状态直接影响产品的最终质量。因此从设备的使用、维护保养到故障维修等都是现场管理的重要工作。

　　设备"三定户口化"，就是做到"设备定号、管理定户、保管定人"，具体的内容说明如表 2 – 9 所示。

表 2 – 9 　　　　　　　　　设备"三定户口化"

序 号	三定要求	具体说明
1	分类编号	按照固定资产目录，将每台设备依顺序统一编号，可以使用各种标志牌
2	定户管理	以各班组为单位，将全组的设备编为一个"户"，各班组对使用的设备进行全面负责
3	定人保管	根据谁用、谁管、谁负责维护保养的原则，把设备的保管责任落实到使用人，使设备有专人保管，丢失损坏有专人负责，把设备管理纳入岗位责任制

　　各种设备的数量一定要统计清楚，尤其是闲置设备。因为对正在使用中

的设备大家都清楚在哪里，而闲置设备却往往无人理睬。具体统计可按设备所在部门分布或同一类型进行统计。表 2 - 10 是某企业的设备在库管理一览表示例。

表 2 - 10　　　　　　　设备在库管理一览表

名称：	型号：		编号：		制造厂商：		责任人：	
是否要精度校正		□是 □否			上次校正日期： 年 月 日		下次校正日期： 年 月 日	
入库			出库				余数	
入库日	来源	入库数	型 号	出库日	出库数	去 向	原 因	领取人	在库数	月末确认数

同时还应附上以下资料。

- 相关"操作说明书"、"机械结构图"、"电气回路图"之类的资料。
- "保修卡"、"购买合同"、"发票"的正本或复印件。
- 实际操作、维修中的经验总结。

如何控制不良品

产品被认定为不良品，是因为其含有一定的缺陷。在生产中，由于各种原因很难保证不出现不良品，所以在现场品质管理中不能忽略对其进行管理控制。

一、分析不良品的产生原因

不良品不都是在现场产生的，所以应进行源头管理，积极地寻找不良品产生的根源，以便采取正确的根除措施。下面是对不良品的产生原因进行了简要的分类列明。

1. 设计和规范方面

（1）含糊或不充分。

（2）不符合实际的设计或零部件装配，公差设计不合理。

（3）图纸或资料已经失效。

2. 机器和设备方面

（1）加工能力不足。

（2）使用了已损坏的工具、工夹具或模具。

（3）缺乏测量设备或测量器具（量具）。

（4）机器保养不当。

（5）环境条件（如温度和湿度）不符合要求。

3. 材料方面

（1）使用了未经试验的材料。

（2）用错了材料。

（3）让步接收了低于标准要求的材料。

4. 操作和监督方面

（1）操作者不具备足够的技能。

（2）对制造图纸或指导书不理解或误解。

（3）机器调整不当。

（4）监督不充分。

5. 制程控制和检验方面

（1）制程控制不充分。

（2）缺乏适当的检验或试验设备。

（3）检验或试验设备未处于校准状态。

（4）检验和试验指导不当。

（5）检验人员技能不足或责任心不强。

针对上述的各种不良原因，现场管理者要一一去进行针对性地解决。

二、不良品标示

为了确保不良品在生产过程中不被误用，必须对其进行标示，以示区分。可以使用统一的标签、卡片、色标等进行。

三、不良品隔离

所有的不良品在标示出来后，必须进行收集隔离。具体的隔离要点如下。

第一，在现场的每台机器或拉台的每个工位旁边，均应配有专用的不良品箱或袋，以便用来收集生产中产生的不良品。

第二，在现场的每台机器或拉台的每个工位旁边，要专门划出一个专用区域用来摆放不良品箱或袋，该区域即为"不良品暂放区"。

现场如果发现不良品，要进行及时的处理，具体应做好以下的工作。

1. 明确相关责任人的职责

对于生产线上的不良品，首先应明确相关责任人的职责。主要涉及作业人员和现场主管。

2. 不良品分类

对当日内的不良品进行分类，即当一天工作结束后，现场主管应对当日内生产出的不良品进行分类。

对某一项（或几项）不良较多的不良内容，或者是那些突发的不良项目进行分析（不明白的要报告上司求得支援），查明其原因，拿出一些初步的解决方法，并在次日的工作中实施。若没有好的对策或者不明白为什么会出现这类不良时，要将其作为问题解决的重点，在次日的品质会议上提出，从而通过他人以及上司进行讨论，从各种角度分析、研究，最终制定一些对策并加以实施，然后确认其效果。

3. 不良品的记录及放置

当日的不良品，包括一些用作研究（样品）的或被分解报废等所有不良品都要在当日注册登记在每日不良品统计表上，然后将不良品放置到指定的不良品放置场所内。

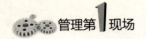

现场不良品质控制流程

一、现场不良品管理流程

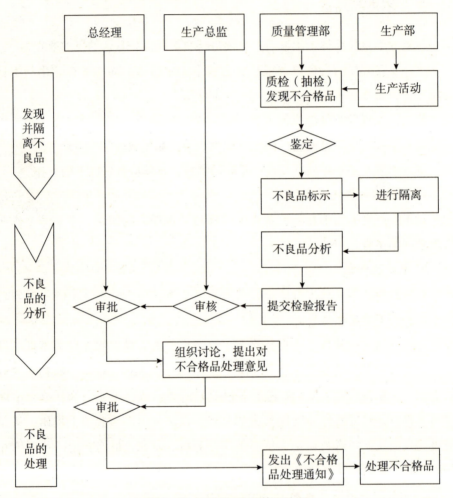

图 2 – 12　现场不良品管理流程

二、现场不良品管制办法

以下为某企业的现场不良品管制办法。

第1章　总　　则

第1条　目的

为防止由于疏忽而使用或发运不良品，规范不良品的处理工作，以提升质量，促使运作顺畅，特制订本办法。

第2条　适用范围

本办法适用于生产过程中不良品（半成品和成品）的控制与处理。

第3条　相关部门的职责

1. 质量管理部负责不良品控制程序的实施，并监督不良品的筛选、标识、隔离工作。

2. 生产部负责对不良品的筛选、标识、隔离工作。

第2章　不良品的鉴别、标识

第4条　不良品的鉴别、标识、隔离由质检人员负责，处理方式有让步接收、返工、返修、降级（限于成品）、报废等。

第5条　不良品的标识方法

1. 返工、返修、让步品用记号笔、标签等直接在产品上作标记和（或）置于不良品箱（柜）中，大件涂黄色另放。

2. 降级成品用记号笔、标签等直接在产品上和（或）包装箱上作"J"标记。

3. 废品涂红色或挂标签或置于废品箱（柜）中。

第3章　不良品的处理

第6条　不良品作让步接收处置的，由责任者在"不良品处理单"（见表2-11）上提出不良品的处理建议和申请。

表2-11　　　　　　　　　不良品处理单

类别	□制程　□入库　□成品		部门		交验日期	
品名		批量		不良数		责任单位
规格		抽样数		不良率		

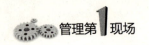

续　表

不良品概述及不良原因初析	检验员　　　　日期			
责任部门原因分析及意见	部门主管　　　　日期		物料需求状况说明	质检员　　日期
评审结果及处置意见	核准　　日期		工程　　日期	质检员　　　　日期
会签				

第7条　不良品作返工、返修品处置的，按下述步骤进行处理。

1. 质检员开具"不良品处理单"，送交工段长（车间主任）。

2. 工段长（车间主任）安排返工（返修）人员和时间，并要求在"不良品处理单"送达1~2周内完成返工（返修）工作。

3. 返工（返修）人员做好返工（返修）品不同时间段（1~2周）的隔离和标识工作。

4. 返工（返修）品处理后须经质检人员复检合格后方可放行，并做好复检记录。

第8条　不良品作降级处置的，由质检员直接在"不良品处理单"上填明，降级成品（二等品）可以在固定的配件市场上销售。

第9条　不良品作废品处置的，由质检员直接填具"不良品报废申请书"（见表2－12），上报审批，并做好不良品的标识和隔离工作。

表 2 – 12   不良品报废申请书

编号：   申请日期：   年   月   日

项次	品名/型号	数量	报废原因	备注
合计				

申请人：   部门经理：   总经理：

第 10 条 不良品处理工作完成后，由责任单位填制"不良品处理报告单"（见表 2 – 13），递交质量管理部门，审核后备案存档。

表 2 – 13   不良品处理报告单

不良品处理报告		编号	
标题			
发现部门		日期	
产品名称		产品型号	
产品批号		生产设备	

不良状况描述（不良的内容、发现经过、数量、采取的措施）

发现者：   负责人：   日期：

评审结果和处置决定   □合格   □返工   □降级   □拒收（或报废）   □其他

陈述理由：（判定理由、不良原因、波及范围等）

（质量管理部）检验员：   部长：   日期：

重新检验时	□合格 □报废	（质量管理部）检验员：　　部长：　　日期：
不良品处理报告		编号

纠正情况、纠正措施制订（需要时提供纠正措施报告）

（责任部门）负责人：　　　批准：　　　　日期：

跟踪验证（适用于纠正情况，纠正措施的跟踪验证请参照纠正措施报告。）

（责任管理部）检验员：　　　批准：　　　　日期：

结果通知		
发放：发现部门 分发日期：　年　月　日	抄送（1）： 分发日期：　年　月　日	抄送（2）： 分发日期：　年　月　日

第 4 章　附　　则

第 11 条　本办法的生效、修订、废止必须经总经理批准同意。

第 12 条　本办法自颁布之日起实施执行。

三、不良品退回实施方案

以下为某企业不良品退回实施方案。

××公司不良品退回实施方案

1. 目的

为了提高不良品退回环节的效率，保证不良品处理工作的准确、有效，防止不良品再次流入生产环节或市场，特制订本方案。

2. 不良品定义

不良品是指由于设计、加工、总装配、测量器具、检查方法、规格设定等方面的失误，导致产品在制造过程中产生不良的情况。

3. 不良品的种类

（1）不良按性质分类主要可分为：性能不良、机能不良、外观不良、包装不良四大类。

（2）按其所产生的责任可分为自责不良品和他责不良品两种：他责不良品原因来自上道工序，自责不良品来自本道工序失误。

4. 不良品判断

（1）从技术角度判定产品质量的常用级别为三级。

①A级：产品特性完全符合质量规格（设计上）的要求。

②B级：产品部分特性偏离质量标准规格（设计上）的要求，但目前在使用上没有问题，出于成本、交货期等方面的考虑，暂维持现状，视时机进行改善。

③C级：产品特性完全不符合品质规格（设计上）的要求，需要立即进行改善。

（2）在前道工序提供加工样品时就要进行判定，运用恰当的检测手段，区分出自责品和他责品。

（3）判定时要具体注明他责不良品的内容、程序、比率、发现经过。

（4）对于一开始就是B级判定的产品，中途因故无法使用时，需要预先通知前道工序，本着"风险共担"的原则协调解决。

5. 不良品的退回处理

（1）核对实物与"不良品清退一览表"（见表2-14）所记录的具体内容、编号、数量是否一致。

（2）自责品要退回资材仓库进行报废。生产现场应对所有不良品进行造册登记，即填写"不良品清退一览表"，且该记录与实物必须相符。

表 2 – 14   不良品清退一览表

退货日期: 退货部门: 责任人:

品名	编号	发生日期	不良率	不良内容	备注

（3）外观类的不良品在退回前由质量管理部门给出最终判定。

（4）在测定、验证上有难度的可由技术部门来确认。对不良品的判定、处理，技术部门同样负有指导的责任。

（5）如果是定期累积清退不良品的话，则需要填写"不良品清退一览表"，同时在每一组相同不良品的实物上，还要贴附"不良品清退明细表"（见表 2 – 15）。

表 2 – 15   不良品清退明细表

确认	日期	自	至不良品仓	责任方
零件名称				
零件编号				
零件数量				
不良原因				

6. 注意事项

（1）不良品上应标识不良部位或添附说明文字。如果是整批退回，则需附上判定部门发出的文件。

（2）若不良品在后工序就地处理（由前工序负责），则无须运送回前工序。如果需要运回前工序才能处理，则须填写退回单据，以进行数量上的管理。

现场质量改善

一、现场质量技术改善流程

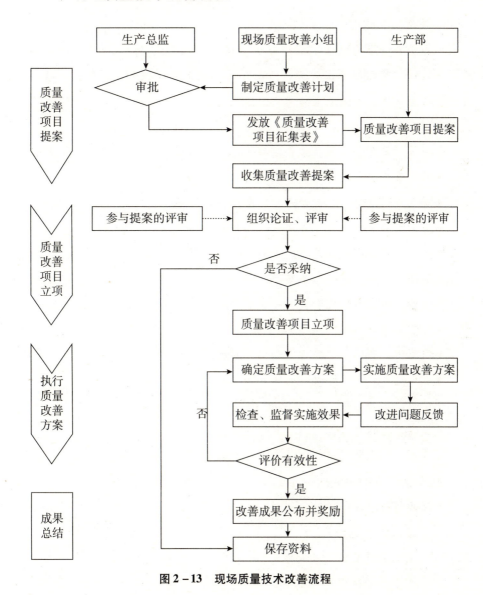

图 2 - 13   现场质量技术改善流程

二、现场质量改善实施方案

以下为某企业质量改善实施方案。

××公司质量改善实施方案

1. 质量改善的意义

市场竞争态势已经由"价格竞争"转向"质量竞争"，企业产品质量指标必须达到"市场质量"目标，所以公司要想求发展就必须不断、持续的推行质量改善工作，以适应市场需要，保持竞争力。

2. 质量改善的内容

本公司所要开展的质量改善活动的具体内容及负责部门如下。

- 质量改善活动内容——责任部门
- 减少不创造价值的活动——各车间、部门
- 简化流程、优化作业方法——各车间、部门
- 减少因质量问题而产生的损失——各车间、部门
- 提高顾客满意率——各车间、部门
- 优化人力资源配置和提高员工素质——人力资源部
- 降低采购成本——供应部
- 提高供应商供应产品质量和交货的及时率——供应部
- 减少设备非计划停机时间——制造部
- 延长设备的寿命，使设备易于维修——制造部
- 提高产品的可靠性——技术部
- 降低水和能源消耗——动力设备部
- 优化生产节拍时间——制造部
- 降低制造成本——财务部

3. 质量改善的过程

（1）树立全员质量改善的理念

质量改善理念要在公司的各个部门、层次中进行推广和应用。各部门、车间领导负责不断强化本部门的质量改善意识。通过培训、宣传和实施质量

132

改善计划的活动，不断优化企业的经营管理流程。

（2）质量改善项目的确立

①每年年初，各部门根据公司确定的年度方针目标，结合上年度部门工作情况，确立质量改善计划活动的项目和内容。这些项目应明确目标、负责人、小组成员和时间进度等基本信息，填写"质量改善活动表"并提交质量管理部登记。

②在日常工作中产生的质量改善项目可填写"质量改善建议表"。质量管理部收集到"质量改善建议表"后，针对每一项建议发出"质量改善建议处理反馈表"，并要求相关职能部门按要求回复。职能部门负责在反馈表上写明情况，对可以采纳的建议需写明改进措施并规定完成日期。

如果一些课题能够在部门内部解决并实施，各部门和科室也可自行成立内部的质量改善小组，同时报送质量管理部登记。

③质量管理部针对质量改善建议填写"质量改善信息表"，定期报送运营总监批准，生效后以行政指令形式下达执行。

质量管理部确定项目组长并参与协调。项目组长于改善活动后，填写"质量改善活动表"并提交质量管理部登记。

（3）质量改善项目的推进

①质量管理部设立质量改善项目推进者，负责信息整理，以及项目实施过程中的协调。

②质量管理部和各相关职能部门商量确定跨部门的质量改善小组组长、协调人和组员。

（4）质量改善小组的活动和实施

①质量改善项目确立后，由项目组长邀请待改进业务活动或流程的相关人员组成项目小组并进行质量改善活动。

②改进小组将项目实施过程中的所有活动、进程和结果记录在"质量改善活动表"中。

4. 质量改善的评价

（1）质量改善小组活动完成后由项目小组组长填写"质量改善活动成果评价表"。

（2）质量管理部负责对其成果和效益进行评价，并报送领导批准。

（3）质量管理部择优推荐好的改进项目予以对外发表。

（4）公司每年在质量管理评审中对确有成效的项目进行表彰，对项目组成人员进行奖励。

5. 方案实施所需的资源

实施质量改善工作，对资源的需求如下。

（1）人力资源

①质量改善项目推进者

- 质量改善的策划
- 输入信息的整理
- 质量改善的人力资源以及其他资源的评估
- 公司总体质量改善项目的协调
- 组织评估质量改善小组的成果
- 组织公司优秀质量改善小组参加对外交流活动

②项目协调人

- 质量改善小组的团队开发
- 追踪具体项目进程并协调相关资源
- 团队合作精神的建设

③质量教育培训人员

- 公司全员质量意识培训
- 质量改善基本方法和工具的培训

④质量改善小组组长

- 选择质量改善小组组员
- 定义组员角色和责任
- 开发团队精神
- 领导团队活动并作记录
- 总结活动效果

（2）信息资源

包括计算机硬件和软件资源。

- minitab、metalab、spss 等统计分析软件
- 将质量改善结果输入归结在一起的计算机界面

●适当的计算机硬件资源

6. 质量改善小组的激励

（1）组员成长计划

质量改善小组组员通过自身努力，在以后的项目中担任项目组长。

（2）组长培训

参加国家级 QC 诊断师、六西格玛黑带等培训。

（3）自我实现

公司优秀质量改善小组将参加各级质协 QC 发表会，学习其他公司的先进经验。

（4）鼓励团队合作

公司根据对有成果的质量改善小组进行奖励，以示鼓励。

7. 可能的问题及对策

（1）问题

①推行质量改善工作的参与人员数量上出现空缺。

②质量改善工作参与人员能力、素养等方面与实际要求存在差距。

③质量改善项目可能由于各职能部门相互推诿，无法落实并实施。

（2）对策

①做好充分的人力动员及培训工作。

②在质量改善工作推进过程中，明确各部门责任，制订必要的惩罚措施。

质量管理体系

一、ISO 9000 族标准

ISO 9000 族标准是指"由 ISO/TC 176（国际标准化组织/质量管理和质量保证委员会）制订的系列国际标准"。该标准是质量管理体系通用的要求或指南，可帮助组织建设更科学有效的质量管理体系。而且它不受具体行业或经济部门的限制，可广泛适用于各种类型和各种规模的组织。

ISO 9000 族标准至今为止已经颁布了三个版本。即 1987 版、1994 版、

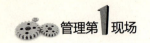

2000 版。

1. ISO 9000：2000 **《质量管理体系基础和术语》**

该标准取代 1994 版 ISO 8402，主要描述质量管理基础知识并规定质量管理体系规范。

2. ISO 9001：2000 **《质量管理体系要求》**

该标准取代 1994 版 ISO 9001、ISO 9002、ISO 9003 三个模式标准，主要规定质量管理体系要求，用于证实组织具备稳定地提供满足顾客要求和适用的法律法规要求的产品的能力，通过体系的有效应用旨在增强顾客满意。

3. ISO 9004：2000 **《质量管理体系业绩改进指南》**

该标准取代 1994 版 ISO 9004—1 多项分标准，主要提供考虑质量管理体系的有效性和效率两方面的指南。该标准的目的是促进组织业绩改进和使顾客及其他相关方面都满意。

4. ISO 19011：2000 **《质量和（或）环境管理体系审核指南》**

该标准取代 1994 版 ISO 10011 标准和 1994 版环境标准 ISO 14010、ISO 14011、ISO 14012，提供了质量体系和环境管理体系审核指南。

上述标准共同构成了一组密切相关的质量管理体系标准。

二、质量管理八大原则

1. 以顾客为关注焦点

组织依存于顾客，因此，组织应理解顾客当前和未来的需求，满足顾客要求并争取超越顾客期望。

2. 领导作用

领导者确立组织统一的宗旨及方向。他们应当创造并保持员工能充分参与实现组织目标的内部环境。

3. 全员参与

各级人员都是组织之本，只有他们的充分参与，才能使他们的才干为组织带来收益。

4. 过程方法

将活动和相关的资源作为过程进行管理，可以更高效地得到期望的结果。

5. **管理的系统方法**

将相互关联的过程作为系统加以识别、理解和管理，有助于组织提高实现目标的有效性和效率。

6. **基于事实的决策方法**

有效决策是建立在数据和信息分析的基础上。

7. **与供方互利的关系**

组织与供方是相互依存的。互利的关系可增强双方创造价值的能力。

8. **持续改进**

持续改进是一个组织积极寻找改进的机会，努力提高有效性和效率的手段。持续改进总体业绩应当是组织的一个永恒目标。

这八项质量管理原则形成了 ISO 9000 族质量管理标准的基础。

三、企业贯彻 ISO 9000 族标准的一般步骤

企业贯彻 ISO 9000 族标准、建设质量管理体系的一般步骤是：准备——立法——宣贯——执行——监督改进。

1. **准备**

按 ISO 9000 族标准建设企业的质量管理体系涉及各方面的工作，在贯彻标准前，有必要统一全员思想、明确工作目标、制订可行的工作计划等，为科学高效贯彻标准打下良好的思想认识基础。其中，统一思想首先是统一领导层对 ISO 9000 标准的理解和认识，然后统一全员对 ISO 9000 族标准的理解和认识。明确工作目标主要是指明确贯彻标准的目标，如贯彻标准的范围、贯彻标准应达到的效果等；制订可靠的工作计划主要是指制订贯彻标准工作计划，包括组织建设、标准培训、质量管理体系现状调查、过程分析、职能分配、文件编制、体系运行及监督改进等活动的安排。

2. **立法**

即建设质量管理体系文件。将过程分析和策划的结果以及其控制的程序和方法等用文件的形式确定下来，实际上就是对质量管理体系的立法过程。质量管理体系文件通常由质量方针、质量目标、质量手册、程序文件和作业文件以及记录表格等构成。其中质量方针是组织最高管理者正式发布的该组

织总的质量宗旨和方向；质量目标是组织在质量方面所追求的目的；质量手册是组织用以综合描述质量管理体系范围、质量职能分配、管理者代表委任、形成文件的程序、质量管理体系所包含的过程及其相互间顺序等的文件；程序文件是组织用以规范系统活动的职责、内容、程序和方法等的文件；作业文件是用以规范作业内容、方法等的文件。

3. 宣贯

即对全员进行质量体系文件培训，让他们充分理解质量体系文件的内容与要求。宣贯可以分层次和部门进行。首先对各部门领导和业务骨干进行培训，然后由他们对其所在部门的员工进行培训。培训既是学习也是交流研讨。对培训时发现的文件中有些不合理的地方，组织可以在认真研讨确认的情况下进行修改完善。

4. 执行

即在工作中贯彻落实已发布实施的质量体系文件。ISO 9000 族标准要求写到的一定要做到。凡是文件明确规定的内容，在工作中就一定要遵照执行。哪怕有时文件的规定不合理，也要执行，以此强调文件的严肃性。当然，对于明显不合理的内容，应尽快组织修改完善，但绝不能随意不执行文件。

5. 监督改进

质量管理体系的运行状况如何，组织的工作内容、程序等发生了变化，原有的质量管理体系是否仍然适用等，都需要组织对质量管理体系的运行进行跟踪监督，以便及时发现问题，及时改进。监督的一个有效方法就是开展质量管理体系审核。它包括内部审核和外部审核。通过审核检查质量管理体系的运行状况和有效性，同时发现质量管理体系存在的问题，并针对问题开展调查分析，制订和实施纠正预防措施，实现质量管理体系持续改进。

四、质量管理体系建设中应注意的几个事项

组织所建立和实施的质量管理体系，应能满足组织的质量目标，确保影响产品质量的设备、技术、管理和人员等因素均处于受控状态。同时，组织所采取的所有控制应针对减少或消除不合格，尤其是预防不合格。这是 ISO 9000 族标准的基本思想。具体地讲，组织在其质量管理体系建设中应注意以

下几个方面的事项。

1. 控制所有过程的质量

ISO 9000 族标准是建立在"所有工作都是通过过程来完成的"这样一种认识基础上的。一个组织的质量管理是通过对组织内各种过程进行管理来实现的。当一个组织为贯彻 ISO 9000 族标准而进行质量体系策划时，首先应分析确定组织的产品质量实现包含哪些过程，然后分析每一个过程所包含的工作环节即需要开展的质量活动，最后根据这些活动确定应采取的有效控制措施和方法。

2. 控制过程的出发点是预防不合格

在产品寿命周期的所有阶段，从最初的市场需求识别到最终的满足要求，所有过程的控制都应围绕预防为主的思想展开。例如，控制市场调研和营销的质量，是为了更准确地确定市场需求，防止盲目开发而造成产品不适合市场需要带来的浪费；控制设计过程的质量，是为了通过开展设计评审、设计验证、设计确认等活动，确保设计输出满足设计输入要求，确保产品符合使用者的需求，防止因设计质量问题，造成产品质量先天性的不合格和缺陷，或者给以后的过程造成隐患；控制采购的质量，是为了选择合格的供货单位并控制其供货质量，确保生产产品所需的原材料、外购件、协作件等符合规定的质量要求，防止使用不合格外购产品而影响成品质量；控制生产过程的质量，是为了确定并执行适宜的生产方法，使用适宜的设备，保持设备正常工作能力和所需的工作环境，控制影响质量的参数和人员技能，确保制造符合设计规定要求的质量，防止不合格品的生产；控制检验和试验，是为了按质量计划和形成文件的程序进行进货检验、过程检验和成品检验，确保产品质量符合要求，防止不合格的外购产品投入生产，防止将不合格的工序产品转入下道工序，防止将不合格的成品交付给顾客；控制搬运、贮存、包装、防护和交付，是为了在所有这些环节采取有效措施保护产品，防止产品损坏和变质；控制检验、测量和实验设备的质量，是为了确保使用合格的检测手段，确保检验和试验结果的有效性，防止因检测手段不合格造成对产品质量不正确的判定；控制文件和资料，是为了确保所有的场所使用的文件和资料都是现行有效的，防止使用过时或作废的文件，造成产品或质量体系要素的不合格；实施纠正和预防措施，是为了当发生不合格（包括产品的或质量体系的）或顾客投诉时，应查明原因，针对原因采取纠正措施以防止问题的再发生。同时，还应通过各种质量信息的分析，主动地发现潜在的问题，防止问题的出现；实施全员培训，对所有从事对质量有影响的工作人员都进行培训，确保他们能胜任本岗位的工作，防止因知识或技能的不足，造成产品或质量体系的不合格。

3. 建立并实施文件化的质量管理体系

ISO 9000 族标准认为质量管理体系应具有很强的操作性和检查性。质量管理体系文件化正是实现质量管理体系操作性和可检查性的重要途径。通过文件表达唯一确定的信息，进而明确意图、统一行动。同时，文件也能够提供培训、实现可追溯性、提供组织质量管理体系运行状况的客观证据等，因此，它是质量管理体系中一个必需的要素。当然，组织应当建立一个文件化的质量管理体系，并不是一个文件系统。即组织所建立的文件应能真正使质量管理体系有效运行，而不仅是一种形式。而且文件的多少和详略程度应与组织的规模、生产运作特点、员工素质、管理基础等多种因素相适应。

4. 持续的质量改进

GB/T 19004.1 标准规定，当实施质量体系时，组织的管理者应确保其质量体系能够推动和促进持续的质量改进，质量改进旨在提高质量，质量改进包括产品质量改进和工作质量改进，争取使顾客满意和实现持续的质量改进应是组织各级管理者追求的永恒目标。质量改进主要是通过改进过程来实现，是一种以追求更高的过程效益和效率为目标的活动。

5. 应满足顾客和组织双方的需要和利益

对顾客而言，组织应具备交付期望的质量及持续保持该质量的能力；对组织而言，应以适宜的成本，达到并保持所期望的质量，以维护组织利益。即有效的质量管理体系应是既能满足顾客的需要和期望，又能保护组织的利益。

6. 定期评价质量体系

组织为确保各项质量活动的实施及其结果符合计划安排，确保质量体系持续的适宜性和有效性，应对自己的质量管理体系进行定期评价。评价时，必须对每一个被评价的过程提出如下四个基本问题：过程是否被确定？过程程序是否被恰当地形成文件？过程是否被充分展开并按文件要求贯彻实施？在提供预期结果方面，过程是否有效？

7. 发挥好领导的关键作用

组织最高管理者的高度重视和强有力的领导是组织质量管理体系有效运行的关键。组织的最高管理者在质量管理方面应做好下面五件事：确定质量方针；确定各岗位的质量职责和权限；配备资源，包括财力、物力和人力；指定一名管理者代表负责质量管理体系的建设；负责管理评审，确保质量体系持续的适宜性和有效性。

五、质量认证

很多国家为了保护自己的消费品市场，会鼓励消费者优先采购通过 ISO 9000 质量认证的企业产品。可以说，ISO 9000 质量认证已成为许多国家在国际贸易中实施技术壁垒的一种重要措施。但同时，通过 ISO 9000 质量认证也已经成为企业证明自己产品质量、工作质量的一种护照。

质量认证也称合格认证（Conformity Certification）。关于合格认证，国际标准化组织对"认证"一词作了如下定义："第三方依据程序对产品、过程或服务符合规定的要求给予书面保证。"所谓第三方，是指独立于第一方（制造厂、卖方、供方）和第二方（用户、买方、需方）之外的一方。由于它与第一方和第二方没有行政上的隶属关系和直接的经济利益关系，因此，它的审核判断更具有公正性。如我国的国家技术监督部门就是公认的第三方公正部门，在世界各国的国家技术监督机构也是公认的公正的第三方。此外还有质量管理协会、独立的检验机构等。

根据认证的对象和方式不同，质量认证通常有产品质量认证和质量体系认证。其中，产品质量认证是指由公正的第三方依据产品标准和相应的技术要求，对产品质量进行检验、测试、确认，并对符合要求的产品颁发认证证书和准许使用认证标志的活动。质量体系认证是指由公正的第三方依据一定的标准（ISO 9000 族标准）和要求，对组织的质量管理体系进行审核、评定、确认，并对符合相关标准和要求的质量管理体系颁发认证证书的活动。

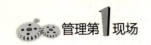

质量认证是认证机构对组织的产品或质量管理体系是否符合相关标准和要求所做的客观的、公正的评价。其全部活动大致可分为四个阶段，即认证申请、产品检测（或质量管理体系现场审核）、审批与注册发证和监督执行。

1. 向认证机构递交认证申请书

向认证机构提交质量体系文件，认证机构对质量体系文件进行审核，若符合标准即可受理申请。

2. 产品检测（或质量管理体系现场审核）

认证机构受理企业申请后，应成立审核组，制订审核计划，分配审核任务并按计划对企业实施审核。如果是产品质量认证，则由认证机构现场检查质量管理体系运行状况，并现场随机抽取产品进行检测；如果是质量管理体系认证，则由认证机构实施质量管理体系现场审核。审核（或检查、测试）结束后，审核组（或检测机构）应出具审核（或检查、检测）报告。

3. 审批与注册发证

认证机构根据审核组或检测机构出具的审核报告、检测报告等，对组织的产品质量或质量管理体系进行综合评价，并在此基础上，做出是否认证合格的结论。若认证合格，则颁发认证证书和相关认证标志；若认证不合格，审核组应说明原因，并提出纠正措施建议和要求。如果受审核企业按照审核组的纠正措施要求实施的纠正，并经审核组再次审核确认合格，认证机构将依据程序向受审核组织颁发认证证书和认证标志。

4. 跟踪监督

组织在通过质量认证后，在证书有效期内，每年需接受认证机构的跟踪监督。对监督中发现较严重问题的，认证机构将要求受审组织限期整改，并视情况采取暂停使用认证证书或注销认证证书的措施。对受审组织在限期内整改仍达不到预期效果的，认证组织可以撤销认证证书。凡受过撤销认证证书处理的组织，一年内不得重新申请认证。

第三章 现场设备管理

管理好设备台账

一、设备台账设置的必要性

设备台账若管理不好有以下问题：

● 部分图纸、技术资料、备件无从查找；

● 熟练工走后，接替者无从着手；

● 设备缺乏正确的维护、校正，运行时好时坏。而且改善对策未留存，不同的人员操作同一机器，可能犯同样的错误，需花更多时间去查源究策。

通过以上分析，可知加强设备台账的管理势在必行。

二、设备台账的内容、要求

1. 设备名称、型号

（1）应使用制造厂商给定的名称。

（2）如有外文名称应同时标明。

（3）一定要记下型号，型号意味着设备的升级换代。

2. 设备数量

越是微型的设备，越容易丢失，同时也容易受损，所以一定要记清数量。闲置设备要记载在案，因为对正在使用中的设备大家都清楚在哪里，而闲置设备却往往无人理睬。可以按设备所在部门分布或同一类型进行统计。

3. 编号

当设备种类繁多、数量庞大、使用部门广泛、需要精度校正时，就得考虑设置编号，以方便借助电脑进行管理。可按设备的种类或持有部门的不同而设置不同的管理号码，但最好是全企业统一编号。

4. 使用场所

因生产的需要，有的设备要改变使用场所，此时必须办理转移手续。一些公用的设备更要留下使用记录，否则就会被人滥用。

5. 制造厂商资料

（1）记录制造厂商或代理商的正式名称、电话号码、传真号码、电邮地址等信息。

（2）"保修卡"要及时填好回传给制造厂商，以保证出故障时，设备能得到妥善的处理。

6. 故障维修、精度校正

故障维修、校正记录应详细记录。

7. 其他信息

（1）与制造厂商之间的信息往来。

（2）相关"操作说明书"、"机械结构图"、"电气回路图"之类的资料。

（3）"保修卡"、"购买合同"、"发票"的正本或复印件。

（4）实际操作、维修中的经验总结。

总之，越是专用的设备，这些资料越是重要。如果平时不注意总结的话，那么一旦发生故障，找资料的时间可能比维修的时间还要长。

设备运行动态监管

设备运行动态监管是指通过一定的手段，使各级维护与管理人员能牢牢掌握住设备的运行情况，依据设备运行的状况制定相应措施。

一、建立健全系统的设备巡检标准

对每台设备，应依据其结构和运行方式，确定其检查的部位（巡检点）、内容（检查什么）、正常运行的参数标准（允许的值），并针对设备的具体运行特点，对设备的每一个巡检点确定出明确的检查周期，一般可分为时、班、日、周、旬、月检查点。

二、建立健全巡检保证体系

生产岗位操作人员负责对本岗位使用设备的所有巡检点进行检查，专业维修人员要承包对重点设备的巡检任务。企业应根据设备的多少和复杂程度，确定设置专职巡检工的人数和人选，专职巡检工除负责承包重要的巡检点之外，还要全面掌握设备的运行动态。

三、信息传递与反馈

生产岗位操作人员巡检时，如发现设备不能继续运转须作紧急处理，要立即通知当班调度，由值班负责人组织处理。至于一般隐患或缺陷，应在检查后登入检查表并按时传递给专职巡检人员。

专职维修人员进行的设备点检，要做好记录，除安排本组处理外，要将信息向专职巡检人员传递，以便统一汇总。

专职巡检人员除完成承包的巡检点任务外，还要负责将各方面的巡检结果按日汇总整理，并列出当日重点问题向设备管理部门反馈。

四、动态资料的应用

巡检工针对巡检中发现的设备缺陷、隐患，提出应安排检修的项目，并将其纳入检修计划。

巡检中发现的设备缺陷，必须立即处理的，由当班的生产指挥者即刻组织处理；本班无能力处理的，由企业领导确定解决方案。

对重要设备的重大缺陷，由厂级领导组织研究，确定控制方案和处理方案。

五、设备薄弱环节处理

1. 凡属下列情况均属设备薄弱环节

- 运行中经常发生故障停机而反复处理无效的部位。
- 运行中影响产品质量和产量的设备、部位。
- 运行达不到检修周期要求，经常要进行计划外检修的部位（或设备）。
- 存在安全隐患（人身及设备安全），且日常维护和简单修理无法解决的部位或设备。

2. 对薄弱环节的管理

●应依据动态资料，列出设备薄弱环节，按时组织审议，确定当前应解决的项目，提出改进方案。

●组织有关人员对改进方案进行审议，审定后列入检修计划。

●对设备薄弱环节采取改进措施后，要进行效果考察，提出评价意见，经有关领导审阅后，存入设备档案。

现场设备点检

现场设备管理是指对现场所使用的设备，从正式移交生产现场投入生产开始到设备的操作、运行、维护、保养，直至报废或调出为止的全过程所进行的一系列组织管理工作。现场设备管理的主要内容包括：根据设备的性能，正确地使用设备；及时经常做好设备的维护、保养工作；建立和执行设备管理规程、安全操作规程与岗位责任制等；及时向主管部门提出并报送设备维修计划的建议，配合检测部门执行设备计划预防检修制度；合理安排运行和停歇，做好设备运行使用记录，不断提高设备利用效率和生产能力。

现场设备的点检是指按照一定标准、一定周期对设备规定的部位进行检查，以便及早发现设备故障隐患，及时加以修理调整，使设备保持其规定功能的一种设备检查与维护方法。设备点检比设备的检查更为深刻、广泛，它是一种制度和管理方法，是全员设备管理（TPM）的重要内容。设备点检是重要的维修活动信息源，是做好修理准备、安排好修理计划的基础，是现场设备管理的中心。

现场设备点检中所指的"点"，是指设备的关键部位，通过检查这些"点"，能及时、准确地获得设备技术状况的有关信息。设备点检的要点是：实行全员管理，专职点检员按区域分工管理。点检是按照一整套标准化、科学化的轨道进行的，是动态的管理，并且要与维修相结合。

一、现场设备点检的分类

按照点检的周期和业务范围，点检分为日常点检、定期点检和专项点检。

1. 日常点检

现场设备日常点检是由设备操作工或维修工每日执行的对易于引起和发生故障的部位、机构、机件的例行维护作业。检查的方法是，利用人的感官、简单工具或装在设备上的仪表和信号标志，如压力、温度、电流、电压的检测仪表和油标等来感知和观测。日常点检的目的是为了达到设备维护要求和清洁度，对设备的擦洗、保养和检查，及时发现设备异常，保证设备正常运转。

日常点检的检查时间一般在交接班过程中，由交接双方操作工人共同进行日点检、周点检、旬点检和半月点检等。此外，操作工人还应在设备运行中对设备的运行状况随机检查。日常点检还包括维修人员在维修区域内，对分管设备的巡回检查。

2. 定期点检

定期点检以专业维修工为主，操作工人参加，定期对设备进行检查，记录设备异常、损坏及磨损情况，确定修理部位、更换零件、修理类别和时间，以便安排修理计划。定期点检的时间周期一般在一个月以下。定期点检间隔期的确定必须考虑工作条件、使用强度、经济价值、安全要求、作业时间、劣化特性等因素的影响，一般参考说明书并听取操作和维修人员的意见，初步确定在一个月以上或一年以内，例如起重设备点检间隔期为一个月。实施过程还需进行相应的调整，以使定期检点的周期逐步切合实际。根据我国机械工业部分企业的实践经验加以归纳，设备的定期点检有如下类型。

（1）日点检

每日由操作工按规定内容进行的日常点检，一般应用于 A 类重点设备；大批量生产的生产线或流水线上的设备；精、大、稀设备；动能发生设备、受压容器、桥式吊车等特种设备。

（2）周点检

一般应用于热加工铸造和锻造连续性生产较强的设备。组织方法有两种：

- 每周由维修工进行；
- 以维修工为主，操作工配合进行。

（3）半月或月点检

是指每半个月或一个月以维修工为主、操作工为辅进行的点检。这种点检经常是连检带修。一般应用于生产线、流水线上的设备，或连续性生产较强的设备。在当月生产任务提前完成后，利用月末进行检查与修理，即所谓集中生产集中检修制。

3. 专项点检

专项点检一般指由专职维修工（含工程技术人员）针对某些特定的项目，如设备的精度、某项或某些功能参数等进行的定期或不定期的检查测定。目的是了解设备的技术性能和专业性能。点检时通常需使用专用工具和仪器。

二、现场设备点检的内容

现场设备点检的目的是为了较早地发现故障和及时地排除故障。

现场设备日常点检的对象主要是重点设备和对安全有特殊要求的设备。

现场设备定期点检的内容除了日常点检的内容之外，还应测定设备的劣化程度、精度和设备的性能，查明设备不能正常工作的原因并记录在点检表下次检修时应消除的缺陷项中。其主要目的是查明设备的缺陷和隐患，确定修理的方案和时间，保证设备维修规定的功能。

现场设备专项点检的内容侧重于某些特定的项目，例如，专职维修人员和设备检查员对精、大、稀设备和选定的精加工设备进行的精度检查和调整；设备试验检查人员对起重设备、压力容器、高压电器等有特殊试验要求的设备，定期进行负荷试验、耐压试验、绝缘试验等。

总之，现场设备点检内容要求简单明了、针对性强和切合实际，凭感官感觉或简单测试工具可以发现。同时，对于不同类型、不同质量和不同加工对象的设备，应该有所侧重。

三、现场设备点检的程序

1. 确定检查点

一般将设备的关键部位和薄弱环节列为检查点，通常包括下列部位：安全、保险、防护装置；容易损坏的零部件；易于堵塞、污染的部位，需要经常清洗、更换的零部件；直接影响产品质量的部位；需要经常调整的部位；

各种指示装置；经常出现异常和故障的部位等。

合理确定检查点是提高点检效果的关键。对于通用设备，可以随加工对象或工序的改变相应调整检查点。点检卡的内容和周期既要相对稳定，又应及时调整。日常点检应与交接班记录结合起来，将其纳入交接内容并列入经济责任制考核，以保证日常点检的贯彻。

2. 确定点检项目

即确定各检查部位（点）的检查项目和内容。

3. 制定点检的判定标准

根据制造厂家提供的技术要求和实践经验，制定各检查项目技术状态是否正常的判定标准。

4. 确定检查周期

根据检查点在维持生产或安全上的重要性和生产工艺特点，结合设备的维修经验，制定点检周期。

5. 确定点检的方法和条件

根据点检要求，确定各检查项目采取的方法和作业条件。

6. 确定检查人员

确定各类点检（如日常点检、定期点检、专项点检）的责任人（专职或兼职），确定各种检查的负责人。

7. 编制点检表

将各检查点、检查项目、检查周期、检查方法、检查判定标准以及规定的记录符号等制成固定的表格，供点检人员检查时使用。

8. 做好点检记录和分析

点检记录是分析设备状况、建立设备技术档案、编制设备检修计划的原始资料。

四、现场设备点检的方法

大多数企业的现场设备点检，一般是由操作工按点检表上规定的内容逐项检查，并把检查结果用规定的符号在点检表上登记。对于日点检，当维修工在责任区域巡检，发现点检表上的异常符号时，应立即进一步复查，并及时加以排除，同时做好检、修记录。

设备操作管理

一、设备操作管理办法

以下是某企业设备操作管理办法。

第1章 总 则

第1条 目的

为规范生产设备的操作管理工作，降低设备的故障率，提高生产效率，特制订本管理办法。

第2条 适用范围

本规定适用于本公司生产设备操作环节的管理工作。

第3条 责任者

1. 生产部工程师负责制订生产设备的操作手册。

2. 各生产单位负责人负责培训及监督操作人员日常的设备操作。

3. 生产一线的操作人员负责生产设备的日常操作和基本的保养工作。

第2章 日常操作纪律

第4条 操作人员要达到熟练操作、清楚日常保养知识和安全操作知识、熟悉设备性能的要求，取得生产部签发设备操作证后，方可上岗操作。

第5条 非设备指定操作人员未经批准不得操作该设备。

第6条 操作人员应严格按设备的操作规程操作设备和开展工作，认真遵守交接班制度，并准确填写设备各项运行记录。

第7条 设备启动前，必先按照规程进行检查，启动时必须先发出启动设备的警告信号，并观察上下工序和设备区域内是否有人或放置物件。

第8条 设备在启动和运行的过程中，操作人员须严格监视周围环境，注意前后工序的衔接与配合，注意仪表的指示变化。

第9条 关键岗位实行两人操作确认制，即一人操作、一人在旁监护，以避免操作失误、造成重大伤害。

第 10 条　生产线或集体操作的设备，应熟练掌握开机前的联络方法和内容。

第 11 条　任何人不得随意拆掉或放宽安全保护装置。

第 12 条　任何人不得改变设备结构。

第3章　操作设备时的故障处理

第 13 条　在设备启动和运转的过程中，操作人员应注意观察是否存在不正常的现象。

第 14 条　在运行中发生故障，本班可以处理的，须及时处理，处理不完的，可交下一班或者及时通知检修部门。

第 15 条　设备的运行部位或运转区域内的检修，必须在停机后设备处于静止状态下再进行。

第 16 条　设备运行中的故障排除

操作人员应掌握常用故障排除方法，发现故障时立即设法排除，并做好各种记录，如表 3 – 1 所示。

表 3 – 1　　　　　　　　设备故障记录表

设备编号		设备名称		使用部门	
日期	故障时间	修复时间	故障原因或故障说明	更换零件	修理者

第4章　附　　则

第 17 条　本规定由设备管理部负责编制，解释权亦归设备管理部。

第 18 条　本规定经审批后，自颁布之日起执行。

二、设备操作安全规定

以下为某企业设备操作安全规定。

第1章 总 则

第1条 目的

为规范公司设备操作的安全管理工作，保证操作人员的人身安全和生产活动的顺利进行，防范设备安全事故的发生，特制订本规定。

第2条 适用范围

本规定适用于公司各类设备操作的安全管理工作。

第3条 责任部门

责任部门为技术部、工程部、机械设备各使用单位。

第2章 人员操作纪律

第4条 操作人员必须了解设备的性能、特点，对于危险部位，有关职能部门应设置明显的安全标志和安全防护装置。

第5条 作业前，必须对设备设施的传动、电器部位的安全防护装置、辅助材料的安全性进行认真检查，确认完好后才能操作。

第6条 严格遵守安全操作规程，操作过程中严禁"带病"运转和超负荷作业。

第7条 发现设备设施的传动、电器部位发生故障，应立即予以解决。辅助材料不符合要求的，要及时更换。

第8条 一旦发生事故要保护好现场，及时报告，并协同相关部门进行处理。

第9条 操作完毕后要认真擦拭、注油，保持设备设施处在良好状态。设备设施运转一定时间后，要主动进行保养。

第3章 设备安全管理

第10条 生产操作的设备，均应制订健全的安全操作规程、安全技术规程、防火制度和维修保养制度，并要经常教育工人贯彻执行。

第11条 各种机械设备的调试、安装、使用和修理，都必须符合安全要求。

第12条 凡新建、改建、扩建和技术革新、技术改造工程项目，必须以安全技术、工业卫生、劳动保护的观点来确定技术方案，在可能范围内力求达到机械化和自动化。

第 13 条 生产过程中易产生有毒气体或粉尘时，所使用的设备尽量保证其密封化和机械化。

第 14 条 各种压力机械的施压部分，以及其他机械对人体可能产生伤害的部分，都要设有安全装置。具体要求有以下两点。

1. 传动带、明齿轮、砂轮、电锯，接近于地面的联轴节、转轴、皮带轮和飞轮等危险部分，要安设安全装置。

2. 要切实做到不因安全装置缺陷或失效而造成事故。

第 15 条 高于地面 2 米以上的开闭装置，闸板和附属设备，应有宽度为 0.6 米以上的走台，走台上应围有高 1 米以上的坚固可靠的栏杆。

第 16 条 电动机及动力传动装置中，人员可能接触的部分，应围以坚固的金属栅栏或罩子。

第 17 条 设备拆卸、贮槽时，其顶部走台、通道、楼梯及其他使工作人员有坠落危险的场所，须设置坚固的围栅、扶栏或盖子。

第 18 条 发现操作的设备有严重故障并有发生事故的危险时，应立即停止操作，逐级报告，并采取适当的安全措施。

第 19 条 机械设备在停车机械进行扫除、加油、检查、修理时，为防止他人启动而发生意外，应有适当的安全装置和明显标志。

第 20 条 使用的活门及其他所有计量仪器均应设置在照明充足的适宜地点，以便操作、观察和检修。

第 21 条 使用的活门及其他调整装置，要便于操纵管理，反扣活门或经常关闭的活门和闸板应挂上明显的标志。

第 22 条 被切断的与生产系统相连的管道应上好盲板，并挂上明显的标志。

第 23 条 为防止可燃性气体发生爆炸事故，在操作时应注意检查以下事项。

1. 可燃性气体管道、设备的严密程度，应达到防止泄漏的基本要求。

2. 带有可燃性气体管道的厂房内，应保证充分的换气，禁止随意动火。

3. 不允许可燃性气体管道、设备产生负压。

4. 含有可燃性气体的管道、设备，停车修理前必须进行置换。

第24条　设备在试车前应组织有关部门进行检查，设备和安装应符合设计规范，要知道试车规程，安全技术措施，由合格的操作人员在试车指挥者现场指挥下，方可进行试车。

第25条　新安装的设备投入生产前必须进行空转，合格后方能带负荷试车。

第4章　附　　则

第26条　本制度经总经理批准后生效，修改、废止时亦同。

第27条　本制度由自××××年××月××日起颁布执行。

设备润滑管理

润滑工程是摩擦学一个重要分支，又是一门综合性应用技术。据估计世界能源大约有1/3以上消耗在摩擦上。人类在生活和生产实践中，早就察觉摩擦、磨损与润滑的关系很重要。但由于科技限制，直到最近半个世纪以来，摩擦、磨损与润滑的关系才得到比较深入的研究。目前润滑设计在机械设计中占有重要的地位，开拓了一个全新领域，其内容涉及流体力学、材料力学、物理化学、石油化学、精细化工、机械原理等诸多方面知识与技术。仅凭经验甚至盲目使用油、脂的时代已经结束。摩擦是现象，磨损是结果，润滑是降低摩擦、减少磨损的重要措施。最理想的润滑状态是全润滑，即油膜把接触面隔开。但客观情况是，设备在启动、停车或其他原因发生时都可能破坏这一正常的润滑状态。据有关资料统计，大约有80%的坏损零件是因磨损报废的。润滑的作用可归纳为减少摩擦、降低磨损、降温冷却、清洗清洁、防止锈蚀等方面。

一、润滑工作目的及作用

当前各行业的装备水平已有显著提高，生产技术向扩大品种、高质量、高效低耗、低碳环保型转化；生产设备向大型、连续、高速、自动化、信息化方向发展。但是高温、粉尘、多水、酸碱腐蚀等恶劣现场环境却依然如故，较少改善。客观现实向润滑工作提出了新要求、新挑战。润滑工作范围主要是探索研究设备的润滑原理、润滑方式、结构合理性和选配润滑材料，确定系统、科学的润滑管理办法。

润滑管理的目的在于实现科学合理地设备润滑，同摩擦磨损作斗争，减少摩擦，降低磨损，以保证设备安全、经济、可靠地运行，为生产经营"保驾护航"。企业生产经营和设备管理的全过程告诉我们，润滑设施本身的制造费用与润滑剂的耗用费用在车间制造成本总额中所占比例比较小。但是，它们对企业设备安全运转和生产作业率的影响却相当大。润滑管理是设备管理、设备维护工作的中心环节。实践表明，因润滑不良引发的机械事故在设备停机事故中占有相当大的比例。有关资料介绍，在钢铁行业大型重点企业中，该类事故比例高达72%左右。由此带来的经济损失仅在大型钢铁企业每年也数以亿计，所以搞好设备润滑工作具有普遍现实和深远的意义。润滑管理关系到企业的整体效益，集中体现在以下三点。

第一，减少事故，保证企业设备作业率。

第二，降低备品备件消耗，减小抢修工作量，降低油品消耗，节约能源。

第三，确保零部件精度从而保证产品质量，同时延长设备使用寿命，减少固定资产投资费用。

二、润滑工作职责

根据管理职能不同，润滑工作由管理层和执行层人员各负其责。

1. 管理层职责

● 制定润滑管理制度，对基层进行业务指导、检查和考核。

● 审核确定企业主要设备的润滑方式和油品品种、数量。

● 宣传润滑工作先进经验，推广应用新材料、新产品、新技术，组织新油品试用鉴定。

● 与供销部门共同审定下达基层单位年度用油计划与消耗定额。

● 组织重大润滑事故分析会并制定防范措施。

● 组织本企业润滑方面人员的培训和考核工作。

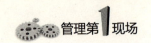

2. 执行层职责

- 建立本单位润滑制度，拟定相关人员职责范围。
- 制订本单位主要润滑设备的三大规程（使用、维护、检修）、润滑点检工作制度、区域分工责任制、交接班制、设备清扫和消防安全等规定并负责检查执行情况。
- 贯彻执行设备润滑"五定"工作要求。
- 监督现场润滑工（维修工、操作工）执行润滑制度状况，制止违规现象。
- 按要求提报年度与季度用油计划。注意不准擅自更改油品名称及牌号，若需改变时必须履行审批手续。
- 组织润滑事故分析会，讨论制定具体的整改措施。
- 组织岗位技术培训，不断提高相关人员技术业务水平。

三、润滑管理"五定"工作

设备润滑管理"五定"是指：定润滑点、定质、定量、定期、定负责人。"五定"工作表述了设备润滑管理工作的具体要求。实践证明，这是执行润滑制度的有力保证措施。为熟悉、掌握此办法，学员可在下厂实习过程中，选择自己比较熟悉的某台设备进行模拟"五定"工作，然后与该设备维护规程相关内容作对比、找差距。

"五定"工作介绍的是润滑管理具体实施办法。企业的主要设备均应建立健全润滑制度、岗位责任制、具体清晰的润滑管理图和润滑卡片，并结合点检定修制实施落办。设备管理人员应视落办情况，把润滑管理范围扩大至一般设备。

四、润滑剂类型与选用

润滑剂选用分为两大步骤：第一步骤是选用润滑剂的类型，第二步骤是选用润滑剂的牌号。

选用常用润滑油（脂）时所依据的原则如下。

1. 满足对润滑剂的一般要求

润滑剂应具有适当的黏度或针入度、良好的润滑性、一定的油膜强度与抗氧化安定性、无腐蚀作用等。

2. 根据零部件的具体工况条件选定适用的牌号

（1）工作载荷状况（运动性质）。载荷越大，选用黏度越高的润滑油或针入度越小的润滑脂；对存在重载、冲击的工况环境，应考虑选择极压性能优良的润滑油。

（2）运动速度。运转速度较高时，需选用黏度较低的润滑油或针入度较大的润滑脂。

（3）工作温度。需要依据工作温度、工况环境变化来选用不同的润滑油（脂），同一种设备在南方和北方、在夏季和冬季就不应选用同一黏度的润滑油（脂）。

①温度变化大时，需选用黏温特性好、油性和抗氧化安定性优良的润滑油。

②高温工况时，要选用黏度较高、闪点高、油性和抗氧化安定性优良的润滑油或针入度较小、滴点较高的润滑脂。

③低温工况时，应选用黏度较低、凝固点低的润滑油或针入度大的润滑脂。

（4）工作表面粗糙度状况和间隙大小。工作表面粗糙度值小、间隙小的摩擦副表面应选用黏度较低的润滑油或针入度较大的润滑脂。

3. 结合实际工作，综合比较后选定

一定要结合实际工况，经多方面综合比较、现场设备运行实践检验或进行试验来确定选用。

设备事故管理

一、含义

按广义范畴，设备故障是故障加事故的统称。按狭义范畴，设备故障是指轻微的设备事故，是可以快速修复的设备运行失效。设备故障是指设备投产运行后，由于内因或外因引起某种障碍的产生且导致其零部件偏离其设计状态，出现异常情况、丧失部分（或全部）功能的现象。

设备事故是指正式投产的设备，在生产过程中因设备的内、外因素而造成其零部件损坏，使生产突然中断或由于本企业设备方面原因直接造成能源供应中断使生产突然中断的现象。

必须明确，下列情况不列为设备事故。

- 因设备技术状况不好，事先安排的临时检修。
- 生产线上的建筑物、构筑物因长久使用自然损坏，危及生产或迫使停产。
- 生产过程中设备的安全保护装置正常动作，安全件损坏使生产中断。
- 因生产工具损坏，如轧辊、导卫装置、剪刀、氧枪等损坏使生产中断。
- 生产工艺事故。如高炉跑铁、悬料、冶金炉跑钢、轧机卡钢、缠辊、断带、堆拉钢等使生产中断而未造成设备或厂房结构损坏的。
- 人力不可抗拒的自然灾害造成设备损坏使生产中断，如暴雨、暴雪、台风等。

二、事故（故障）类型

对设备事故（故障）进行分类的目的是为了更快捷地针对事故（故障）发生的不同形式，采取相应的对策和不同的处理方法；便于分析、判断事故的性质与责任，区分不同性质的问题，进而采取有效地防范措施。

三、事故原因分析

事故发生后要迅速组织抢修，要特别注意防范次生事故产生。与此同时要观察和细心调查（记录）现场实况，收集保存必要的实物。一般在设备修复正常运行后，要组织相关人员认真调查分析，科学综合地判断，做好记录存档备案。进行事故原因分析的直接目的是防止同类事故重复发生。事故分析的结论要清晰，原因与责任必须准确、清楚，并根据已有的规定（规章制度）进行有章可循的处理。事故分析和处理需要落实"三不放过"原则：事故原因没查清楚不放过；事故的防范措施没落实不放过；事故责任者没受到教育不放过。事故分析的一般方法步骤为：现场调查、资料收集→综合情况、分析原因→定性质、下结论→制订整改防范措施→记载备案。

1. 现场调查、资料收集

应在第一时间赶到事故现场，开展调查研究，询问现场负责人和当事人，尤其是设备的使用（操作）者。调查内容掌握四要点。

（1）事故发生的准确时间、向上级汇报的时间。

（2）生产现场当事人、该设备的维护人和当班维修负责人。

（3）事故发生的具体地点、部位、零部件名称、损坏位置、损坏次数。

（4）事故发生的全过程，曾出现什么异常现象，哪些人员在现场参与了事故处置，如何处理的，等等。

现场调查须注意查看零部件的损伤部位、损伤程度（必要时照相）、相关仪器仪表监测指示装置上的即时数据。尽可能收集保存必要的遗留实物，如断轴轴头、断齿碎块、合金熔化物、油液等。离开现场后还需查看相关设备图纸、技术档案、资料尤其是设计、制造、投产使用和维修记录、点检记录等。在此整个过程中要注意相关资料、数据与记录的真实性和完整性。

2. 综合情况、分析原因

综合情况、分析原因的宗旨是以科学态度进行实事求是的分析，不唯书、不唯上、只唯实。首先需确定参加事故分析会的人员范围，必要时可邀请外单位专业人员参加。事故分析的要领是抓住主要问题、主要矛盾予以综合分析比较、推理，找准一两个最主要的实质性症状，理出该事故可能产生的原因。分析中，可借鉴同类型生产单位运转设备现状，借鉴本单位历史上同类型设备的资料。根据需要可对受损零件进行理化测试或技术诊断等，从而找出深层次的内在原因。分析原因遇到有争论性问题时，注意结合相关技术标准（企标、国标）、结合已有的规章制度、结合本单位生产经营环境状况。

原因分析活动中应推荐应用现代化管理方法，这是一个发展趋势、发展方向，如应用质量管理中的因果分析法（鱼刺图法）。实践证明，这是一种捷径，是一种行之有效的方式方法。此法强调在人员、机械、材料、方法、环境五大方面予以综合分析，不遗漏、不重复。

3. 定性质、下结论

在广泛综合各方面反馈情况、原因初步明确的基础上，需要准确确定事故的性质和事故责任，汇总结论，并形成书面的事故分析报告。该报告需要根据时限规定，由本单位设备主管负责人签字后向上一级呈报。"下结论"必然要涉及责任问题，此时需注意两项基本原则——权、责、利相符原则和区域分工负责制原则。

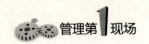

4. 制订整改防范措施

该步骤是比较容易被忽略的，但却是设备管理上必要的一环。一般要求层层讨论，拿出本职本岗整改意见，按管理层次整理出行之有效、具有可操作性的具体措施，书面成文上报。制订整改措施的过程是集思广益、不断进步的过程，也是当事单位、当事人受教育的过程。是否制订了整改措施，必须在事故分析报告中予以简要说明。

5. 记载备案

该步骤是事故分析的收尾步骤。如何记载备案需根据本单位管理制度履行。必须高度重视记载备案工作，这是重要的设备管理资料。它既是制订设备维修计划的一种依据，也是处理今后同类事故的参考，对提高管理水平起着重要作用。

记载备案工作应注意其完整性、真实性和标准化，应按统一的规定格式登录。其落办质量可采用定期检查、抽查的方式予以检验。具体记载备案方法可采用事故（故障）停机台账表的方式落办。

需要明确，记载备案工作是企业贯彻执行国际质量体系标准（ISO 9000）认证工作必不可少的重要内容，有必要在起步阶段打好基础。

备品备件管理

备品备件是指设备零部件的替换件，是生产设备必要的物质准备。备品备件的作用是保障设备及时修复，使其经常处于良好技术状态。备品备件管理是完成维修任务、搞好维修工作的物质条件，也是提高生产作业率的重要环节。通常把仪器仪表、密封件类附属于设备的、体积较小、需购买的标准件称为备品，如压力表、橡胶密封圈、滚动轴承等；把齿轮、轴、联轴器类需自制或外协制作的非标准件称为备件。

从物质是第一性的哲学角度来看，备品备件的准备是生产中不可逾越的必要条件，是一种"硬件"。备品备件计划、生产制作或购置、供应组织与管理过程称为备品备件管理。

备品备件管理要求既供又管，即既要保证生产需要，又要防止储备过剩——"宽打窄用"现象产生，实现资产、资金的合理配置，从而保障企业效率、效益。阶段性目标是在管理中探索研究，不断改进制造工艺、材料，逐步减少设备故障与事故，延长其使用寿命，降低备品备件消耗和库存，减少占压资金。

备品备件管理发展方向是：推行计划管理，确保生产经营全过程受控，各环节专人管理；积极推广系列化、通用化和标准化；推行电子计算机联网与监控管理等现代化管理方法；逐步减少非标准件的品种与数量，逐步降低生产现场备件更换时间。

一、备品备件分类

工业企业生产经营中，通常把备品备件分成生产消耗件和设备备品备件两大类。

1. 生产消耗件

直接参与生产工艺操作过程，造成损失和消耗的零件。如车刀、钻头、剪刃、砂轮、运输机皮带、模具、烧嘴、氧枪、结晶器、轧辊、喷嘴、导卫装置等。

2. 设备备品备件

组成设备的部分零部件和附属于设备的、需购买的标准件。例如，齿轮、轴、轴承、联轴器类和专用仪器仪表、密封件类物品。

二、备件管理基础工作

备件管理基础工作主要是指建立备件目录、备件图册、消耗定额与储备定额方面的工作。

1. 备件目录与备件图册

设备投产使用前，需由企业设备部门技术人员制订出该设备的备件目录，并呈报上级设备主管部门或本企业主管领导审批。审批合格后，分别由技术人员存入（录入）该设备的设备档案。由备件管理员汇总全厂的备件目录，编制出全厂的备件总目录。备件目录一般每两年修订一次。

备件图册是备件目录的附属文件。备件管理员根据备件目录内容要求收集、准备备件图纸，然后编制本单位备件图册。

备件图纸需注意：

● 图纸要规范，要具备加工质量要求、热处理要求及其他特定技术要求；

● 图纸不经规定的批准手续，不得随意更改；

● 图纸要准确可靠，必须有本单位设备系统最高技术职称人员或主管领导的审批签字。

2. 消耗定额与储备定额

（1）消耗定额

备件的消耗定额是依据维修经验和统计数据来确定的，以近三年的实际消耗量，选取平均先进水平数据作为年消耗定额。需说明的是，现代管理提倡"备件需求分析法"，即根据历史情况和生产计划等找出需求规律，然后根据需求规律预测下一个时段（月或季度）的需求规格、品种及数量。要注意准确、及时的筛选由于技术改造已淘汰不使用的老备品备件，并摸索新件的消耗变化量（实际消耗量统计包含年内大、中修更换的数量）。新投产使用的没有统计资料的备品备件，其消耗定额一是可采用横向比较方法，了解并收集同类型设备的消耗量作参考；二是可应用维修经验确定估算出更换周期，再按下面公式计算得出：

$$年消耗定额（件）=12 个月/更换周期（月）×单机安装量（件）×$$
$$设备台数$$

（2）储备定额

备件储备定额管理原则是既能保障设备维修需要，又不积压企业资金，不断完善、逐年修正。储备定额工作关键的两点是备件储备形式与储备数量。

①备件储备形式

A. 成品件储备——装配时不需要任何再加工工序，具有良好互换性的备件。

B. 半成品件储备——必须事先留有一定的加工调整量，以便在现场进行补偿性修配的备件，如滑动轴承类、垫片类（刮研、精车）。

C. 毛坯件储备——难以事先确定加工尺寸，且采用的是铸锻件坯料或特殊材质料的配件。采用毛坯件储备形式，一是扩大了储备范围，可对应多种零部件的需要；二是缩短配件加工周期，保证现场修理需要。例如，轴、齿轮、间隔套、胶带轮等的铸锻毛坯件。

D. 套件或部件储备——为保证设备运转精度与配合关系，某些传动副备件需要成对制作（配套制作）并成对储备。例如，机床上的传动丝杠丝母、螺旋伞齿轮、蜗轮蜗杆等件均属此种情况。套件或部件储备的另一优越性体现于快速修理，大大减少现场设备抢修时间。

②备件储备量

备件储备定额（量）制订程序是以零部件装机量为基数，以多年统计的每月平均消耗量为依据，在调研分析中找出零件损坏规律与使用寿命，结合备件制造周期，经济合理地组织生产供应。

需要注意的是，若生产现场同型号的设备装机量较多，可考虑适当降低储备定额。当库存备件消耗到储备定额以下时，就应提出备品备件订货，订货数量等于或略大于储备定额与实际储备的差额。特殊情况，当库存备件消耗到最低储备量时，就应紧急办理备品备件订货。

三、备件计划管理

备件计划管理应关注的重点是统筹兼顾、科学合理、适度超前。

第一，备件计划要覆盖企业的全部，不仅是设备系统，还要包含生产系统消耗件和相应的材料需求。另外，备件计划需兼顾经济效益、资金周转问题，避免浪费与积压，尤其是避免计划外临时紧急备件订货加工。

第二，科学合理、适度超前的备件计划是保障企业连续、稳定生产经营的基础，以克服盲目性、突击性。备件的制造周期通常为：一般件 15～30 天、特殊件 30～70 天。通常所提备件计划是指后 2 个月（下季度）的备件使用计划，故应考虑此周期问题。

一般要在六月底前完成本单位下年度的备件申报计划。该计划须经本单位财务部门签认，再由主管领导审批后予以实施。备件使用单位须在每季度前 40 天，向上级主管部门提出"季度备件需用通知单"，这是年度计划的修改和补充。

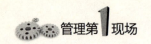

四、备件入厂验收

内部制作的备件按本企业规定条文办法进行入库前和安装使用前的技术检验。外购或外协的备品备件，不论供应商（制造方）有无质量合格证，都要履行检验检测手续。批量较大时，可采取抽查方式验收。

现场工具管理

一、工具及工具管理

工具是指企业在生产过程中所使用的工艺装备。即为完成产品及其零部件的工艺加工，在各道工序上所使用的刀具、量具、夹具、模具、磨具、五金工具、木工工具及机动工具等。工艺是工具的技术基础，工具则是保证工艺实现的物质基础，故工具又称工艺装备。

工具管理是指对工具的正常供应、使用、维修、磨锋、回收、修复、再利用等工作进行系列管理活动的总称。其目的是确保按质、按量、按期组织工具供应，使各类工具经常处于良好的技术状态，降低工具消耗，提高其为生产服务的能力。

工具不同于一般的物资，它的特点是在使用过程中耗损，而在未完全耗损前必须保持其良好的技术质量状态。因此，工具管理具有技术性、专业性和完好性等特点。

工具管理的技术性是指工具管理从其设计、制造、选购、使用等都具有很强的技术性，非一般人员所能承担，而必须是具有较高专业技术水平和等级的工程技术人员和熟练工人才能将工具设计、制造或选购回来，并正确使用于生产过程。

工具管理的专业性是指工具的制造和管理都是专业性的工作。由于工具管理工作自身具有很强的技术性，使工具管理不同于一般的物资管理，而是一项技术工作。

工具管理的完好性是指工具管理的主要任务就是维护和保证工具的完好状

态，不允许将有任何损坏的工具投入生产使用。

生产工具主要在车间及其生产班组使用。因此，车间是合理使用工具、延长工具使用寿命的基本落脚点。车间工具管理的基本任务是：组织车间职工按工艺文件规定，正确使用工具；认真贯彻落实工具管理的有关制度；严格执行工具磨钝标准和消耗定额；积极采取措施，降低工具消耗，推广先进工具；保证车间工具得到合理使用、维护、修理和保管，充分发挥其在生产中的效能和作用。

根据车间工具管理的基本任务，车间工具管理的基本内容主要包括以下几方面。

（1）组织工具的合理使用。其标准是认真贯彻工艺文件，严格遵守工艺规程，切实执行工具磨钝标准和消耗标准，定时更换工具，防止其因过度磨损而影响工作质量和安全。

（2）组织车间在用工具的合理保管、保养和维修。如对车间工具进行定置管理，使用后及时清洁、保养，对工具的任何损伤都要及时组织维修，确保其处于良好的技术状态。

（3）科学开展工具的定额管理，降低工具的损耗。要根据工具使用的统计资料，建立科学的工具定额，并落实到班组和工人。严格控制工具的超额消耗。通过计划和考核等措施保证定额管理。

（4）组织工人开展有关工具管理的合理化建议和技改活动。要建立健全有关工具管理的合理化建议和技改创新制度，鼓励员工多提建议、大胆创新。对可行或有效的建议应分别情况及时给予肯定和奖励。对经过鉴定认可的革新工具应大力推广使用。

（5）车间应主动与相关部门协调配合，建立一套高效实用的工具管理程序和办法，保持车间工具管理的科学性和有效性，不断提高工具管理水平。

二、工具的领用和保管

车间工具必须按规定的手续领用或借用。对领用或借用来的工具，要有专人负责保管，做到账、卡、物相符。工具箱内的工具要分类、合理摆放，做到不磕碰、不变形、不生锈、不混乱。各项具体要求和办法如下。

（1）工具的领用采取凭"工具领用单"到仓库领取。"工具领用单"由各部门内勤保管。领用人领用工具时，先到内勤处填写"工具领用单"，经主管审批后，再到仓库领用。"工具领用单"一式两份，一份交仓库保管员，一份返回内勤人员。

（2）对车间公用工具，由车间工具库保管。需要时使用者可到工具库办理借用手续。对班组公用工具，由班组指定的专人负责保管。保管人员持经主管审批的"工具领用单"到工具库领取，并按班组有关管理办法管理使用。

（3）当两人以上共同使用同一台机床时，对该机床的常用工具，通常采取轮班保管使用或指定专人保管。

（4）机床随带的工具，在机床到来后，由机床管理者、工具管理者、使用者一起开箱验收入库。需要使用时，再按相关程序领取使用。

（5）对于大型模具，由专业管理人员负责管理。

（6）对于一次性耗损的工具，如砂轮、手用锯条等，通常采取以旧换新的办法领用。

三、工具的使用与报废

产品在加工过程中应使用什么工具，在工艺文件上都有明确的规定。生产中，必须按工艺文件的规定和工具使用的规定，正确选择和使用工具。

（1）工具的选用必须严格遵守工艺要求，并按工艺文件和操作规程的有关规定进行安装、调试和操作，严禁工具串用或作他用。

（2）切削工具要严格按磨钝标准、更换时间或加工零件数进行及时换刀，防止工具的过度磨损。未经允许，不准私自改刀和磨刀。对于精密贵重工具，要由具有相应技术的专人使用。

（3）量具要由专人使用，严禁私自外借或作他用。对量具的精度要进行定期鉴定，不合要求的要及时更换。

（4）夹具在使用前要组织检查、加油和调节，使用中要经常清理，保持润滑，使用后要及时进行清洁、检查。

（5）金刚石工具要按有关要求配备使用。使用后应及时卸下，妥善安置，严防丢失。

（6）冲模锻模使用后必须及时进行清理，并根据最后加工零件的质量和技术状态，决定退库或返修。

（7）对于非正常报废的工具，责任人员要填写报废原因分析表，经有关人员签字后，方可再按程序领取新工具。当工具发生连续的非正常损坏或贵重工具发生损坏时，工作人员应保护好现场，及时进行原因分析，并采取有效措施，防止其再发生。

（8）对因管理不善、违反工艺规定等导致工具丢失或损坏的，视情节给予相应处理。对在工具管理上爱护、节约和革新等有较显著成绩的，应及时进行表扬和奖励。

全员生产维护管理（TPM）

一、TPM 概述

TPM 是"全员参加 PM"（Total Productive Maintenance）的英文首字母的缩写。1971 年日本电装（股份）在日本首先实施 TPM，取得了优异的成果，获得了 PM 优秀公司奖（简称 PM 奖），这是日本 TPM 的开端。

TPM 的定义由以下五项内容组成：

• 以建立追求生产体系极限效率化（综合效率化）的企业素质为目标；

• 以生产系统整个寿命周期为对象，实现"灾害为零、不良为零、故障为零"等；

• 从生产部门普及到开发、营业、管理等所有部门；

• 从领导到一线作业人员全员参加；

• 通过反复的小组活动达到损失为零。

在 TPM 的定义中，T、P、M 各字母具有以下的意义：

• T 的含义是"全面"的意思，即"综合效率化"、"生产系统整个寿命周期"、"所有部门"、"全员参加"的全部；

• P 的含义是"生产"的意思，即生产系统效率化的极限追求，使"灾害为零、不良为零、故障为零"等所有损失为零；

• M 的含义是"维护"的意思，即以生产系统整个寿命周期为对象的广义的

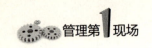

维护，可以说是以单一工程的生产系统、工厂、生产经营体为对象的维护。

TPM 推进规划分两个层次：一个是由 TPM 推行委员会制订的战略规划，一个是由 TPM 推进工作室制订的战术规划。一般制订 TPM 的战略规划分为近、中、长期三种，对于大型企业集团 TPM 活动近期规划为 1~2 年，中期规划为 3~5 年，长期规划为 5 年以上。TPM 的战术规划根据企业的具体情况来制订，先成立 TPM 的推行组织，进行系统规划，然后层层宣传、全员培训，再在各个部门具体实施，实施后进行效果评估和监督，持续不断地进行改善，以达到 TPM 的目标。

TPM 的目标，是"通过人员素质的提高与设备性能的改善来改善企业的体制"。

- 人员素质的提高。提高人员的素质，以满足工厂全面自动化对人员的要求。
- 设备性能的改善。通过人员素质的提升来改善设备的性能。

设备性能的改善有两项：现存设备性能改善的效率化；新设备的 LCC 设计和垂直起动。

设备性能改善的效率化，换句话说就是提高生产率，即以更少的投入（费用），获得更优的产出（效率），追求费用对效果的最优化。

为了提高设备的综合效率，需要使用 TPM 方法去排除阻碍设备效率化的六大损失。所谓六大损失，是指故障停止损失，准备、调整损失，空转及小停止（间歇停）损失，低速度损失，工程不良损失，起动及成品率低的损失。对六大损失要用个别改善的推进方法，即运用故障解析法、IE（工业工程）法、QC（质量控制）法、VE（价值工程）法等去改善。另外，在自主保全活动中，各班组可以进行有关个别改善的课题，如故障、间歇停等的改善，这也是行之有效的方法。实施 TPM 能提高生产率或质量，降低成本，使业绩变好，车间明亮。

二、TPM 的推进方法

在 TPM 方面，为彻底排除设备的六大损失，要开展以下五项活动。

（1）采用工业工程方法，进行设备效率化的个别改善。

（2）建立设备部门的计划保全体制。

（3）建立作业员自主保全体系，如下图所示，进行自主保全的分类和活动。

（4）进行运行及保全的技能培训，开展合理化建议提案活动和 6σ 改进活动。

（5）开展全员参加的自主保全活动。

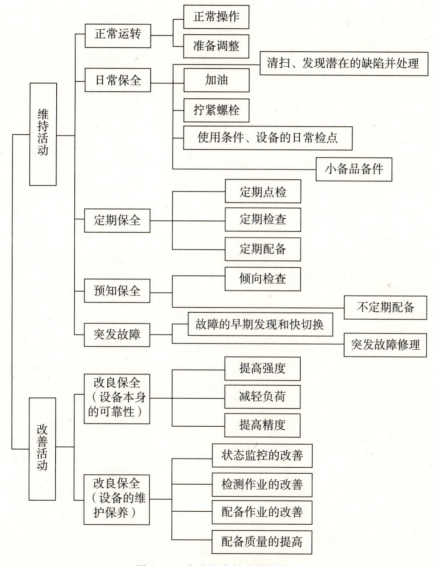

图 3－1　自主保全的分类和方法

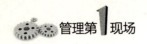

现场设备管理实用工具

一、现场设备一览表

表3－2 现场设备一览表

序号	设备名称	规格	编号	放置地	负责人	购进日期	供应厂家	机身编号	精度要求	技术指标、参数要求	保养周期	备注

二、制造设备管理台账

表3－3 制造设备管理台账

制造设备管理台账		设备名称	
管理编号		制造编号	
制造商（国）		购入处	
制造年月		购入日期	
购入价格		用途	
设备参数 材质 功率 性能 其他	电源： 测量范围：	＜图片＞	
零部件及装置			

续 表

注意事项	设备设置场所及移动事项		
	日期	场所	技师
管理部门			

三、设备保养

表 3 -4   日常保养记录

年   月   日

设备编号		设备名称	
直接保养责任人		直接上级	

保养内容 日期	周围环境	表面擦拭	加油润滑	固件松动	安全装置	放气排水	……	保养签章	上级签章
1									
2									
3									
4									
5									
…									
31									

表 3 -5   一级保养记录

设备编号		设备名称	

项次	保养项目	标准	保养周期	保养结果记录	保养责任人
1					
2					
3					
4					
5					
…					

表 3 - 6 二级保养记录

设备编号		设备名称	
保养周期		保养责任人	

日期	保养内容	保养结果记录	保养费用	备注

表 3 - 7 设备润滑基准表

设备编号	设备名称	润滑部位	给油方法	润滑用油规格	润滑周期每次给油量	
					补充	换油

四、设备点检

表 3 - 8 点检卡

设备名称： 操作人： 年 月 日

项目	点检项目	点检内容	点检方法	备注
A	润滑	润滑油箱中是否加了油？压力是否正常？	用目视确认	
B	异音	开动时有没有异常声音？	听音确认	
C	夹紧	夹持基准面工作夹持座是否有松动？	用手按一按来确认	
…				

续 表

项目	日期													
	1	2	3	4	5	6	7	8	9	10	11	12	…	31
A														
B														
C														
…														

注：正常用"√"表示，不正常用"×"表示，通过维修由不正常恢复正常用"⊗"表示。

五、设备交接班

表 3－9 设备交接班记录表

交接班时间： 交班人： 接班人： 班次：

设备名称		设备编号		型号规格	

设备运行情况：

保养情况：

设备附属工具情况：

注意事项：

第四章　现场物料管理

物料管理的主要内容

一、物料与物料管理

物料是企业为完成生产目标所需要准备货物的总和，包括原材料、辅料、配件、工（装）具、在制品等。物料是企业生产的基本元素。物料在企业的生产成本中所占的比例基本都在80%以上，因此，物料管理工作在企业生产过程中占有相当重要的地位。没有物料管理，企业的生产就无法进行；没有物料管理，企业的成本就无法控制。物料管理就是要在企业目标的指导下，保证物料供应的合理性、时效性、经济性，为企业生产的正常进行提供基础。

物料管理的内容贯穿于企业生产的始终，按照管理对象的不同，大致上可以分为三个板块：一是计划管理，二是过程管理，三是消耗管理。在每一个管理部分中，又有不同的内容。生产总监在进行物料管理时，要根据不同板块的特点，把握关键。物料的计划管理，主要侧重需求量、储备量和供应量的平衡；物料的过程管理，主要抓住采购、入库、发放、库存四个环节；物料的消耗管理，则要从定额、措施、考核入手。对生产总监而言，物料管理的内容，就是要做到计划准确、过程顺畅、消耗下降。减少计划失误、保证供货准时、降低物料消耗是生产总监物料管理工作的重点所在。

二、物料管理的三个"量"

物料计划管理，主要包括需求量、储备量和供应量三个方面。

1. 需求量

主要确定物料计划期的需求品种和数量，有两项工作：一是编制目录，二是测算数量。

（1）编制物料目录

包括类别、名称、规格、技术标准、计量单位、供应渠道等。类别如原料、辅料、配件等，名称如棉纱、长丝、纬管等，规格如 32 支、72D、6 寸等，技术标准如国际、国家、行业等，计量单位如吨、箱、个等，供应渠道如山东、湖北等。

（2）测算计划需求

按照原材料、辅料、配件、工（装）具等大类测算需求数量。原材料需求量测算，可依据计划产量、工艺消耗定额，考虑废品和可回收、计划实际完成率等因素。辅料需求量测算，有定额的可以直接依据计划产量和工艺消耗定额；没有定额的则可以依据上年的实际耗用量比例进行推算。配件和工（装）具需求量的测算，通常用比例法完成。

2. 储备量

主要确定本期物料实际储备数量，根据编制计划时的实际盘点库存量，考虑到本期结束时的预计进货量和消耗量，就可以得出期末的预计储备量。计算公式为：

本期物料实际储备量＝期末预计储备量－期初储备量

企业也可以根据各自的生产特点和采购周期采用不同的储备量，如物料品种不多可以选用最高储备量，采购周期不长可以选用最低储备量，一般的情况可以选用平均储备量。最高储备量为保险性储备量和经常性储备量之和，最低储备量即保险储备量；平均储备量为经常性储备量的一半与保险性储备量之和。

3. 供应量

主要确定计划期物料的供应量。在计算出计划期物料需求品种和数量、本期物料预计储备量的基础上，制订计划期的物料供应量，也就是采购数量。计算公式为：

计划期物料采购量＝计划期需求量＋本期实际储备量－可替代量

所谓可替代量，是企业内部可利用物料的集合，如经回收、修理后可继续使用的物料和其他代用品等。

物料计划管理，就是对现有资源、可利用资源、拟用资源的综合平衡。

在编制计划的过程中，要特别注重数据的准确性，避免多报或漏报的现象，以减少库存积压或停工待料发生的概率。

三、物料管理的四个环节

物料过程管理，主要包括采购、入库、发放、库存四个环节。

1. 采购

采购就是供应计划的具体实施。一般有三个步骤。第一，确定供货渠道。在市场分析的基础上，通过质量、价格、距离的比较，权衡生产、服务、资金实力，拟定供应商范围。第二，落实采购合同。通过与拟定供应商的洽谈，考虑合作方式、经济批量、服务内容等因素，最后落实供应商签署采购合同，明确供货的价格、数量、质量、时间和地点。第三，安排运输验货。要落实物料运输的具体时间和方式，可采用现场和到货两种抽验方式，保证物料保质、保量、按时送达。

2. 入库

入库就是物料的验收和放置。物料的验收，主要是核对品种、规格和数量，要做到实物和单据相符、单据和合同要求相符。如发现质量问题，要及时向主管部门汇报。物料的放置，主要是按照要求合理存放。一要考虑货物的特性，是否有存放条件的限制；二要考虑存取的频率，常用的物料应放在进出方便的位置；三要考虑管理的便捷，堆放的方法和标志要便于日常的清点。

3. 发放

发放就是按规定提供物料。发料有三种基本形式，即凭单发料、限量发料和补单发料。凭单发料主要针对常用物料，要按照权限规定，对符合权限要求的部门主管签发的领料单，按品种、规格、数量，在核对无误后予以发放。限量发料主要针对有消耗定额指标的物料，要严格按照规定的数量定向发料。补单发料主要针对因各种原因造成物料不足需要补充的物料，要经过主管部门的审核和批准后，才能凭单发料。

4. 库存

库存就是物料在投入使用前在仓库中所存留的数量。库存量指标的确定

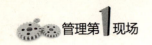

要以需用量为参照，同时考虑仓库容积、订货周期、运送方式、市场变化等因素。一般库存指标有三种形式：经常性库存、保险性库存、季节性库存。经常性库存指标为平均每天消耗量和合理储备天数之和，合理储备天数取决于仓库容积和订货周期。保险性库存指标为经验性估值，按生产规模的大小可以定为 1~7 天的平均用量，规模越大，天数越少。季节性库存指标为平均每天用量和季节性储备天数之和，季节性储备天数可根据实际需要确定。

采购、入库、发放、库存是物料过程管理的主要环节。

四、物料消耗管理的三个步骤

物料消耗管理，主要包括落实定额、采取措施、定期考核三个步骤。

1. 落实定额

物料消耗定额的落实，主要体现在定额的制定和贯彻两个方面。一般可以通过经验估计、统计分析和技术测算的方式来确定消耗定额，方法与前面提到的生产定额的制定类似。但在制定消耗定额时，还要考虑工艺性消耗的因素，也就是在加工或生产过程中，因为改变性能、形状等而产生的耗损。定额的贯彻一般可以通过层层分解的方法，将物耗指标落实到车间、班组或个人。物料消耗定额不同于生产定额，有的指标不太可能落实到个人，比如纺织厂的百米耗纱量，一般都是通过全面盘点后才能计算出来的，所以也无法落实到每个人。

2. 采取措施

在落实物耗定额的同时，要采取多种措施降低消耗。比如，可以通过改变设计或工艺的方法，从源头上减少消耗、避免浪费；又比如，可以通过选用替代品的方法，减少贵重物料的用量，以降低成本；再比如，可以通过合理使用的方法，套裁下料、修旧利废，提高物料利用率。

3. 定期考核

要定期对物耗定额完成情况进行考核，要抓住解决问题和推广经验两个重点。首先，要及时分析存在问题，查出降耗不力的原因，有针对性地提出改进方案，层层分解，落实到个人。其次，要认真总结和推广先进的物耗管理经验，把各种在工作实践中证明有效的方法，通过下达文件、组织观摩等形式，在企业内部推广和实践。

生产管控备料制

一、备料制把生产的管控从生产中提到了生产前

我们很多企业为什么会出现"救火队长"、"救火队员"、"救火"现象？你为什么把自己形容为救火队长、救火队员呢？就是因为我们把对生产的管控，理解成生产过程当中出现异常时我们去补救。其实，这是一种非常落后的管理方式。

老百姓把消防队叫救火队，政府把救火队叫消防队，这看得出老百姓的管理水平和政府的管理水平还是不一样，意识都不一样。我们办工厂也是天天"救火"，就不知道消防。消防实际上是把火灾的问题从生产中提到生产前，事先就要防备了，要检查你的消防通道、消防设施。起火了你还检查什么？起火了你只能救火去了。

我们现在就是这样，生产之前都不看、不管物料，拿着个单就去领料，没有物料又要重新开单，重新领料，浪费了大量的时间，还不能保证正常出货。所以备料制实际上是一种新的生产管理概念，就是把管控的重点从生产中提到生产前，毫无疑问它是能够起到作用的。我们生产过程当中出现的很多问题，事先看一看就能解决。

二、备料制把异常杜绝在实际生产过程之外

把异常跟正常相分离，物料、设备、图纸的异常，都可以事先发现以后把它隔开，不要在做的过程中边做边改。我经常说，我们有的企业是拿着大炮打蚊子，用大批量的生产来解决产品开发的问题。产品开发还没完善，就大批量地生产了。这样，质量问题不是越做越多吗？

一定要把不正常的现象杜绝在大批量生产之前。批量生产一定是一个简单的重复动作。大规模的生产一定是简单的重复。

要做到简单、重复，就要把异常杜绝在外。怎么样把异常杜绝在外？备

料制是一个很重要的方式，就是产前准备。

三、备料制运作要注意的几个重点

1. 备料控制

（1）备料的目的

①发现异常（数量、质量、规格、配套等方面），我们备料不仅仅是点个数，点数之后的文章才是最重要的。

②解决异常，解决要坚持高效、快速且有针对性的原则。

发现异常之后，异常的解决格外重要。只有快速有效地将这些异常解决好，才能为我们的备料以及物料上线前的配套和生产计划的达成打下牢固的基础。备料的最终目的是通过备料来发现问题，使问题和异常在领料前解决。

（2）备料控制中的实操动作

①套料单的下达。一定要为解决异常预留一定的时间和空间。不能在上线前一天才备料，那时候备料来不及，也没时间去解决异常，这个备料就是失效的。

不管是组装型企业还是设备加工型企业，对物料的备料一定要在时间上作出充分的考虑。备料发现异常之后，要确定需要多长时间来解决这个异常。每个企业根据生产产品的不同预留的时间也是不一样的。这个预备时间是由PMC来统一决定的。这是物料控制重要也是必需的环节。

②备料方式的选择。第一，账面备料。推行 ERP 的企业，ERP 系统运行顺畅，账物卡相符率非常高，通过系统内部的备料就能够达成了，那么以系统备料也是可以的。第二，实物的备料。我们现在企业运行过程中最多的，也是最常见的就是实物备料。这个由仓库来进行。

在账面备料的过程中，大家一定要注意：对容易出问题的仓库和物料要特别进行关注。否则，账面备料到了领料的前一天进行实物备料的时候，就会出现很多问题。

③备料的报欠。料已经备了，但是否存在着欠料的现象，一定要弄清楚。备料如果有欠缺，应该有一个报欠的过程。我们使用较多的是套料欠料明细表，这个明细表出来之后，仓库和PMC，特别是仓库的主管一定要核实是不

是准确无误。因为这将会对后面产生连锁反应，所以仓库要保证套料欠料明细表的准确性和无误性。

④欠料的核实。仓库核实了之后，把欠料上报给 PMC、采购等相关部门。PMC 在接到套料欠料信息后的后续工作就是立即核实。不仅是跟仓库，更应该跟采购部核实。因为现实的工作中很多情况是仓库说料没有到，但是实际上已经到了。有些信息在交流的工作过程中希望 PMC 再一次进行核实，最终得到最准确的欠料信息。

2. 欠料异常的控制

数量异常的控制：在组装型企业，应该提前四天左右将欠料的信息异常提报并进行处理。

物控员和采购员核实的时候，确定各款欠料异常处理的方式。异常已经发现了，那处理的动作就格外的重要。这些异常怎么办，谁来做，怎么做，什么时候能够完成异常的处理，PMC 应该跟进并督促相关部门按规定进行处理。物控员的工作重点应该在这里得到一个最好的体现。物控控什么，解决什么，就是如何解决这些欠料异常。

欠料交到采购部后，采购部必须重点解决欠料异常。采购部每天的工作很多，但是工作有主次之分，这些欠料单应该成为工作的重点。欠料单将形成采购部日计划的一个重要依据。采购部日计划从哪里来，这个套料欠料明细表就是一个比较重要的来源依据了，是采购部后续工作的重中之重。

3. 上线前的首件确认控制

有的人说这是品质部的事情，首件确认跟物料好像扯不上关系，实际上那是一种狭义的理解。整个物料的确认不仅是数量，更应该是配套性和品质的一个确认。那么如何来保证呢？

在组装型的企业，首件的物料控制是非常重要的。首件的控制要求首件制作员在仓库完成备料之后进行组装。为什么要组装呢？只有通过正式完成产品，才能进一步确定地核实和控制这个物料是不是已经完完全全到位并且合格、合乎技术要求。这个方式就是通过首件确认。

在组装型企业，我建议大家把组装的控制前移，前移到货仓，做首件可以由生产、品管、技术一起来进行，专门设置一个首件区，首件确认好了，再上线才能保证生产更顺畅。

在首件制作的过程中最能发现它实实在在的物料问题和质量问题。首件的提前为后续的异常处理争取了时间，也为我们日计划有效地达成和实施提供了依据。

4. 现场再次确认控制

有的人说，前面作了三重控制了，正常来讲应该没有问题，可以上线了。但是物控部门和物料稽核部门以及仓库在上线和制订冷冻日计划之前，应该在现场再作一次快速的确认。

这就要求物控部门对已经齐套的物料了如指掌。对于没有解决的问题立即组织人员进行确认，为后续计划员制订冷冻和滚动计划提供最准确的物料信息。

这里有个很好的动作就是拿那张欠料套料明细表对每一款核实没问题的时候进行销单。但一定要记清楚并把这个信息反馈给计划员，这样滚动和冷冻日生产计划才有可执行性和可操作性。

5. 领料控制

领料控制是最后一个关卡，正常来讲95%～99%的问题都已经解决。因为领料是车间的物料员到货仓来领，而且他最多只能提前一天或者两天领料，所以他是最后一个能够对这些物料进行上线前控制的关卡，他是关键。他在领料过程中会核对、点数、确认。他的控制也是我们必需的一个环节。

如果在领料过程中发现了异常，应该是采购、PMC以及相关部门一起解决异常的最重要的问题点。处理必须雷厉风行，必须在上线前解决，如果不能解决就只能调整计划。

做好物料上线前的准备，不能局限于作好备料和点数，发现异常和解决异常才是上线前物料准备的核心。

在各个控制环节间，必须考虑异常处理的最短时间周期。

最短时间周期即如果你发现有异常，我们调整日计划需要用多长时间？我们追回这些物料大概用多长时间？我们作急装处理的时候大概用多长时间？将这些方面进行一个预估就是最短时间周期。

如此，异常既能够及时发现，又能够及时解决，最终保证物料在上线前做充分的准备，保证生产线快速有效地生产起来，提高生产效率，保证冷冻和滚动计划有序地开展。

物料管理细节

一、物料的设计变更

设计变更指由于设计、生产、质量、使用等因素，须对产品的规格、型号、物料、颜色、功能等进行变更。

1. 处理程序

发生设计变更时，处理程序一般如下。

• 技术研发部门根据客户或产品的要求，提供设计变更指示给相关部门。

• 班组长接收到设计变更指示书后，须将它的管理号、接收日期、名称、主题事项等项登录到"文书管理台账记录表"中。

• 班组长负责零件检查规格书和成品检查规格书、工程内检查指导书、作业指导书的修订，必要时修订调整工艺流程。

2. 设计变更实施

首批设计变更零件纳入后，由班组长根据图纸对设计变更内容进行全面确认，并做好设计变更标志，通知相关人员。

装配时，由工艺人员与班组长共同对其设计变更后的组装性能进行确认，做好详细记录。

在实施过程中若出现异常，应通知技术研发部门解析原因，并决定对策（必要时联络客户共商对策）。

对于实施日期、批量有要求的，应该严格按照要求的实施日开始进行设计变更。

3. 旧零件处置

（1）可使用的旧零件

根据旧零件总的在库数量安排生产，确保旧零件优先使用。

（2）追加工后可以使用的旧零件

由工艺技术人员指示追加工方法，必要时制定上、下限判定样本。零件追加工完成，一定要重新检验合格后才能作入库处理。追加工记录和再检记录要予以保存。

（3）不可使用的旧零件

做好隔离和标志，按企业规定的程序实施报废。

二、用料预算管理

用料预算管理是企业物料管理中相当重要的工作，班组长有责任带头进行物料使用预算，把握班组的用料管理。

1. 常备材料管理

由生产管理单位依生产及保养计划定期编制"材料预算及存量基准明细表"，拟订用料预算。

2. 预备材料管理

由生产管理单位依生产及保养计划的材料耗用基准，按科别（产品表）定期编制"材料预算及存量基准明细表"，拟订用料预算；杂务用品直接依过去实际领用数量，并考虑库存情况，拟订次月用料预算。

3. 非常备材料管理

订货生产的用料，由生产管理单位依生产用料基准，逐批拟订产品用料预算，其他材料直接由使用单位定期拟订用料预算。

三、用料存量管理

1. 常备材料管理

物料管理单位依材料预算用量、交货所需时间、需用资金、仓储容量、变质速率及危险性等因素，选用适当管理方法，以"材料预算及存量基准明细表"列示各项材料的管理点，连同设定资料呈主管核准后，作为存量管理的基准，并拟订"常备材料控制表"进行存量管理作业。当材料存量基准因素变动足以影响管理点时，物料管理单位应及时修正存量管理基准。

2. 预备材料管理

物料管理单位应考虑材料预算用量，在精简采购、仓储成本的原则下，酌情以"材料预算及存量基准明细表"设定存量管理基准。当材料存量基准设定因素变动时，物料管理单位必须修正其存量管理基准。

3. 非常备材料管理

由物料管理单位依据预算用量及库存情况实施管理（管理方法由各企业自定）。

四、发料作业

发料作业是物料管理部门的一项重要工作，生产车间及班组是发料的接收单位，两个部门对于企业的发料制度都应该有一个充分的认识。

1. 领料

使用部门领用材料时，由领用经办人员开立"领料单"，经主管核签后，向仓库办理领料。

领用工具类材料（明细由企业自行制定）时，领用保管人应拿"工具保管记录卡"到仓库办理领用保管手续。

进厂材料检验中，因急用而需领料时，其"领料单"应经主管核签，并于单据注明，方可领用。

2. 发料

由生产管理部门开立的发料单经主管核签后，转送仓库依工作指令及发料日期备料，并送至现场点交签收。

3. 材料的转移

凡经常使用或体积较大须存于使用单位者，由使用单位填制"材料移转单"向材料库办理移转，并每日下班前依实际用量填制"领料单"，经主管核签后送材料库冲转出账。

4. 退料

使用单位对于领用的材料，在使用时遇有质量异常、用料变更或用剩，使用单位应填写"退料单"，连同材料交回仓库。

材料质量异常欲退料时，应先将退回材料及"退料单"送质量管理单位检验，并将检验结果填写"退料单"，连同材料交回仓库。

对于使用单位退回的材料，仓库人员应根据检验退回的原因，研判处理对策，如系供应商造成，应立即与采购人员一起，同供应商协商处理。

五、物料搬运作业

为了使物料、半成品、成品在厂房内快速流动、不积压，除了生产计划与控制的完善，更重要的是对于物料的流动亦应加以设计。

1. 搬运的方法

（1）人工搬运

全部使用人力，不借用其他方法，此种做法既不安全，又不经济，更浪费体力及时间，在非不得已的情况下应避免。

（2）工具搬运

如推车、栈板加油压拖板车，可大大增加工作效率，并可使厂房整齐、清洁，提升工作效率。

（3）机械搬运

当物料或产品体积大、搬运距离长、流动的方法固定时，可选择不同的机械方法来搬运，如长车、叉车、输送带、升降机等。

2. 搬运装具

（1）纸箱

厂外供应的材料、零件通常使用不同规格的纸箱，使用完后，除了特殊用途外，应予废弃，不再重复使用，因为大小、颜色不一，使用困难，妨碍观瞻。

产成品的包装，通常使用纸箱。纸箱应尽量标准化，以减少管理及仓储的困难。成品使用外箱以后，尽可能配合栈板来移动。

（2）塑料容器

半成品在制程流动中，应设计装具。最常见的装具是塑料箱。塑料箱可以使用不同的颜色来区别产品状况，如蓝色代表正常良品，黄色代表待整修品，红色代表待报废品。每一塑料容器应规定标准容量，并依规定位置存放。

六、处理不良物料

1. 区分不良程度

发生物料不良时，要根据重要程度划分缺点等级。

表 4 – 1 不良物料分类等级

缺点等级	严重程度	判定标准
A 缺点	致命缺点	● 有可能导致人身不安全状况的缺点 ● 使产品功能完全丧失，以致无法使用的缺点
B 缺点	重缺点	● 由于性能不合格而降低产品的实用性，导致难以完成初期目标的缺点 ● 在使用时需改造和交换部件等导致麻烦的缺点 ● 在使用初期尽管没有大的障碍，但会缩短产品寿命的缺点
C 缺点	轻缺点	● 几乎不会对产品的实用性或有效使用、操作等带来影响的缺点

2. 不合格品的处理

（1）不合格品相关信息的收集、保存

不合格品不论是批量发生还是个别发生，都要尽量保存样品，因为样品更直观，如一些脏污、划伤、异常音等，对其后果和影响更容易判定。

（2）不合格品的区分

将不合格品做好标志，隔离存放。

（3）不合格品的处理

不合格品的处理方法一般有四种，基本流程如图 4 – 1 所示。

（4）不合格品的再次确认

除了特别采用的零件外，其他经过挑选、返工、修理等处理后的可用品，都必须经过再次检验，确认达到要求后才能入库或者投入使用。

（5）纠正处理

为了防止不合格品（问题点）再次发生，要向引起问题点发生（主要原

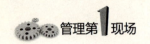

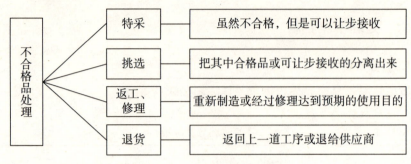

图4-1　不合格品处理流程图

因）的部门发出"不合格品纠正表"，并确认对策（改善措施）。对策略应包含以下四个方面。

①对策是否与质量问题的严重程度相适应。

②对策是否可行。

③对策是否得到了切实实施。

④对策是否有效。

七、辅助材料管理

1. 辅助材料简述

辅助材料又称为"副料"或者"副资材"，指在生产中不构成产品的主要实体，却又必不可少的辅助性消耗材料，如油脂、胶水、手套、封箱胶纸等。

对于零部件，每台机器用量多少大家很清楚，但是辅助材料，用量多少却没有几个人清楚。其实别小看辅助材料，一旦短缺或者变质，可能会造成很大麻烦。班组长作为现场最直接的管理人员，该怎样管理辅助材料呢？

2. 辅助材料的存量控制

辅助材料因为大多数都能从市面上直接采购回来，方便又快捷，所以不必大量库存，增加管理负担。但是，一些专门的材料，需要进口或者必须从特殊渠道采购的，如设备专用油脂、无水乙醇等，则需要根据使用量和采购周期设定安全库存，防止短缺。

不管辅助材料是否有专人管理，都要通过台账明确记录名称、型号、供应商（名称、地址、电话）、使用量、采购周期、最低库存等相应内容，使管理更加便利。

3. 辅助材料的库存管理

（1）安全库存警示

因为辅助材料几乎人人都用到，短缺往往会影响生产，所以设定安全库存警戒线是必要的，让每个人一看都知道某种辅料快用完了，从而通知采购人员订购。库存警示的方法有很多，如警戒线、提醒牌、报警装置等，可根据实际情况确定。

（2）合适的存放方法和场所

根据材料的不同特性决定不同的存放方法和场所：易燃、易爆物品存放在专门仓库；纸张类要在干燥的环境里存放；试剂、溶液有的要存放于阴暗的低温环境中，有的需用玻璃瓶盛装，等等。

（3）确定保管期限

采购部门为了省事，往往喜欢大量订购辅助材料。有的辅助材料（如胶水、密封圈等）会随着储存时间变长而变质，用在产品上往往引起质量问题，所以某些辅助材料也要与零部件一样管理，控制库存时间。

4. 辅助材料的使用管理

（1）使用量控制

要想管理好辅助材料，首先一定要清楚使用量。哪些产品在用它，台用量多少，月用量多少，这些一定要清清楚楚，并尽量反映在台账中。

（2）厉行节约

即使是副资材，也不能毫无节制地滥用。我们可以根据用量定额发放或者采用以旧换新的方法，防止浪费；对于一些影响环境的物品（如电池、氰化物），还要做好回收工作。

（3）简化领用手续

严格管理辅助材料，防止浪费是应该的，但是一定要方便我们的工作。笔者曾经在某企业看到员工领一双手套要填申请单，然后分别由组长、主管、部门负责人和仓库管理人员签字，才可以领到，这个过程既耽误了生产，又付出了远远不止一双手套的管理成本，真是得不偿失。我们不妨采用"柜台"或者"送货上门"的方式，做到"管理"与"方便"双赢。

八、物料的目视管理

1. 物料管理的基本形式

在日常工作中，班组长需要对消耗品、在制品、产成品等各种各样的物料进行管理。通常对这些物料有四种基本管理形式。

- 伸手可及之处。
- 较近的架子、抽屉内。
- 放于储物室、货架中。
- 存放于某个区域。

此时，"什么物料、在哪里、有多少"及"必要的时候、必要的物料无论何时都能快速地取出放入"成为物料管理的目标。

2. 物料目视管理的要点

（1）明确物料的名称及用途

方法：分类标示及用颜色区分。

（2）决定物料的放置场所，做到容易判断

方法：采用有颜色的区域线及标志加以区分。给材料、零件仓库的货架上设定简单易懂的编号（货架号）。

（3）物料的放置方法能保证顺利地进行先进先出

决定合理的数量，尽量只保管必要的最小数量，且要防止断货。

方法：标示出最大在库线、安全在库线、下单线，知道最大下单数量。

（4）使用物料传票

方法：标明物料的编号、品名、数量、下一道工序、存放位置编号等内容的传票，称为物料传票。看了物料传票，就能立即判断出该物料是什么，应该搬运到什么地方。

物料仓库管理

一、仓库分类

通常情况下，企业的仓库分类有三种。

（1）按仓库存放物资的种类多少，分为综合性仓库和专业性仓库。

（2）按仓库建筑位置的不同，分为地面库、半地下库和地下库。其中，地面库按构造特点不同，又可分为单层库房、多层库房（楼库）、自动化仓库和贮罐等。

（3）按仓库建筑构造和保管条件不同，大致分为库房、货棚和露天货场几种。

二、基本要求和内容

仓库管理是企业物资管理的一个重要环节。仓库管理基本要求是：保障供应，物资收发，存储保管和账、卡、物相符；内部挖潜增效、修旧利废、做好物资回收工作；保持合理储备、加速储备资金周转。

仓库管理的基本内容包括验收与检测、保管与养护、发放和清仓盘点四项。

1. 物资的验收与检测

验收、检测工作包括数量、品种、规格和质量的验收与检测。要求及时、准确，把好质量关、数量关和相关资料与单据（票据）关，确保入库物资及其随机资料的完好无损，并须如实登录入账。在验收、检测质量中遇到的相关专业技术问题，可要求有关技术人员配合或交付有关专业部门检测质量数据。

2. 物资保管与养护

根据各种物资的不同性能特点、用途，结合本单位环境条件，对库存物资合理存放、科学养护。仓储物资中的有色金属类、化学化工液体、油液类、机电产品的零部件和精密量具类物品，需格外注意科学保管与养护。重点是防止这些物资失效，尤其注意自然腐蚀现象。

保持合理储备和账、卡、物相符是物资保管与养护的基本要求。物资存放要便于收发、检验和盘点。仓库管理也要与时俱进，不断向立体化、自动化、高效化和环保化发展，积极推广应用电子计算机管理系统与模式。在保证安全的前提下，尽量采取立体堆放，提高仓库利用率。存放方法常用分区分类法，推广应用"四号定位"、"五五码放"等先进存储保管方式。

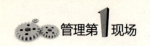
四号定位即把物品物料所在的库、架、层、位号与管理账册上的编号对应一致、对号入座、固定货位。五五码放即根据物品物料的属性和形状，以"五"为计量基数，成组存放，做到五五成行、五五成方，便于清点、一目了然。

合理储备和账、卡、物相符是仓库管理最基本的要求。准确、及时地登录物资库存明细分类账是保管员的基本职责。明细分类账的清样可参考表4-2。

表4-2　　　　　　　　　　库存物品明细分类账

编　号		本账页数		备注	
品名		本户页数			
规格		原进价（元）			
单位		现进价（元）			

年		原始凭证		摘要	收入（借方）			付出（贷方）				结存			存放地点
月	日	字	号		数量	单价	金额	领用		其他		数量	均价	金额	
								数量	金额	数量	金额				

标准：　　　　会计：　　　　复核：　　　　记账：

3. 物资发放

物资的发放领用，需遵循制度、依据需要，及时、齐备、按质按量地供应，坚持限额发料和"先进先出"的原则。需强调的是，发放及领用物资

（材料、物品等）一定要坚持"仓库管理条例"制度，手续齐备、完善。为节省企业成本支出，有些物品只能"借用"而不是领用，如使用几率不大的工具类物品（像大型千斤顶、潜水泵、热风机等），并注意其使用前后的完好程度。

企业内各单位领用物资（材料、物品等）和仓库发放物资，要坚持做到手续齐备、完善。对一般性的材料、物品的领用和发放，多数企业通常的做法是：由领用物资的单位（车间、工段）与发放物资的仓库当场共同填写"三联式领料单"，作为物资发放领用的凭证。这样运作的目的在于保证管理数据的准确，完善企业的有效监督监管。

"三联式领料单"是指由三种颜色薄纸印制的、尺寸为175mm×95mm规格的领料单。它的第一页（黑色）归领料部门存查、第二页（红色）归会计部门记账、第三页（绿色）由材料部门记账，即发放物资的仓库统计记账所用。

4. 清仓盘点（盘库）

物资管理部门对库存物资进行定期或不定期的清查和盘点，目的是准确掌握库存变动情况，及时解决物料的超储和不足。这是企业实现资源合理配置、内部挖潜增效，保持合理储备和账、卡、物相符的一项有效措施。企业相关管理部门须监察监督清仓盘点工作的过程与效果。

盘点内容主要有：查清物资实际库存量和账、卡是否相符；查明物资盈亏的原因；查明物资的质量状况及有无超过保管期限。盘点后需全面分析原因并制定出整改措施。通过盘点，做到"三清"（数量清、质量清、账卡清）、"三有"（盈亏有原因、物品损坏有报告、库存调整有依据），确保库存物资的账、卡、物相符。

三、仓库条件与设施

合理的仓库布局、必要的仓库设施是完成仓库管理任务的前提保障。仓库设置应与生产经营流程、物料运输环境相适应，须满足生产经营的需要。对仓库内外进行区域规划，就是要最大限度地利用有限的存储面积与空间，提高单位面积的存储量和利用效率，并确定科学仓储作业路线，以保障物料能以最短的运动路程进行流动。工业企业筹建物资仓库时，需要慎重选址、合理规划，具体要求如下。

（1）仓库应靠近生产现场，通道顺畅，方便进出。

（2）每间仓库要设置相应的进仓门和出仓门。在进仓门处须张贴仓库平面图，反映周边环境、仓位、通道、门窗、电梯等内容。

（3）按存储货架、容器的规格，承载能力（楼面负载能力）和堆放限高，将仓库划分为若干仓位。还要清楚地标识仓位名称、通道和物流走向。

（4）仓库内应按功能划分出发货区、来料待验区、废次品存放区和物品暂存区（修旧利废及鉴定）等区域。

（5）仓库内应配备起重和装卸搬运设备、计量检验设备、消防器材与各种辅助设施，这是仓库作业的基础。

物资采购管理

一、采购管理概述

在制造业，企业的外购原材料和劳务的成本可以占到企业总成本的 40%～80%，有的甚至高达 90%。企业要在激烈的竞争中求得生存和发展，不仅要在研发、销售、制造上寻找改进点，还要在采购供应环节挖掘潜力。

1. 采购管理的概念

采购就是企业通过各种渠道和方式，从资源市场获取其生产经营所需资源的经济活动。其过程包括提出采购需求、收集采购信息、选定供应商、谈妥价格、确定交货及相关条件、签订合同、组织运输、验收入库和付款结算等环节。

所谓采购管理，就是指为保障企业物资供应而对企业采购活动进行计划、组织、指挥、协调和控制的管理活动。其管理职能，一般由企业的采购部门来承担。

2. 采购管理的内容

一般而言，采购管理包括以下七项内容。

（1）采购策略管理。主要包括购买政策、资源数量、资源类型和供应商关系等方面内容。

（2）采购管理制度、工作标准和作业流程管理。

（3）采购计划和预算管理。采购计划的编制是以销售计划（或生产计划）为依据，综合考虑库存、消耗定额以及采购环境确定的。它包括各采购对象的数量、成本、采购时间和进度要求。采购预算是计划的货币表现形式，是企业年度预算的重要组成部分。

（4）采购信息收集和供应商开发管理。主要包括收集采购信息、建立供应商档案并对其选择和评价。选择评价的依据是：质量、价格、成本、交货期、信誉和实力等。

（5）采购物流管理。主要包括运输、检验、入库等内容。

（6）采购绩效评估。包括供应商绩效评估和采购工作绩效评估。

（7）采购信息平台建设。采购部门要向信息部门或软件供应商准确提出采购信息平台的需求，并全程参与采购信息平台的建设。

二、采购信息收集

1. 采购信息的内容

（1）货源信息。指企业所需要物料的货源分布、供应能力和发展潜力等信息。

（2）渠道信息。企业要了解有哪些供货单位可以提供本企业所需的资源，以及供货单位及其产品的情况，同时还要注意了解是否有更有效的新渠道。采购渠道建设是采购工作的一项重要内容，而渠道信息是渠道建设的重要保证。

（3）价格信息。指各供货单位的价格情况、优惠条件，特别是其发展变化的趋势。价格信息是采购决策和选择供应商的一项依据。

（4）交通运输信息。采购成本中不仅包括买价还包括物流成本，而且运输还会影响供货的时效性。企业需要收集的运输信息主要有：可选择的运输线路、运输工具和运费情况，以及它们的变化趋势。

（5）科技信息。指市场上出现了哪些新技术、新材料、新工艺、新设备，以及利用这些新技术能给企业带来怎样的经济效益。

此外，企业还需关注国家政策方针、财政和金融等方面的变化以及自然灾害对物资供求的影响。

2. 采购信息的来源

明确了需要收集哪些采购信息后，下一步要解决的是从哪里可以获取这些信息。获取采购信息的主要途径有：

- 国内外采购指南；
- 国内外产品发布会；
- 国内外新闻传播媒体（报纸、刊物、广播电台、电视、网络）；
- 国内外产品展销会、订货会；
- 国内外企业协会；
- 国内外政府相关统计调查报告或刊物；
- 其他各类出版物的厂商名录；
- 供应商提供的资料；
- 供应商网站和各种贸易网站。

3. 采购信息的整理和分析

通过各种渠道收集来采购信息，需要对其进行审核、分类、汇总等加工，去伪存真，取其精华，使其条理化、系统化。经过加工整理的采购信息才具有价值，才可用于分析，最终指导采购决策。对采购信息进行分析时，要按照其对采购决策的影响程度设定权重，首先依据权重的大小顺序对各项因素进行单项分析，如对质量、供应能力、价格等因素依次分析。然后，以提高企业整体效益为出发点，将单项分析的结果综合起来，进行全面评价。

三、采购流程

1. 采购流程

企业的采购流程涵盖着从物料需求的提出到供应商的选择、合同的签订、物料验收入库和事后评价等整个过程。采购流程的源头是物料需求计划。在采购实务中常将采购流程分为三个阶段。

（1）制订采购计划

制订采购计划需要明确的内容，主要有采购品种、规格、数量、时间、方法和渠道。

（2）实施采购计划

采购计划实施阶段的主要工作包括商务谈判、签订合同、进货检验和付款结算等。

（3）评价采购绩效

根据采购计划实际执行情况对计划的制订和实施工作的绩效作出评价和总结，以便不断改进采购工作。

采购工作是否完善，取决于所需物料在价格、物流成本与质量、数量之间的综合平衡。也就是说，在综合成本尽可能低的情况下，物料质量在企业制造产品所允许的极限范围内，物料供应数量能保证企业生产的连续性要求。

2. 传统采购流程的固有缺陷

传统采购管理把工作重点放在价格谈判上，通过供应商的多头竞争，从中选择价格最低的作为合作者。因此，无论是从效率还是有效性来看，传统采购流程都有许多值得改进的地方，其主要缺陷如下。

（1）信息不共享

延长采购周期，增加采购成本。

（2）对客户需求响应迟钝

一旦市场需求发生变化，供需双方的响应无法同步，也不能改变已签订的采购合同。

（3）合作关系不稳定

供需双方的交易如同零和博弈，采购方和供应方是竞争对手，故双方关系是短期的、松散的。

（4）事后把关

采购方很难参与供应商的生产过程组织和质量控制活动，只能在交货验收时才能确定质量是否符合要求。这种事后质量控制给采购工作质量带来很大的不确定性。

随着合作竞争思想的产生和信息技术的推动，在全球经济一体化和顾客

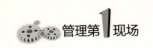

需求多样化的冲击下，传统采购流程的固有缺陷被暴露得一览无遗，已经越来越不能适应现代市场环境。

3. 基于供应链的采购流程

基于供应链环境的采购流程是通过帮助供应商完善其产品质量、降低成本、提高效率，从而建立最佳的供应商组合，进而逐步实现供应链的最优化。该模式下采购流程的核心是协同。供应链环境下采购流程的特点表现在以下几个方面。

（1）流程由库存驱动转向订单驱动

供应链管理模式下的采购流程是由销售订单驱动的，整个过程表现为销售订单驱动制造订单，制造订单驱动采购订单，采购订单驱动供应商。

（2）内部协同

采购工作信息分别来自生产、销售、设计、采购等各个不同部门。高效的采购管理工作需要企业所有部门协同工作。制造资源计划（MRP Ⅱ）的产生和应用，为企业内各部门间高效协同提供了技术保证。

（3）外部协同和外部资源管理

供应链上的核心制造企业将上游企业、下游企业作为可控对象，纳入资源管理范围，参与供应商的生产流程。供应链上的各企业依靠电子数据互换（EDI）、企业资源计划（ERP）和计算机网络等信息手段整合在一起，形成长期的合作关系。采购企业根据供应链的供应情况，实时在线调整计划和执行交付过程。同时，供应商根据采购企业的实时库存和生产计划调整自己的生产计划，与之保持同步。

四、采购过程管理

企业采购是为了制造产品，而产品成本的主要构成是材料费用。如果对采购过程管理和控制不力就会直接影响到企业利润和竞争力。所以，对采购过程管理的核心目标就是控制采购流程，在满足制造和供应需求的前提下最小化采购成本。因此，对采购过程的管理要注意以下几个关键控制点。

1. 采购计划与预算

采购计划是所有采购工作的依据，是控制盲目采购的重要举措，其编制是否科学，执行是否严格都会直接影响采购工作绩效。采购计划按时间的长短一般可分为年度计划、季度计划和月度计划。月度计划是年度计划的实施计划，因此在实际执行中以月度计划为主。采购计划中需要明确的内容主要有：采购什么（what）；采购多少（quantity）；什么时间交货（when）；什么地方交货（where）；向谁采购（who）；怎样运输（how）。采购计划编制的依据是生产计划和物料需求计划，同时要结合企业当时的资金状况和资源市场状况。

2. 供应商的评估与选择

英国著名经济学家克里斯多夫认为，"市场上只有供应链而没有企业"，"真正的竞争不是企业与企业之间的竞争，而是供应链与供应链之间的竞争"。世界权威的《财富》杂志将供应链管理能力列为企业的一种重要战略竞争资源。供应商的正确选择不仅仅对稳定物料来源、保证物料质量十分重要，更重要的是对供应商的评估与选择过程就是供应链的建立过程。如果供应商选择不当，会抑制企业竞争力的提高，所以供应商的评估与选择是采购管理的重要环节。

（1）选择供应商的原则

选择供应商应遵循以下基本原则。

①有可以利用的竞争力。如果选择的供应商不具有为供应链创造增值的核心竞争力，将会影响企业价值和整个供应链的运作效率，同一供应链上的企业各自拥有核心竞争力是供应链价值最大化的前提条件。

②有相同的价值观和战略思想。选择与本企业相同的价值观和战略思想的供应商，合作才能融洽。

③供应商必须少而精。少而精的供应商能够降低管理成本，保持供应链的相对稳定。

（2）开发新供应商流程

①供应商初选。采购部门根据企业所需原、辅材料情况，结合市场供方信息，初步选择几家信誉好的生产厂家作为候选供应商。

②采购部门向候选供应商发出"供应商调查表"，并请供应商提供样品及价目表。

③品管部根据原、辅材料采购质量标准对样品进行检测，并出具初步的

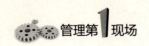

检验报告。

④供应商的调查。采购部门对候选供应商进行实地调查、听取介绍，了解供应商的经营理念、质量管理、技术水平、供货能力等情况，并根据调查结果填写"供应商调查表"。

⑤试用跟踪检测。供应商提供少量样品作检测与生产试用，并在样品包装上做好"试用"标识。品管部根据原、辅材料采购质量标准对样品进行现场跟踪测试，测试结果填入"材料检验报告"。

⑥供应商的选定。采购部门依据"供应商调查表"、"材料检验报告"填写"供应商评价报告"，确定合格供应商交企业负责人审批。

（3）供应商评估的主要内容

开展供应商评估时应主要围绕以下内容进行。

①企业生产能力。优秀的供应商表现为：产量高、质量好且稳定、规模大、生产历史久、经验丰富、生产设备好。

②企业技术水平。优秀的供应商表现为：生产技术先进、设计能力和开发能力强、技术队伍实力强、生产设备先进、产品的技术含量高。

③企业管理水平。优秀的供应商表现为：有一个坚强有力的管理团队，尤其是要有一个有魄力、有能力、有管理水平的一把手；要有一个高水平的生产管理系统；还要有一个严格的、有效的质量管理保障体系。

④财务状况和成本控制。优秀的供应商表现为：合理的资产负债率和库存周转率，流动比、速动比指标健康，成本结构合理。

⑤企业服务水平。优秀的供应商表现为：能对顾客高度负责、主动热诚认真服务，并且售后服务制度完备、服务能力强。

⑥合同执行情况和信誉。优秀的供应商表现为：较强的合同执行力和良好的信誉。

（4）建立供应商档案

选定供应商后，采购人员要为合格供应商建立档案，详细记录供应商的基本情况。包括供应商企业简况、评估资料及结果等。

3. 采购订单管理

一旦确定供应商，便可依据采购计划的要求下达采购订单。其内容包括：

单据号、采购物料的品名、规格、数量、品质要求、价格、交货日期、交货方式以及交货地点等信息。采购订单具有法律效力，供应商是否依合约"按时按质按价按量"供货对企业生产影响重大，所以要严格采购订单的管理。下达采购订单后要及时对其跟踪，对可能拖延的供应商应及时催货。

4. 采购过程记录

采购过程是一个动态连续的过程，企业若要对采购过程进行有效控制和事后评价，就必须对采购过程进行全程跟踪和记录。采购人员要在每次订单执行的过程中对其执行情况进行跟踪，记录于供应商档案。物控人员要对入库物料进行质量跟踪，出现质量问题时，以书面形式进行反馈并联络退换，对经过三次反馈仍没有改进的供应商，取消其合格供应商资格。物控人员保留供应商历次供货、提供服务的验证记录，并填写"历次供应质量记录表"存入供应商档案。

5. 评价采购工作及供应商的复评

企业应定期对供应商历次供货情况进行评定，评定内容包括质量适应性（材料质量状况）、适价（价格合理性）、适量（交货数量的准确性）、适时（交货的及时性）的评定考核。评价程序和方法如下。

（1）调阅供应商档案

计供应商在考核期内总交货数量、质量优劣、退货数量、交货比率、发生时间延误的比率、发生数量差错的比率，依据已制定的合格供应商评价标准对其进行评定考核。

（2）填写"供应商复评表"

评定后填写"供应商复评表"，经采购部门负责人复核，报企业负责人审批。将不符合标准的供应商列为观察对象，限期改进以观后效或直接取消其供应商资格。

物料管理实用工具

一、物料管理的目的

规范物料领取流程，使物料领取有章可循。

二、物料管理的适用范围

适用于生产所需的各种物料的领取。

三、物料管理的具体规定

1. 领料依据

（1）"领料单"（见表4-3）是领取物料的依据，一式三联，一联由生产部自存，一联交仓库，一联交财务部。

表4-3 领料单

编号：

领用部门			材料用途			
领用日期			发料日期			
材料名称	编号	材料规格	单位	请领数量	实发数量	单价	备注

审核： 领料人：

（2）"领料单"应注明制造命令号码、产品名称、规格、制造工程名称以及可领用物料的明细。物料明细包括物料编号、名称、规格、可领用数量。

（3）可领用数量依下列方式确定：

可领用数量 = 制造命令批量 × 每单位产品用量 × （1 + 损耗率）

其中单位产品用量及损耗率依"产品用料明细表"确定（见表4-4）。

2. 领料流程

（1）领料人根据实际需要填写"领料单"，必须将物料的名称、编号、规格、领用数量等填写正确。

（2）"领料单"经主管审核后，由领料人持单向仓库领用所需物料。

（3）当"领料单"上所核定数量的物料领用完毕后，需追加领用物料时，要填写"物料超领单"才可领料。

表 4 - 4　　　　　　　　　　产品用料明细表

产品名称			产品型号		
产品料号			客户		

层数	料号	名称	规格	单位	标准用量	标准损耗率	来源	图号

确认：　　　　　　审核：　　　　　　制定：

3. 超领规定

（1）由领料人填写"物料超领单"（见表 4 - 5），注明超领物料所用的制造命令号码、批量、超领物料编号、名称、规格及超领数量、超领率，并详细阐明超领原因。

表 4 - 5　　　　　　　　　　物料超领单

领用部门：　　　　　　日期：

制造命令号：			批量：		
超领物料编号	名称	规格	超领数量	超领原因	超领率

仓管员：　　　　　　领料人：

（2）超领权限规定如下。

● 超领率低于 1% 时，由班组长审核后，可领用物料。

● 超领率大于 1% 小于 3% 时，由现场主管审核后才能领用物料。

● 超领率大于 3% 时，除上述人员审核外，需经生产主管审核，才能领用物料。

（3）"物料超领单"一式三联，一联由生产部自存，一联交仓库，一联交财务部。

4. 退料补货

（1）将不良物料分类汇总后，填写"退料单"（见表 4-6）送至品管部 IQC 组。对于规格不符物料、超发物料及呆料、退料，直接在"退料单"上备注，不必经过品管。

表 4-6　　　　　　　　　　　退料单

制造单号：　　　　　　　　产品名称：　　　　　　No.：

生产批量：　　生产车间：　□材料　　□半成品　　日期：

物料编号	品名	规格	单位	退料数量	退料原因	品管鉴定	实退数量	备注

仓管员：　　　　　　品管员：　　　　　　退料员：

（2）品管检验后，将物料分为报废料、不良料，并在"退料单"上注明数量。

（3）将物料送至仓库，如因退料而需补货者，需开"补料单"（见表 4-7），退料后办理补货手续。

表 4-7　　　　　　　　　　　补料单

制造单号：　　　　　　　　产品名称：　　　　　　No.：

生产批量：　　生产车间：　□材料　　□半成品　　日期：

物料编号	品名	规格	单位	单机用量	标准损耗	实际损耗	损耗原因	补发数量	备注

领料人：　　　　　　仓管员：

四、其他表单

1. 物料移动表

表 4 – 8 物料移动表

TO：生产部

CC：仓库 日期： 年 月 日

顺序	编号	品名	数量	移动日	移动场所	备注
1						
2						
3						
……						

说明：（1）需有双方主管的签名才有效；

（2）需注明转移具体时间，计算机系统按此时间记录。

主管： 责任人：

2. 线上原料不良记录清单

表 4 – 9 线上原料不良记录清单

来料批号	检验批号	物料编号	来料性质	生产日期	不良品数量

合计：

3. 自检表

在进行现场物料管理时，自我检查进行了哪些工作，是否存在不足之处需要改进。

表 4－10　　　　　　　　　　　自检表

序号	检查要点	是√否×	改进
1	是否制定了相关的方法、制度等，规范具体的领料作业		
2	是否要求领料人在领取、搬运物料时，尽量使用工具，减少搬运次数		
3	我了解现场物料的使用情况，并监督作业人员有效、节约使用物料		
4	是否设置暂时存放区，对不用物料进行封存保管		
5	对于生产结束后的剩余物料，我会配合仓库处理		
6	我了解物料特采的一般情形，并将可特采与不可特采严格区分		
7	对于生产线上的物料质量问题，我会及时处理，并做好统计分析		
8	作业人员进行教育培训，使其按规定定额使用生产辅料		

第五章　现场环境管理

环境改善与控制

一、影响工作环境的人的因素

工作环境是"工作时所处的一组条件"。现场的工作环境是人和物两因素的组合。

（1）发挥所有员工潜能的创造性的工作方法和更多的参与机会。

（2）安全规则和指南，包括防护设备的使用。

（3）人体功效学。

（4）组织的员工所使用的特殊设施。

二、影响工作环境的物理因素

（1）热、光、空气。

（2）振动、噪声、湿度。

（3）污染、卫生、清洁度。

环境管理是生产现场管理的一项重要的基础工作，它是指在现场管理中，要按照现代工业生产的客观要求，为生产现场保持良好的生产环境和生产秩序。例如，有的企业为了保证产品质量，进车间必须换上洁白的工作服和拖鞋；为了保证产品质量和提高效率，半成品、零部件的盛放必须使用专门的工位器具，等等。其对立面就是"生产不文明"，车间生产现场"脏乱差"，管道到处"跑、冒、滴、漏"，甚至于"野蛮生产"，违反安全规程和操作规程，使人身安全得不到保障，设备使用过度磨损，产品质量低劣等。

环境是一种生产力，好环境能够潜移默化，使客户有信心，员工有归属感，创造一流企业的形象。

三、工作环境改善和控制的意义

1. 塑造良好形象，增强客户信心

一个乱糟糟的现场，难以吸引顾客，难以使人相信你的产品质量。

2. 保持产品质量，提高工作效率

作业环境对产品质量的影响是不可忽视的，在朝鲜战争期间，美军的16万台电子通信设备，更换的电子元器件超过了100万个，雷达故障率达84%，潜艇侦测仪故障率达48%，很多设备不能正常使用，每年由此花的维修费用，超过原造价的两倍以上。这些严重情况引起了美国政府的重视，调查结果表明：三分之二的原因是由于电子器件损坏，而电子器件损坏的主要原因是在生产过程中，器件受到了导电或不导电的微粒污染，造成极间短路或工作参数改变所致。

工作环境的优劣与现场工作人员的精神状态、工作积极性、身心健康有着密切的关系。有一个好的工作环境、工作效率就高，工作中就不易出差错，工作人员也不易疲劳。反之，工作效率就低，工作中易出差错，容易产生疲劳。国外有专家曾经做过一个试验。试验分两个试验组，一组试验者的作业环境比较恶劣，噪音达85分贝以上，通风设备又差，光线主要采用自然光，随天气好坏变化；另一组试验者的作业环境则大大改善，安装了通风、空调设备，室内保持恒温，采用了降低噪音的措施，室内光线的明暗可以自由调节。试验结果显示，第二组试验者作业效率比第一组试验者高出很多，且第二组试验者所生产的次品及不合格品也更少。

3. 符合有关社会要求，保障员工健康安全

社会要求主要有：劳动保护法、环境保护法。

四、工作环境分类及管理

1. 环境表现形态分类

从形态上可分为：软环境和硬环境。软环境是指在工作场所中人际关系，包括同事之间、下级之间、上级之间三种基本关系。硬环境是指在工作场所中，人、物、场所和管理之间的关系。软环境往往是潜在的看不见的状态，

需要我们深入其中才能体验感觉。硬环境是显在的看得见的状态，我们一走进工作场所就能感受到触摸到。软环境有时比硬环境更重要，软环境不好，硬环境再好，员工不满，跳槽、流失现象仍会增多。本章着重讨论硬环境。

2. 环境影响对象分类

（1）工艺环境及管理

从工艺角度为保证产品质量而提出的环境要求，包括作业现场的强度、湿度、噪音干扰、振动、照明、室内净化和现场污染等环境参数。

工艺卫生控制方法如下。

①消除破坏工艺卫生的污染源。破坏工艺卫生的污染源，主要来自劳动者本身，如不换工作鞋等。

②建立工艺卫生检验手段、检查、监测制度。

③严格按照工艺卫生要求进出工作场所。

（2）劳动保护环境及管理

从保护职工身心健康、安全的角度提出的环境要求，企业应找出和研究消除工作过程中的有害因素，预防伤亡事故、职业病和职业中毒的发生，保护职工安全健康的措施。

（3）环境保护管理

①贯彻环境保护法

②污染治理

污染治理应坚持预防为主，防治结合，行政、经济、法律手段共同使用，综合利用，化害为利原则。其内容为废水、废气、废渣、噪声等的治理。

③资源利用

④贯彻 ISO 14001 环境管理体系标准

该标准规定了组织建立、实施、保持和改进环境管理体系的基本模式，目的是支持环境保护和污染预防，协调它们与社会需求和经济需求的关系。按照 ISO 14001 标准所建立的环境管理体系，是以环境因素为基础，着眼于持续改进，重视污染预防和生命周期分析，突出最高管理者的承诺和责任，强调全员环境意识、全员承诺和全员参与，是一套结构化、系统化、程序化的

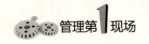

系统工程管理方法。

企业环境管理

现阶段我国环境污染程度还是比较严重的，其根本原因在于多数企业还没有从根本上摆脱粗放经营方式，领导层意识淡薄、技术装备落后、能源及原材料消耗高、资源利用率较低，还没有脱离"先污染、后治理"的末端治理模式、怪圈。

1992年在巴西里约热内卢召开了"环境与发展"大会，183个国家和70多个国际组织出席会议，通过了《二十一世纪议程》等文件。这次大会的召开，标志着全球谋求可持续发展战略的时代开始了。各国政府领导、科学家和公众认识到，要实现可持续发展的目标，就必须改变工业污染控制的战略，从加强环境管理入手，建立污染预防（清洁生产）的新观念。通过企业的"自我决策、自我控制、自我管理"方式，把环境管理融于企业的现场管理和全面管理之中。

一、环境管理体系

国际标准化组织（ISO）于1996年9月推出ISO 14000环境管理系列标准。出台该系列标准主要是基于两方面原因：一是人类对自身生存环境的关注，二是国际社会各类组织、企业对绿色效益的追求。ISO 14000系列标准包括100个标准，包含了环境管理体系、清洁生产等当今世界环境管理领域最新的理念与成果。ISO 14001标准是ISO 14000系列标准中的主体标准，即环境管理体系的标准。它是组织建立环境管理体系的依据，也是第三方认证机构审核的依据之一。ISO 14000系列标准顺应了世界经济与环保的发展主流，符合可持续发展思想，为企业微观环境管理提供了一套标准化的模式。1996年，ISO 14000环境管理系列标准被我国等同转化为国家标准。原国家环境保护总局适时组织开展环境管理体系试点认证工作，建立了中国环境管理体系认证制度。贯彻这个系列标准不但能改善国家宏观环境管理，同时也有助于提升企业自身环境形象和有利于企业发展壮大。

　　ISO 14000 环境管理体系系列标准是以改变企业环境绩效为目的的管理体系。ISO 14000 系列标准是一套体现可持续发展思想的先进管理标准，同时也是实施清洁生产的具体方法和手段。实施该系列标准的根本目的是，通过它与贸易的紧密联系，吸引和引导企业自愿建立环境管理体系并有效实施，提高企业或组织的环境管理水平，减少污染物的产生与排放，合理利用能源、资源，最终改善区域环境质量状况。当前不少企业需要根据 ISO 14000 新版系列标准要求建立、转换、实施环境管理体系和开展认证工作。同时，为提高内部环境管理体系审核的有效性，企业迫切需要培训一批掌握新版标准要求的内部环境管理体系审核员。实施环境管理体系系列标准的好处不仅是取得验证以保持产品销售的竞争力及提升企业形象，而且可借此活动来夯实企业内部的基础工作、完善经营机制，建立持续发展的经营基础。在商场购物时，大家可能已注意到很多工业品的外包装上都印有："本产品通过 ISO 9001 质量体系认证"、"本产品通过 ISO 14001 环境管理体系认证"，其目的就是向用户宣传自身管理水平，承诺产品质量及提升企业形象，力求获得社会的认可与赞扬。

　　ISO 14001 标准自 1996 年正式颁布以来，作为系统管理组织环境风险、消除绿色贸易壁垒最有效的工具，迅速在国际社会得到广泛的采用和实施，取得了巨大成就。在此基础上，国际标准化组织在广泛征求各成员国意见后，本着与 ISO 9001：2000 标准兼容的宗旨，对 ISO 14001：1996 版标准进行了完善和修订。ISO 14001：2004 环境管理体系新版标准已于 2004 年 11 月 15 日由国际标准化组织（ISO）正式颁布。修订后的新版标准具有条款清晰、内容要求明确、兼容性强的特点。

　　10 多年来，标准的推行和环境管理体系认证的管理实践证明，ISO 14000 系列标准的实施对于推动我国环境保护工作、促进可持续发展发挥了较大作用。其作用主要体现在三个方面。

1. 促进企业实施可持续发展战略

　　ISO 14000 系列标准强调从加强环境管理入手，促使企业把环境保护纳入其总体方针目标中，考虑其产品或服务的各个环节所包含的环境因素，找出具有重大环境影响的因素，控制并降低其环境负面影响。它促使企业充分使用资源与能源，保证在最低消耗下来完成生产过程，追求有限资源的合理配置。它为企业降低成本、减少废物产生与污染物排放提供了一套系统管理工具。正确实施 ISO 14000 系列标准和环境管理体系认证，有效地推动了我国可持续发展战略的实施，促进了环境与经济的协调发展。

2. 推动清洁生产的发展

清洁生产是走可持续发展之路和使经济与环境协调发展的重要手段。我国《清洁生产促进法》规定，超标和超总量的企业、使用和排放有毒有害物质的企业都必须强制实施清洁生产审核。建立并运行环境管理体系为这一目标的实现提供了制度上的保障。ISO 14001 标准的文本内容特别强调了"预防思想"，即从管理体系的高度强调、贯穿了污染预防的原则。企业实施环保工作中，对污染源点特别应注意污染预防、环境因素识别和评价、运行控制、纠正与预防措施几项具体工作，而不是"先污染、后治理"。按照这一原则建立起来的环境管理系统，推动企业从根本上实现污染预防和环境行为的持续改进，推动了企业开发清洁产品、采用清洁工艺、采用高效设备、综合利用废物的工作。

3. 协调政府职能与企业自主管理的关系

未来的经济是绿色经济、低碳经济，企业要想抢占市场，就必须开发设计、生产出环保产品，并且还要不断提升自身环保形象。ISO 14000 系列标准要求企业将遵守环境保护法律、法规的承诺纳入其环境方针中，作为企业活动的指导思想。这就将环境守法行为变被动执行为主动遵守、变"要我遵守"为"我要遵守"，激发了企业的积极、主动性。

ISO 14000 系列标准国家示范区创建工作，是国际认证标准与中国环境保护工作紧密结合的成功创举。自从 1999 年启动 ISO 14000 系列标准国家示范区创建活动以来，已经批准的 32 个示范区，在科学管理、经济发展、社会进步、环境质量改善、提升区域国际竞争力等方面都发挥了重要的示范作用。创建工作的实施，丰富和充实了开发区环境管理的手段，使开发区、风景名胜区等环境管理由单纯强制指令型逐步向强制指令型和指导参与型相结合的管理方式发展，做到政府管理、企业参与，主动防治。示范区创建活动有益于形成自我约束、自我完善的新机制，对优化资源配置、降低管理成本、提高管理效率、加快开发区及风景名胜区等环境管理国际化进程具有积极的推动作用。

我国政府高度重视环境保护问题，明确要求要以解决危害群众健康和影响可持续发展的环境问题为重点，加快建设资源节约型、环境友好型社会。2006 年，国务院发布《关于落实科学发展观加强环境保护的决定》、全国人大通过的《国民经济与社会发展第十一个五年规划纲要》均确定了主要污染物排放总量 5 年减少 10% 的约束性指标。各地各部门认真贯彻落实中央关于新时期环保工作的部署，层层分解减排指标，大力推进污染防治，加强环境监管，严格环境准入，妥善应对突发环境事件，加强环境能力建设。我国环境保护进入了历史上最好的发展时期。

为了完成"十一五"环保目标，各级环保部门在多方面开展了卓有成效的工作。2006 年，全国共出动执法人员 167 万人次，检查企业 72 万多家，检查工业园区 1900 多个、园区企业近 3 万家，立案 2.8 万件，查处违法企业 4000 多家。在受到查处的企业中，有一些是通过 ISO 14001 标准认证的企业。这说明个别企业并未按照 ISO 14001 环境管理体系标准，未遵守国家的环境法律法规。同时也说明，实施 ISO 14000 系列标准单靠认证认可机制难以保证认证质量。要有效解决此类问题，必须利用现有的环境保护机构和监督管理渠道加以监督，才能保证环境管理体系认证有可靠的质量，降低环境认证风险。

二、清洁生产与环境管理体系

推行清洁生产、有效地利用资源、减少污染物排放，是现代企业环境保护的重要内容。清洁生产以节约能源、降低原材料消耗、减少污染物的排放量为目标，以科学管理、技术进步为手段，达到降低污染防治费用、减少工业生产对人体健康和环境的影响、全面提高企业的综合效益的目的。清洁生产是工业发展的一种目标模式，实施清洁生产又是一项复杂的系统工程。其实质除强调"预防"外，还体现以下两层重要含义。

（1）可持续性。清洁生产是一个不断持续进行的过程。

（2）防止污染物转移。它将大气、水体、土地等环境介质作为一个整体，避免末端治理中污染物在不同介质之间进行转移。

清洁生产最大的生命力在于可取得环境效益和经济效益的"双赢"，它是实现经济与环境协调发展的唯一途径。1993 年 10 月在上海召开的第二次全国工业污染防治会议上，明确了清洁生产在工业污染防治中的地位，"工业污染预防必须从单纯的末端治理向生产过程控制转变，实行清洁生产"。

与其他环境质量标准、排放标准完全不同，ISO 14000 系列标准是自愿性的管理标准。它为各类组织提供了一整套标准化的环境管理方法。它引导企业建立自我约束机制和科学管理行为标准。

清洁生产与环境管理体系均体现了预防为主的思想。两者都是从经济、环境协调可持续发展的角度提出的新思想、新措施，两者相辅相成、互相促进。

随着可持续发展意识的不断提高，人们的价值观念已经发生很大变化。企业的环境行为日益成为社会各界关注的焦点。环境问题的"法制化"、日益严重的资源短缺与环境恶化、公众的环境意识、绿色贸易壁垒等，已给我国企业带来从未有过的困境和极大挑战。但该困境和挑战也是一次机遇，抓住和利用这个机遇，采用与环境相和谐的先进生产方式，构建出适合国情的生产管理模式，企业必然能够打赢一个"翻身仗"，再创辉煌。

三、污水、废水处理方法

通常工业企业将污水、废水进行三级处理，以保护环境和污水回用。

污水、废水的一般处理方法有四种类型。

（1）物理处理法，有沉淀法、过滤法、离心分离法、机械絮凝法等。

（2）物理化学处理法，有吸附法、浮选法、反渗透法、电渗析法、超过滤法等。

（3）化学处理法，有中和法、混凝沉淀法、化学氧化法等。

（4）生物化学处理法，有活性污泥法、过滤池法、生物塘法等。

生产作业环境检测

一、生产作业环境检测流程

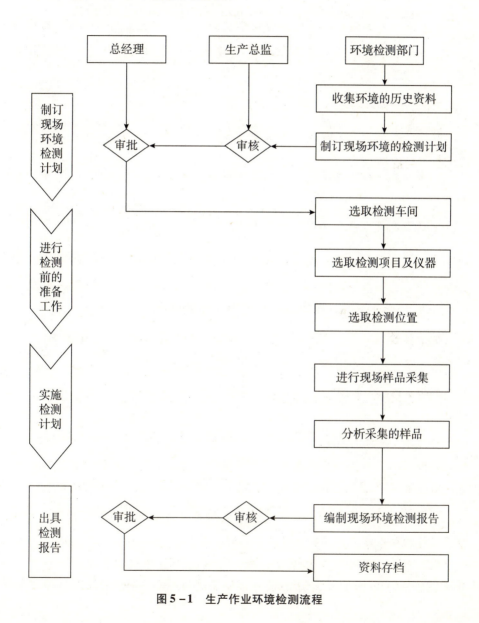

图 5 - 1 生产作业环境检测流程

二、生产作业环境检测制度

以下为某企业生产作业环境检测制度示例。

第1章 总 则

第1条 为加强对公司生产作业环境的管理，规范生产作业环境的检测行为，为从事生产作业的员工创造一个健康、良好的工作环境，特制订本制度。

第2条 本制度适用于对公司生产作业环境检测的相关事宜。

第3条 根据时间的长短与具体情况的差别，对作业环境的检测可分为以下三种方式。

1. 长周期测试，主要评估个人在有害环境下在给定时间间隔内的平均暴露情况。

2. 连续测量，探测高浓度有害物质的短期暴露情况。

3. 快速测量，针对已知确切的暴露时间点马上进行测量。这种检测方式适用于急性危害。

第2章 环境检测部的权责

第4条 对公司生产作业环境检测的相关事宜由环境检测部负全责。

第5条 环境检测部出具的环境检测报告关系到公司生产决策与生产计划的编排。因此，环境检测报告应有客观的数据作为支撑，确保真实、客观、科学。

第6条 环境检测部作为公司在环境检测方面的权威部门，应保持自身的独立性，不偏不倚，只以客观事实说话。同时，任何人无权干涉环境检测工作的实施。

第7条 环境检测部应根据本公司的历史数据与现实状况，定期提出对作业环境的改善方案，供相关领导决策时参考。

第8条 环境检测部在保证自身工作顺利完成的同时，肩负对生产人员进行防范环境危害、面对环境危害时如何应急处理等相关内容的培训职责。

第9条　对于未检测出而事实发生的潜在的慢性危害事故，由环境检测部负全责。

第3章　采集有害因素的样品

第10条　进行现场调查和对工人工作情况的写实。

1. 在进行有害因素样品采集时，采集人员应在明确工作场所工人的工种和人数、每种工种实际工作的情况之后，确定样品采集的对象和采集点以及样品采集的时间段和采集方法。

2. 对于流动性比较强的工作，在采集样品前还应该对各个工种的工人流动地点、所进行的操作和所接触有害因素的状况进行详细的记录。

3. 环境检测人员在进行样品采集时，必须记录当天的生产情况、工人的工作情况以及工人使用防护用品的情况，确保采集样品的科学性和结果的客观性。

第11条　按照职业卫生标准的要求进行采样。

1. 环境检测人员在进行样品采集时，必须按照职业卫生标准的要求进行，不得擅自降低标准。

2. 环境检测人员应该根据作业现场的情况决定是否进行监测。

（1）如果作业现场有害因素浓度的变化不大，可以不监测。

（2）如果作业现场有害因素浓度的变化较大，必须在浓度变化大的地点和浓度最高的时间段进行采集。

第12条　选择合适的样品采集方法。

环境检测人员进行样品采集时，必须在工人的工作时间内，通过现场调查以确定其可能接触有害因素浓度最高的时间段，并分别进行多次样品采集，保证样品的代表性、科学性。

第13条　选择合适的采样仪器。

环境检测人员采集样品时，应根据实际样品采集所需要的流量选择样品采集仪器。

第14条　校正采样流量。

在长时间的样品采集中，应在采样前和采样后分别进行流量校正，分别

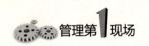

记录流量，防止出现偏差。

第 15 条 将样品与空白对照样品进行对照。

在样品采集中，空白对照样品应与样品进行同时操作，同时储存与运输。

第 16 条 详细记录采样时间。

1. 采样中，应在采集样品的同时，记录具体的采集时间（要求具体到几时几分几秒），不能笼统注明样品的采集日期。

2. 样品采集的时间采用 24 小时制记录法。

第 4 章 作业环境检测的管理

第 17 条 环境检测部应不间断地收集本公司生产作业环境的资料，分析整理后编制定期的检测计划，并报生产总监、总经理审核审批。

第 18 条 环境检测部在检测生产作业环境时，必须采用标准的检测方法与规范的检测设备，在一般情况下不允许凭经验进行判断，必须有科学的依据。

第 19 条 环境检测部应施行 24 小时值班制，保证任何时候都可以进行检测工作，主管领导与值班领导的手机保证 24 小时开机，以应对突发的问题。

第 20 条 作业环境的检测是一项长期性的工作，对于已经被控制的危害因素，环境检测部也应该定期派专人进行复查，以防止被控危害因素的再次出现。

第 21 条 作业环境检测资料由环境检测部指定专人进行保管，其记录的数据将作为制订环境检测工作计划与环境改善方案的依据，不得随意销毁。

第 5 章 附 则

第 22 条 本制度由公司环境检测部制订，其解释权、修改权归环境检测部所有。

第 23 条 本制度经总经理办公会议审议后，自颁布之日起实施。

现场环境布置与整理

一、布置作业现场

现场环境的管理就是要确保有一个干净、整洁、有序的作业环境，保证生产任务能迅速、正确完成，又能保证作业人员的健康，达到和谐生产的目的。

作业现场布置的好坏直接影响人员的作业效率，甚至影响现场的安全。所以现场管理者要从影响作业的各种因素出发，做好作业环境的布置。图5-2对现场布置的关键点进行简要说明。

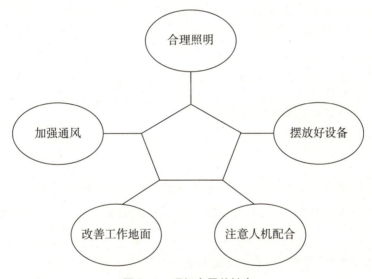

图5-2 现场布置关键点

1. 合理照明

合理照明是创造良好作业环境的重要措施。如果照明安排不合理或亮度不够，会造成操作者视力减退，产品质量下降等严重后果。所以在生产现场要确定合适的光照度，具体的要点如下。

（1）采用天然光照明时，不允许太阳光直接照射工作空间。

（2）采用人工照明时，不得干扰光电保护装置，并应防止产生频闪效应。

除安全灯和指示灯外，不应采用有色光源照明。

（3）在室内照度不足的情况下，应采用局部照明。照明光源的色调，应与整体光源相一致。

（4）与采光的照明无关的发光体（如电弧焊、气焊光及燃烧火焰等）不得直接或经反射进入操作者的视野。

（5）需要在机械基础内工作（如检修等）时，应装设照明装置。

2. 加强通风

加强通风是控制作业场所内污染源传播、扩散的有效手段。经常采用的通风方式有局部排风和全面通风换气。

局部排风，即在不能密封的有害物质发生源近旁设置吸风罩，将有害物质从发生源处直接抽走，以保持作业场所的清洁。

全面通风换气，即利用新鲜空气置换作业场所内的空气，以保持空气清新。

3. 摆放好设备

各种机器设备是作业的重要工具，由于其占据区域较大，所以必须要合理布局，并摆放好。具体的操作要点如下。

• 工艺设备的平面布置，除满足工艺要求外，还需要符合安全和卫生规定。

• 有害物质的发生源，应布置在机械通风或自然通风的下风侧。

• 产生强烈噪声的设备（如通风设备、清理滚筒等），如不能采取措施减噪时，应将其布置在离主要生产区较远的地方。

• 布置大型机器设备时，应留有宽敞的通道和充足的出料空间，并应考虑操作时材料的摆放。

• 各种加工设备要保持一定的安全距离，既保证操作人员具有一定的作业空间，又避免因设备间距过小而产生安全隐患。

4. 改善工作地面

工作地面即作业场所的地面，在进行现场布置时，必须保证地面整洁、防滑，具体的改善要点如下。

• 工作地面（包括通道）必须平整，并经常保持整洁。地面必须坚固，能承受规定的荷重。

●工作附近的地面上，不允许存放与生产无关的障碍物，不允许有黄油、油液和水存在。经常有液体的地面，不应渗水，并设置排泄系统。

●机械基础应有液体贮存器，以收集由管路泄漏的液体。贮存器可以专门制作，也可以与基础底部连成一体，形成坑或槽。贮存器底部应有一定坡度，以便排除废液。

●工作地面必须防滑。机械基础或地坑的盖板，必须是花纹钢板，或在平地板上焊以防滑筋。

5. 注意人机配合

人是现场作业的主导，所以在现场布置中，不仅要将各种机器设备布置好，还应注意人、机结合，充分提高效率。

具体在实施人机配合时，应做好以下工作。

●工位结构和各部分组成应符合人机工程学、生理学的要求和工作特点。

●要使操作人员舒适地坐或立，或坐立交替在机械设备旁进行操作，但不允许剪切机操作者坐着工作。

●合理安排人员轮班，保证作业人员得到充分的休息。

二、现场整理

整理，就是清除现场不需要的物品，腾出更多的空间来管理必要的物品，从而节省寻找物品的时间，提高现场工作效率。

1. 确定整理标准

现场存在的无用物品既占据大量的空间，又造成了资源浪费。所以必须确定要与不要的标准，使现场人员能正确地进行区分。

2. 现场检查

在确定了要与不要的判断标准后，就应组织人员进行全面的现场检查，包括看得见和看不见的地方，尤其是容易忽略的地方，如墙角、桌子底部、设备顶部等。

3. 区分必需品和非必需品

根据相应的判断标准，对现场的各种物品进行区分，并将各种需要处理的物品进行分类，等待处理。对于区分后的非必需品要贴上红牌，标明该物品需要进行清理。

（1）红牌制作

贴红牌是为了使各种非必需品能醒目显示，具体的制作要点如下。

● 可使用红色纸、红色贴着胶带、用自粘贴纸重复使用、红色圆形贴纸等。

● 在红牌上写明贴附理由及作记录。

● 将物品的类别、名称、编号、数量、日期等一一列明。

（2）贴红牌

对于各种非必需品要坚决贴上红牌，而且不能漏掉任何一件物品。贴上红牌以后，应制作一览表（见表5－1），以区分各种不同物品。

表5－1　　　　　　　　　　红牌物品一览表

编号	名称	数量	单价	金额	分类	备注

4. 清理非必需品

清理非必需品，要看物品现在有没有"使用价值"，而不是原来的"购买价值"，同时注意以下要点。

● 对暂时不需要的物品进行整理时，如不能确定今后是否还会有用，可根据实际情况来决定一个保管期限。等过了保管期限后，再将其清理出现场。

● 如果非必需品有使用价值，但可能涉及专利或企业商业机密应按企业具体规定进行处理。如果只是一般的物品，则可将其分类并考虑折价出售。

● 如果非必需品没有使用价值，可视具体情况进行折价出售处理。

三、整顿

整理的主要目的是清除现场的非必需品，而现场的有序还需进行整顿来实现。整顿就是将现场必需的物品进行定位、标示，以使其容易取用和放回。

1. 物品分类

根据物品各自的特征，把具有相同特点、性质的物品划为一个类别，并制定标准和规范，为物品正确命名、标示。

2. 做好物品定置

物品的存放通常采用"定置管理"，即对现场的人、物进行综合分析，并进行具体的定置。

3. 做好标示

在实施定置后，对现场的物品、设备等必须进行标示。具体的标示要点如下。

●制作现场示意图，并在图上标明各物品、设备、作业台等，做到一目了然。

●现场的不同区域要挂上标示牌，可使用塑料标牌。

●各种作业台、设备等都要使用标示牌，以便进行区分。

四、清扫

清扫将是将作业场所彻底清扫干净，保持现场的整洁。

1. 准备工作

在清扫前，要就清扫的区域、清扫要求等对现场人员一一讲明，并重点对清扫中的安全注意事项进行说明。

2. 明确清扫责任

对于清扫，应该进行区域划分，实行区域责任制，具体到个人。所以针对清扫活动应制定相关清扫基准，明确清扫对象、方法、重点、周期、使用工具等。

3. 清扫地面、墙壁和窗户

在作业环境的清扫中，地面、墙壁和窗户的清扫是必不可少的。在具体实施清扫时，要将地面的灰尘、垃圾，墙壁上的污渍，天花板的灰尘，角落的蜘蛛网等都清扫干净。窗户应擦洗干净。

4. 清扫机器设备

设备一旦被污染，就容易出现故障而影响正常的生产活动。所以要定期地进行设备、工具的清扫，并与日常的点检维护相结合。

具体的清扫要点如下。

- 不仅要清扫设备本身，还应清扫其附件、辅助设备。
- 重点检查跑、冒、滴、漏现象的部位。
- 注意检查注油口周围有无污垢和锈迹。
- 查看设备的操作部分、旋转部分和螺丝连接部分有无松动和磨损。

5. 查明污垢的发生源

即使每天进行清扫，油渍、灰尘和碎屑还是无法杜绝，要彻底解决问题，还需查明污垢的发生源，从根本上解决问题，具体应从以下事项做起。

- 在搬运碎屑和废弃物时要小心，尽量不要撒落。
- 在搬运水、油等液体时，要准备合适的容器。
- 在作业现场，要仔细检查各种设备，查看是否有跑、冒、滴、漏现象。
- 做好日常清扫，对有黏性的废物如胶纸、不干胶、发泡液等，必须通过收集装置进行收集，以免弄脏地面。
- 实施改善活动，在容易产生粉尘、喷雾、飞屑的部位，装上挡板、覆盖等改善装置，将污染源局部化，以保障作业安全及利于废料收集，减少污染。

6. 检查清扫结果

清扫结束之后不能忽视检查工作，在检查是否干净时，可采用"白手套检查法"。即双手都戴上白色干净的手套（尼龙、纯棉质地均可），在该检查对象的相关部位来回刮擦数次，根据手套的脏污程度来判断清扫的效果。

环境管理体系标准（ISO 14000）

一、概述

随着社会、经济的发展，工业化、城市化进程的逐步加快，人类赖以生存和发展的环境正发生着急剧的变化，承受着前所未有的压力。许多环境问题跨越国界、不分地区，已是构成威胁人类生存，制约经济发展的重要因素。环境与发展已成为全人类不同国家、不同肤色、不同意识形态共同关注的热点。

有关环境问题的国际活动也日益频繁。从 1972 年联合国在瑞典斯德哥尔摩召开的第一次人类环境大会，到 1992 年在巴西里约热内卢的环境与发展大会，从《人类环境宣言》到《二十一世纪议程》，都体现了环境问题在国际社会中的特殊重要性。环境保护组织也越来越活跃，通过积极参与国际事务，开展宣传活动，人们的环境意识普遍得到了提高，20 世纪 90 年代以后环境标志已在全世界许多国家实施，目前"绿色"已成为世界的流行色。

企业为适应这种不断发展的"绿色"需要，开始将环境保护作为企业形象宣传、加强市场竞争的一个重点。他们使用绿色作为产品的包装，用绿色书写企业的名称与品牌，开发绿色产品；运用产品生命周期分析的方法来比较产品的环境性能；推广清洁生产技术；通过建立企业环境管理体系来改善企业的环境行为。这一切成为了 ISO 14000 环境管理系列标准的基础。

ISO 14000 系列标准是在此基础上，总结了近年来环境管理领域的最新发展成果，由国际标准化组织（ISO）制订的环境管理系列标准。20 世纪 90 年代初的 ISO 14000 环境管理体系审核和 20 世纪 70 年代末产生的环境标志，这两套制度将企业的产品环境性能、企业的环境管理与消费市场联系起来，从而达到了社会、经济、环境三种效益的最佳结合。

二、ISO 14000 原则和要素

从 1993 年 6 月到 1996 年 10 月 1 日国际环境管理委员会（ISO/TC 207）先后制订并颁布了 ISO 14000 环境管理系列标准。我国 1995 年 5 月正式成立全国环境管理标准化技术委员会（SAC/TC 207），并从 1996 年开始等同采用 ISO 14000 环境管理系列标准，陆续颁布了 GB/T 24000—ISO 14000 环境管理系列国家标准。

ISO 14001：1996《环境管理体系—规范及使用指南》和 ISO 14004：1996《环境管理体系—原则、体系和支持技术通用指南》是环境管理体系标准的主

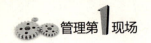

体标准。ISO 14001：1996 标准规定了对环境管理体系的要求，可指导组织实施环境管理，同时还可作为对环境管理体系进行内、外部审核的依据。ISO 14004：1996 标准对环境管理体系要素进行了阐述，对实施或加强这样一个体系提供了切实可行的建议，为组织建立和实施环境质量管理体系提供了指南。

环境管理体系运行模式见图 5 - 3。图中体现了环境管理体系的要求：承诺和方针（环境方针）、规划、实施、监测与评价、评审和改进。

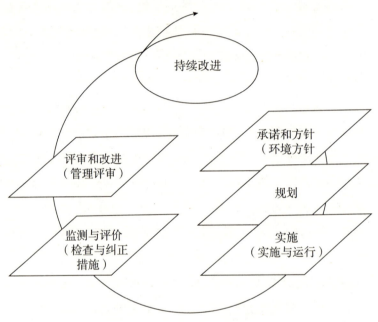

图 5 - 3 环境管理体系运行模式

根据以上要求，最好将环境管理体系视为一个组织框架。它需要不断监测和定期评审，以适应变化着的内、外部因素，有效引导组织的环境活动。组织的每一名成员都应承担环境改进的职责。

1. **承诺和方针（环境方针）**

环境方针为组织确定了总的指导方向和行动原则，为组织的环境职责和绩效标准设定了目标，并以此作为评判一切后续活动的依据。环境方针内容依组织的性质而定，除遵守环境法规外，还可作如下承诺：通过对新开发项目实施一体化的环境管理与规则，最大限度地降低它所造成的重大有害环境影响；制订环境绩效评价程序和有关的指示参数；体现生命周期思想；对产

232

品的设计要能够最大限度地减少生产、使用和处置过程中的环境影响；预防污染，减少废物和资源（材料、燃料和能源）消耗，承诺进行回收和循环，而不是只要方便即行处置；教育和培训；共享环境方面的经验；相关方的参与和与他们的信息交流；为可持续发展而努力；鼓励供方和承包方采用环境管理体系标准。

2. 规划

一个组织应为实现其环境方针制订规划。与规划有关的环境管理体系要素包括：环境因素的确定和相关环境影响的评价；法律要求；内部绩效标准；环境目标和指标；环境计划和管理方案。

（1）环境因素的确定和相关环境影响的评价

确定环境因素是一个不断发展的过程，它要判定组织的活动对环境的影响（积极的或消极的），包括过去的、现在的和潜在的影响。这一过程还包括确定对组织有影响的法律、法规和经营要求。此外，还可以包括确定对健康和安全的影响以及环境风险评价。

（2）法律和其他要求

组织应确定它的活动、产品或服务中环境因素的适用法律，以及它应遵守的其他要求，并建立获取这些法律和要求的渠道。

（3）内部绩效标准

一个组织需要使用内部绩效标准的领域可有：管理体制、员工的职责、供方、承包方、产品管理、意外环境事件的反应和准备、环境意识和培训、环境监测和改进、过程风险的降低、污染预防和资源保护、基本建设项目、工艺更改、有害材料的管理、废物管理、水管理（如废水、暴雨、地下水管理）、空气质量管理、能源管理、运输。

（4）环境目标和指标

组织应制订符合环境方针的目标。这些目标构成环境方针所确定的环境绩效的总体目标。制订目标时，还应考虑与之相关的环境评审结果、所确定的环境因素及其环境影响。

目标中可包含下述承诺：

- 减少废物和降低资源消耗；

- 减少或杜绝向环境排放污染物质；
- 对产品的设计，应考虑减少生产、使用和处置中的环境影响；
- 控制原材料来源的环境影响；
- 尽量减少新开发项目所造成的重大有害环境影响；
- 提高员工及公众的环境意识。

随后，可设立环境指标，以便在规定的时间内实现这些目标。通常可使用环境绩效指示参数来测量环境目标的实现程度。如下所示：

- 原材料或能源使用量；
- 废气排放量（如 CO_2 等）；
- 单位产量的成品所产生的废物；
- 材料和能源的使用效率；
- 意外环境事故（如偏离限定值）的次数；
- 环境事故（如计划外的排放）的次数；
- 废物再利用率；
- 包装材料中再循环利用材料的含量；
- 单位产量所需的运载里程数；
- 特定污染物，如 NO_x、SO_2、CO、HC、Pb、CFC 等的数量；
- 环境保护投资；
- 诉讼次数；
- 为野生动物栖息预留的土地面积。

(5) 环境计划和管理方案

一个组织对其活动进行总体规划时，应制订环境管理方案，规定如何实现它的全部环境目标。只有将环境管理规划有机地纳入组织的战略计划，才能发挥其最大作用。环境管理方案应确定实现组织环境目标和指标的时间表、资源和职责。

3. 实施（实施与运行）

为便于进行环境管理，必须建立并保持一定的运行程序和控制，并加以实施，从而确保实现组织的环境目标。

实施与运行的内容主要包括：建立环境管理机构和明确职责；建立并保

持一套环境保护的程序；对环境产生重大影响的所有人员都要经过相应培训；编制环境管理体系文件；确定与所认定的重要环境因素有关的运行与活动；确立应急准备与响应等。以下着重介绍环境管理体系文件的编制和应急准备与响应的内容。

（1）环境管理体系文件的编制

组织应规定环境运行过程和程序，并形成文件，必要时予以更新。对建立并规定有效的运行程序和运行控制的各种类型的文件，组织应有明确的界定。

环境管理体系文件的建立，有助于员工认识自己为实现组织的环境目标所应承担的责任，并使组织能够据此评价体系及环境绩效。

文件的性质因组织的规模和复杂程度而异。环境管理体系要素与组织的全部管理体系结合时，环境文件也应纳入现行文件之中。为便于使用，组织可考虑编制并保持一份文件摘要，其内容包括：环境方针、目标和指标；实现环境目标和指标的方法；关键任务、职责和程序的文件；有关文件的查阅途径，必要时包括组织管理体系其他要求的介绍；证实组织已实施了环境管理体系。

（2）应急准备与响应

组织应制订应急计划和程序，以确保对意外事故作出适当的响应。应急计划可包括：应急工作组织及相应职责、关键人员名单、应急服务信息（如消防部门、清污服务等）、发生不同类型的紧急事故时应采取的相应应急措施、培训计划和有效性试验等。同时，应建立并保持处理环境事故和潜在紧急情况的程序。必要时，运行程序和控制应考虑：事故性废气排入大气、事故性废水排入水体和土壤、异常运行条件、事故性排放对环境和生态系统的具体影响等。

4. 监测与评价（检查与纠正措施）

监测和评价是环境管理体系的关键活动。它确保组织根据规定的环境管理方案开展工作。

（1）监测（现行绩效）

在管理体系的运行过程中，应有一套体系用于监测组织的环境目标和指标的实际环境绩效，其中包括对遵循环境法律和法规的评价，对结果作出分析，确定哪些活动是成功的，哪些活动需要采取纠正措施和予以改进。

（2）纠正和预防措施

对环境管理体系进行监测、审核和其他评审，发现的问题、结论和建议应形成文件，并确定必要的纠正和预防措施。

环境管理体系的记录和信息管理。记录是环境管理体系连续运行的证据，其中应包括如下内容：

- 法律和法规要求；
- 环境因素和有关的环境影响；
- 环境培训活动；
- 检查和维护活动；
- 监测数据；
- 违章情况：事故、投诉和后续措施；
- 产品标识：成分和性状数据；
- 供方和承包方信息；
- 环境审核和管理评审。

5. 评审和改进（管理评审）

应对环境管理体系进行定期审核，以确定体系是否符合计划的安排，是否已适当地实施和保持。

环境管理体系审核可根据组织决定，由其内部和（或）外部人员来执行。无论由内部还是外部人员进行审核，都应做到客观公正。同时，他们还应经过适当的培训。

此外，一个组织应以改进总体环境绩效为目标，评审并不断改进其环境管理体系，使环境管理体系处于一个持续改进的过程中，以实现对环境绩效的全面改进。

（1）环境管理体系评审

组织的管理者应适时评审环境管理体系，以确保其持续的适用性和有效性。

环境管理体系的评审范围应足够广泛，能覆盖组织的全部活动、产品或服务的各个环境方面，包括它们对财务绩效和竞争地位的可能影响。

环境管理体系评审的内容包括：对环境目标、指标和环境绩效的评审；环境管理体系审核意见；对体系有效性的评价；对环境方针适用性和需要作出的更改进行评价；法律的变化；相关方愿望和要求的变化；组织的产品或活动的变化；科学技术的进步；从环境事故中得到的教训。

（2）持续改进

环境管理体系体现了持续改进的思想。根据环境方针、目标和指标，对环境绩效进行持续的评价，寻找改进的机会，从而实现持续改进。持续改进的过程如下：

- 确定改进环境管理体系的机遇，确定环境改进绩效；
- 找出造成违章或存在漏洞的根源；
- 针对根源，制订并实施有关纠正和预防措施的计划；
- 验证纠正和预防措施的有效性；
- 如过程改进引起程序变更，应形成文件；
- 对照目标和指标进行比较。

清洁生产管理

一、清洁生产概述

所谓清洁生产（Cleaner Production），是指不断采取改进设计、使用清洁的能源和原料、采用先进的工艺技术与设备、改善管理、综合利用等措施，从源头上削减污染，提高资源利用效率，减少或者避免生产、服务和产品使用过程中污染物的产生和排放，节约资源、能源；同时，削减污染的源头，减少末端治理的费用，减少二次治理。清洁生产，最大限度地替代了有毒的产品、有毒的原材料和能源，替代了排污量大的工艺和设备，改进了操作技术和管理方式。

清洁生产产生于 20 世纪 70 年代，在工业领域得到广泛应用。清洁生产的目标是节省能源，降低原材料消耗、减少污染物的产生量和排放量。清洁生产的基本手段是改进工艺技术，强化企业管理，最大限度地提高能源的利用水平。清洁生产的主要方法是排污审计和项目改造，即通过审计发现排污部位、排污原因，并筛选消除或减少污染物的措施。清洁生产的内容主要包括清洁的能源、清洁的生产过程和清洁的环境三大方面。清洁生产的终极目的是保护人类与环境，提高企业的经济效益，即用清洁的能源、原材料，清洁工艺及无污染、少污染的生产方式，实施严格的管理措施，生产清洁的产品。

二、清洁生产管理模式及其内容

清洁生产管理模式不但是一种效益型的生产模式，而且也是一种环保型的生产模式。清洁生产管理模式的实施，无疑会改变出现污染后再治理的传统的环境污染治理方式，促使所有的生产经营单位将污染控制纳入整个生产经营过程，实现环境污染的全程治理。这样，必然会大大降低环境污染，环境质量也可由此而得到极大的改善。

清洁生产的管理模式内容除包含传统生产管理模式内容外（产品选择、工厂设施、技术水平、协作化水平、劳动力计划、质量管理、生产计划与物料控制和生产组织），还包括如下内容。

（1）源头削减控制。尽量少用、不用有毒有害的原料；节约原料，少用昂贵和稀有的原料；利用一次资源作原料；物料的替代；物料的再循环等。

（2）清洁能源控制。新能源的利用；常规能源的清洁利用；可再生能源的利用；节能技术。

（3）清洁生产全过程控制。减少生产过程中的各种危险因素；使用少废、无废的工艺和高效的设备；减少无害、无毒的中间产品；使用简便、可靠的操作和控制；建立良好的卫生规范（GMP）、卫生标准操作程序（SSOP）和危害分析与关键控制点（HACCP）等。

（4）清洁产品控制。产品在使用过程中以及使用后不会危害人体健康和生态环境；易于回收、复用和再生；合理包装；合理的使用功能和使用寿命；易处置、易降解等。

（5）末端治理。对废弃物进行处理和回收，提高资源的重复利用率。

（6）循环与再利用。上一家工厂的废物作为下一家工厂的原料使用等。

三、清洁生产的方法

1. 采用环保材料

产品是否采用环保性的材料对产品从设计、采购、生产、销售、使用、维护到废弃的整个生命周期都将会产生影响。因此，从设计阶段就采用环保材料是清洁生产的关键。

（1）符合 ROHS 指令的清洁生产

欧洲议会及理事会于 2003 年 1 月提出 ROHS 指令，ROHS 指令是《电气、电子设备中限制使用某些有害物质的指令》（the Restriction of the use of certain Hazardous Substances in electrical and electronic equipment）的英文缩写，欧盟成员国于 2006 年 7 月 1 日起强制实施，禁止含有铅（Pb）、镉（Cd）、汞（Hg）、六价铬（Cr^{6+}）、多溴联苯（PBBs）、多溴联苯醚（PBDEs）作阻燃剂的电子、电气产品进入欧盟市场，因此必须生产符合 ROHS 指令等强制性标准的产品。

（2）符合环保要求的清洁生产

从企业所承担的社会责任出发，除了符合 ROHS 指令等强制性标准，同时还要考虑生产过程中以及产品使用和维护过程中的环保性，逐步淘汰对环境有毒有害的传统材料，改用对环境无害的环保材料。

2. 减少环境危害

除尽可能采用环保材料外，还要通过改善工艺、循环再利用等方式，控制有毒有害工序对生产环境或自然环境的污染程度，减小生产过程中产生的废弃物排放，如油污、化学品、金属杂质等废弃物，这样不但能降低对环境的危害，保护员工的职业健康，而且能节约材料，提高经济效益。

现场环境改善措施

2001 年，社会责任国际组织（简称 SAI）制定和颁布了一套以保护劳动环境和条件、劳工权利等为主要内容的新兴管理标准体系"社会责任 8000"

（简称 SA8000），规定了企业应当承担的社会责任，对员工工作环境、健康与安全、培训、薪酬、工会权利等具体问题规定了最低标准，通过确保供应商所供应的产品符合社会责任标准的要求，保护劳动者的基本权益——即当企业不符合 SA8000 标准的要求、不能正确地承担社会责任时，其产品将不能进入相关国际市场。健康与安全是 SA8000 的重要内容。通过实施清洁生产改善，企业可进一步改善自身的形象和声誉，扩大国际销路，获取更大的利益。

改善作业环境、确保员工职业健康是企业的社会责任，也是清洁生产的重要内容。通过有效改善员工的劳动环境和操作条件，减轻生产过程对员工健康的影响，可以为企业树立良好的社会形象，促进公众对其产品的支持，提高企业在国际市场的竞争力。

一、环境高温改善

现场环境高温一般是由于生产工艺过程中有发热源造成的，也有的企业因厂房简陋、夏天阳光直射，又无任何降温措施造成高温。

人在高温环境中长期作业，严重影响工作质量和作业效率，容易出现快速疲劳、头昏眼花、耳鸣、注意力难集中、情绪烦躁不安等情形，甚至出现体力不支、呕吐晕倒等中暑症状，所以改善环境高温是必要的举措。

1. 热源控制

对于有热源的车间，可以通过用满足质量要求的最低温度条件进行生产，或者改用热量散发少的工艺，如用电频间隔加热替代电阻连续加热，还可以将热量及时排至室外，以降低环境温度。对于一层无隔热的简易厂房，可以增设隔热或喷淋设施，减少厂房吸热。

2. 隔离热源

对于无法从源头控制的高温区域，可以通过将作业区与发热区隔离的方式，增设空调等降温措施，调节作业区的环境温度，从而消除高温作业环境。

如某企业生产用干燥炉内部温度为 150℃ ~ 180℃，附近环境温度高达 40℃~50℃，周围员工在高温环境下作业，环境恶劣、劳动强度大、身体健康状况变差，员工情绪大、病假多，给生产组织带来非常大的困难。在班长的积极争取和部门经理的大力支持下，企业在干燥炉附近岗位设置作业房，内设空调，房内温度控制在 27℃左右，员工在作业房内作业，安心投入，作业质量得到保证，请假现象大幅度减少，企业向心力提高。

3. 防暑降温

夏季生产应加强防暑降温工作，如合理调配作业时间，避免高温时段室外作业；减轻劳动强度、增加工休时间，积极为员工创造良好的作业和休息环境；提供电风扇、毛巾、冷饮等必要的降温条件，落实每一位员工的防暑降温物品；切实做好施工现场的卫生防疫工作，预防中暑、中毒、传染病等的发生。

环境高温改善工作要站在爱护员工和提高效率的角度，未雨绸缪、主动规划，积极投入、细致管理，既确保员工健康，又提高企业的凝聚力。

二、环境噪声改善

在工业生产活动中使用机械设备、从事相关的作业都会产生工业噪声。噪声污染属于感觉公害，长期工作在高噪声环境下而又没有采取任何有效的防护措施，必将导致永久性的、无可挽回的听力损失，甚至导致严重的职业性耳聋。因此，职业噪声的危害控制往往是与听力保护工作紧密联系在一起的。

构成噪声污染有声源、声音传播途径与接收者三要素，因此，环境噪声改善可从控制噪声源、隔断噪声传播途径和加强听力保护三方面着手。

1. 控制噪声源

全面测定和分析高噪声区域的噪声源，根据机械运转噪声、机械撞击性噪声、气流噪声等声源特点，通过吸声、消声等措施，从源头上消除噪声的产生。

一般来说，在经济和技术条件可行的情况下，应优先考虑采取工程措施，从声源或传播路径上来降低生产场所的噪声。对于新建、改建、扩建的工厂，则要在筹划阶段就尽可能选用低噪声工艺和设备。

2. 隔断噪声传播途径

对于无法从源头消除的噪声，可利用隔声、隔振、阻尼降噪等方法，如设置隔音墙、隔音房等。

采取工程措施控制噪声源、隔断噪声传播途径，需要一定的经济投入，企业应该从承担社会责任和保护员工职业健康的角度考虑，变事后治理为事前预防，早投入、早受益。

3. 加强听力保护

一般来说，采用工程控制措施或个人防护措施，将人们实际接受的噪声控制在 85 分贝以下（按接收噪音时间每个工作日 8 小时计），噪声对听力所产生的影响就很小了，与此同时，噪声对其他方面的健康影响也将大大减弱。

所以，企业应对员工定期进行听力检查，发给员工适合的护耳器，要求其在高噪声环境中按要求正确佩戴，并对工人定期进行教育培训等，预防噪声造成的职业性危害。

三、环境粉尘改善

生产性粉尘是指在生产过程中产生的能较长时间飘浮在空气中的固体微粒。经常接触生产性粉尘会引起皮肤、耳及眼的疾患，严重时可导致矽肺。长期接触生产性粉尘还可能引起一些其他疾病。因此，改善粉尘环境也是职业病防治的重要内容。

1. 从源头控制粉尘产生

根据粉尘的产生源，采取干式除尘、湿法除尘和悬浮式除尘等技术措施，避免粉尘进入作业环境，或将其对环境的危害降至最低。

干式除尘技术包括旋风除尘、脉冲反吹滤袋（筒）除尘等技术，其中脉冲反吹滤袋（筒）除尘效率可达到 99.99%，基本实现零排放；湿法除尘技术主要利用水的吸附、捕集作用，将粉尘与水充分混合，从而达到清洁环境的目的。

2. 加强劳动防护

对于经过治理仍有一定粉尘危害的作业环境，应该向员工配发口罩、防毒面具等防护用品，并严格要求在粉尘环境中按要求佩戴，将粉尘对人体的危害降至最低。如某铸造车间在铸件成型后需对铸件进行打磨、抛光处理，金属粉尘含量高，为此要求员工在车间必须穿戴口罩、防护面罩、工作帽、围裙、防护袖套、高温手套等，预防铁质粉尘对身体的危害。

坚持"以人为本"，推进粉尘治理，可以大大改善现场作业环境，最大限度地减少工作岗位中粉尘对员工的危害。

四、重体力作业改善

工业生产过程中有少数工序是重体力作业，即需要员工以特定的姿势、克服超负荷重力的重复劳动。重体力作业严重消耗员工体能，长时间从事重体力作业易造成体力透支、过度疲劳，长期来看对身体伤害很大。所以，加强重体力作业改善是保护员工健康的重要方面。

1. 利用机械力取代人力

对于重体力作业岗位，应致力于改善作业方法、降低作业频率、缩短搬运距离、减小搬运重量、调整搬运速度，并尽量以机械力，如利用行车、吊车、叉车、电动葫芦、手动叉车和小推车等代替人力进行作业。

2. 利用重力作用

通过斜面、滑轮等装置，利用物体的重力作用进行物品装卸、移动，从而减小作业劳动强度、降低员工体力消耗。

3. 做好劳动保护

对于从事重体力作业的员工，应根据劳动强度减少工作时间、给予充分休息，休息时间每小时不得少于20分钟；充分供应饮用水及食盐，并采取必要措施指导员工避免重体力劳动的危害；定期对重体力作业员工进行职业健康检查及管理。

第六章　现场安全管理

安全工作基本知识

企业安全工作又称为企业安全技术。它是企业为防止产生人身伤亡和设备事故所采取的管理与技术规定及其实施活动的总称。安全生产是企业的头等大事，安全工作又是一篇很大的"文章"。由于篇幅所限，这里只能突出重点地选择一些企业安全工作最基本的要求进行讲述。

一、安全生产与安全教育

安全生产是指企业在保证安全的前提下进行生产经营的全部活动过程。它要求工业交通各行业在劳动生产过程中，要努力改善劳动条件，克服不安全因素，防止伤亡事故的发生，使劳动生产全过程在保证劳动者安全健康、国家财产及人民生命财产安全的前提下顺利进行。我国是社会主义国家，国家的性质决定了必须要坚持安全生产的方针方向。我国安全生产方针是：安全第一、预防为主、综合治理。全国范围内的企业都必须无条件地贯彻、执行这一方针，毫不动摇。这里强调的"预防为主"是实现安全生产的基础，是指把应办理的、应落实的工作超前实施，做到防患于未然。安全生产要求把工作重点放在预防上，而不是放在事故处理上，要求推行工作转型——变传统的事故处理型为事故预测、预防型。

管生产，必须管安全。安全教育是安全生产的前提，是企业的长期工作。其内涵是对企业职工尤其是新职工进行党和国家安全生产方针、政策宣教，进行劳动保护和安全知识的培训教育。安全生产现况表明，企业安全教育的侧重点应放在新员工三级安全教育和"四新"教育方面。

1. 三级安全教育

三级安全教育是指新入厂的员工在进入工作岗位之前，必须由厂部、车间、班组对其进行上岗前的劳动保护和安全知识初步培训教育，以减少或避免由于缺乏安全技术知识而造成的各种人身伤害事故。

（1）厂级安全教育：是指对新入厂或调换工种、岗位的员工以及合同工、临时工与实习、培训人员等在分配到车间和工作地点之前，由厂部人力资源部门、安全管理部门组织进行的初步安全教育。

（2）车间安全教育：是指对新入厂或调换工种、岗位的员工在分配到车间后，进行的第二级安全教育，由车间主管安全的主任或车间安全员负责。

（3）班组（岗位）安全教育：是指由工段长、班组长对新到岗员工进行的上岗前安全教育。教育内容如下。

①工段或班组的工作性质、任务、工艺流程等概况。

②安全操作规程、安全生产责任制和安全文明生产的具体要求。

③正确使用和保管个人防护用品，掌握自救常识。

④车间内常见的安全标识、安全色和发生过的典型事故案例介绍等。

2. "四新"教育

"四新"教育是指当生产现场采用新工艺、新材料、新产品、新设备时或员工调换工种、岗位时，必须进行新操作方法和新工作岗位的安全培训、教育。该项工作牵头办理单位为生产（设备）技术部门和劳资部门，安全管理部门负责监督检查。

二、基础概念

1. 危险源点

危险源点是指在厂矿区域内，潜伏着较大危险性的机台、岗位和场所。这些机台、岗位和场所引起事故的概率较高，会导致人员人身的伤害、建筑物的破坏或设备的损坏，是企业安全生产重点控制管理部位。

2. 不安全行为

不安全行为主要指如下行为。

- 操作错误、忽视安全、忽视警告。
- 造成安全装置失效。
- 使用不安全设备。
- 用手代替工具操作。

- 冒险进入危险场所。
- 攀、坐不安全位置。
- 在必须使用个人防护用品的作业场合中忽视其作用。
- 不安全装束。

3. 特种作业与特种作业人员

对操作者本人，尤其对他人和周围设施安全有重大危害因素的作业，称为特种作业。直接从事特种作业者，称为特种作业人员。企业内通常有如下12个工种属于特种作业范围：电工作业、锅炉司炉（含水质化验）、压力容器操作、起重机械作业、爆破作业、金属焊接（切割）作业、厂内机动车辆驾驶、建筑登高架设作业、制冷作业、矿山通风作业（含瓦斯监测）、矿山排水作业和省市提出并经国家批准的其他作业。

4. 特种作业人员条件

特种作业人员除国家明文规定的德、智、体必须具备的基本条件外，还要经安全技术培训并需进行考核。经考核合格取得操作证者，方准许独立操作。

三、安全技术常识

1. 机械方面

（1）额定起重量。起重机正常作业时所允许起重物件的最大重量与取物装置的重量之和（吊钩除外）称为起重机的额定起重量。

（2）起重机司机应知应会。它要求起重机司机熟悉所操纵起重机各部位构造和技术性能，操作规程及有关规定，起重机安全要求与安全防护装置性能，起重指挥信号和起重机基本维修知识。

（3）蒸汽锅炉的三大安全附件。它通常指的是安全阀、压力表和水位计三大安全附件。

2. 电气方面

（1）安全电压。为防止触电事故而采用由特定电源供电的电压系列。其额定值分为42V、36V、24V、12V和6V五种，常用安全电压是36V、12V。

（2）接地保护。为防止因电气设备绝缘损坏而使人身遭受触电危险，将电气设备的金属外壳与设备、设施的接地体连接称为接地保护。

（3）接零保护。为防止因电气设备绝缘损坏而使人身遭受触电危险，将电气设备的金属外壳与变压器中性线相连接称为接零保护。

（4）电气设备检修作业保护措施。在停电的电气设备上检修作业，应采取一些技术措施，必须做到：停电、验电、挂地线时采用悬挂标志牌和装设临时遮栏等技术措施。

3. 消防方面

（1）"三懂、三会"。消防上常说的"三懂"是指懂本岗位火灾危险性、懂预防措施、懂扑救方法。"三会"是指会报火警、会使用消防器材、会处理险肇事故。

（2）燃烧。燃烧是放热、发光的化学反应。物质燃烧必须具备三个条件：有可燃物质、有助燃物质、有火源。

（3）灭火基本方法。灭火的基本方法有冷却法、隔离法、窒息法和抑制法四种方法。

①冷却法：把燃烧物的温度降低到其燃点以下，使之不能燃烧。如使用水、二氧化碳灭火器、酸碱灭火器等对降低燃烧物的温度均有一定的冷却作用。

②隔离法：也称拆移法，即拆除、分隔可燃烧的物品，控制火势蔓延。

③窒息法：把燃烧物与氧气隔绝，使火窒息。例如，应用黄砂、湿棉被或泡沫灭火器、四氯化碳灭火器等，都是采用窒息灭火的方法。

④抑制法：采用浸湿的苫布、麻袋或石棉板、钢板等遮盖在火场附近的未燃烧物和易燃物品上，防止火势蔓延。

（4）煤气着火事故抢救。煤气设施着火时，应逐渐降低煤气压力，并通入大量蒸汽或氮气，但设施内煤气压力最低不得小于100Pa，严禁突然关闭煤气闸阀或水封，以防回火爆炸。

对直径不大于100mm的煤气管道起火，可直接关闭煤气阀门灭火。煤气隔断装置、压力表或蒸汽、氮气接头，应由专人控制操作。

四、安全工作总体要求

现以某特大型企业为例，介绍企业安全工作总体要求。

1. **安全工作方针**

安全第一、预防为主、综合治理。

2. **安全工作指导思想**

四不伤害：不伤害自己；不伤害他人；不被他人伤害；保护他人不受伤害。

3. **安全工作制度要求**

（1）执行安全生产责任制、逐级报告制。

（2）贯彻执行"三同时"：在计划、布置、检查生产经营的同时，计划、布置、检查安全工作。

（3）安全事故的调查处理执行"四不放过"原则：事故原因未查清不放过；当事人和群众没有受到教育不放过；事故责任人未受到处理不放过；没有制定切实可行的预防措施不放过。

五、安全规程

企业安全规程（简称安规）总体架构由两大部分组成，即企业整体安全管理制度和设备安全规程。其中设备安全规程具体讲就是设备三大规程（使用、维护和检修规程），其实质内涵为设备通用方面与专项方面的具体规定要求。企业整体安全管理制度和设备安全规程的内涵范畴大体示意表述如下。

- 安全管理制度＋设备
- 使用（操作）
- 维护
- 检修
- 安全规程
- 通用方面
- 专项方面

1. **安全规程通则**

- 企业必须建立健全安全管理制度和安全技术三大规程，使全体员工有章可循。
- 要对职工进行上岗前三级安全教育（培训），未经培训不得上岗工作。

对需持有安全合格证的特殊工种，禁止无证上岗作业。

• 在新建、改扩建工程的设计与施工中，需要贯彻执行"三同时"，避免因质量问题而造成事故。

• 进入车间现场须按规定穿戴齐全劳动保护用品。

• 特殊设备场所需实行门禁制度——维修人员持有效证件出入，无证人员不得入内。

• 在易燃易爆场所需作业点火时，须先行专业分析并取得安全主管部门和消防部门的签字同意后，方可点火作业。

• 在人多物多、场地复杂的检修现场，应设置必要的安全警示牌和设立专职安全员，进行有权威性地督查工作。

• 各设施、仪器仪表，非专业岗位人员禁止动摸。各种安全设施不准任意拆除。

• 在线设备拆修时必须拉闸断电并执行当事人挂牌制度（禁止合闸，有人作业！），特殊区域要设人监护（如主配电室）。

• 各种安全设施齐全可靠：轮有罩，轴有套，平台、钢梯有栏杆；坑、孔、沟、池有防护；危险场所有警示。

• 各级领导和专业部门要熟悉安全通则和掌握本职范围内的安全规程、制度。企业全员都要执行安全规程，对违章指挥现象有权拒绝执行和越级上报。

2. **专项方面安全规程**

专项方面安全规程是根据各自生产性质、特点和具体环境条件而制定的，各企业不尽相同，但总的精神不能改变。专项方面规程必须要有利于安全生产，且具有可操作性和有效性。现以车间设备检修安全规程内容为例介绍专项安全规程，供参阅。

• 有多人同时操作时，须设专人指挥。指挥信号应统一、明确。

• 拆修动力能源等受压设备或管道之前，应将其内部介质压力降至常压。

• 打锤前要检查锤顶是否牢固，打锤时不准戴手套，不准顺面打锤。

• 电焊机的一次线（电源线）不准超过3m。

• 使用氧气、乙炔时须遵守以下规定：

- 氧气、乙炔两瓶的距离要在 3m 以上。
- 氧气瓶不能放置于阳光暴晒处。禁止用油污手套接触其瓶嘴开关部位。
- 乙炔瓶须直立不能横放，必须安装回火防止器。
- 登高 2.5m 以上为高空作业，须携挂安全带于牢固之处。遇有恶劣天气状况，如大雨、大雾、大雪及六级以上大风时，不准进行高空作业。如确需作业，必须履行审批手续。严禁从高处向地面抛扔工具、材料等物料。
- 设备检修后应将现场所有被拆被移的安全防护装置复原，否则不准试开车。
- 检修完毕进行试车时，一般应注意以下几点：遵循"手动盘车——点动试车——空负荷运转——负荷运转"的程序进行；必须设专人现场指挥；要仔细检查试转设备的整个系统、关联部位是否具备试车条件，是否还有人、物料或工具等障碍物存在。

预见性安全管理

安全是生产的前提。确保生产安全是经营者和管理者的责任和义务。加强日常安全管理是企业各级干部的责任，各级干部对职责范围的安全事故承担责任，也是员工应当谋求的基本权利。

班组长对本班组的安全生产负有全面管理责任，安全管理不仅要对公司负责，而且要对员工负责，还要对员工的家庭负道义上的责任。

一、安全问题的分析

1. 劳动灾害原因分析

安全问题的发生，是不安全的因素引起的，对于生产型企业来说，这些不安全的因素主要是由劳动灾害原因引起的。

为避免劳动灾害的发生应做好如下几方面的工作。

- 设备（设施）的定期安全检查。
- 确保安全生产的设备（设施）的配套和设计。
- 彻底地进行安全教育训练。

- 制作标准作业书。
- 发现在员工中存在的问题。
- 危险、有害物质的去除。
- 整理整顿的推行。
- 危险作业者能力的检查与合格人员的配置。
- 安全作业方法的开发。

2. 劳动不安全的基本要素

劳动不安全的基本因素一般有如下几种。

- 设备本身有问题，存在不安全的隐患。
- 标准化工作不完善，作业程序、安全规程要求不明确
- 管理者和监督者工作不力。
- 作业员资格不够，作业训练不充分。
- 机械设备管理不充分。

二、安全评价

1. 安全与劳动灾害的评价

安全是免除不可接受的损害风险的状态。所谓风险是某一特定危险情况发生的可能性与后果的结合。减少不安全的行动，将风险降低到可以接受的程度，能够确保生命和人身安全。

（1）风险评估。风险评估是指评估风险程度并确定风险是否可容许的全过程。设备或装置是否安全，必须根据风险评估的结果决定。

（2）劳动伤害。在生产过程中，由于不安全因素所引起的伤害，如工伤、职业病、财产损失或其他损失的事件。其主要评价指标如下。

①年千人率。在一年内，每千人中发生劳动伤害事件的次数，称为年千人率。例如，A公司在2007年发生劳动伤害的年千人率为1‰。

②次数率。由于劳动伤害而延误的劳动时间，每百万劳动时间发生的劳动伤害事件数，叫次数率。通常休息1天以上的劳动伤害事件都计算在内。例如，B公司每百万劳动时间发生5起劳动伤害事件，那么该公司的劳动伤害次数率为5次。

③强度率。评价劳动灾害所造成伤害的强度等级，叫强度率。例如，评价财产损失、死亡、后遗症等伤害强度。

2. 海恩里奇法则

美国安全研究学者海恩里奇（Heinrich）通过对伐木工人砍伐330棵树的工伤事故研究，发现了一个1∶29∶300现象，重伤只有1件，轻伤有29件，没有事故的有300件。

海恩里奇通过对30件灾害事故的分析发现，所有事故的产生都是由不安全的状态和不安全行为所导致的。1件重伤事故是不安全状态所引起的，伐木工人站的位置不正确，树伐倒后把他压致重伤。而29件轻伤事故经分析表明是由不安全的行为引起的，伐木工注意力不集中、判断错误、产生错觉、作业疲劳等导致了轻伤事故。

海恩里奇法则告诉我们，事故是积累出来的，只有重视消除轻微事故，才能防止轻伤和重伤事故，否则重大事故的发生只是时间问题。防微杜渐是安全管理的根本，这是海恩里奇法则揭示的安全管理真谛。不以细小而不为，只有带着安全的专业眼光审视现场，敏锐地发现问题，及时地消除隐患，才能确保安全。

为了尽量避免安全事故的发生，要做好以下两个方面的工作。

（1）识别不安全的状态并采取补救措施。所谓不安全的状态是物和环境不稳定的状态。要识别不安全的状态，采取必要的行动达到安全的状态，如表6-1所示。

表6-1　　　　　　　　　　不安全状态及应对的措施

生产不安全状态	采取的措施
来料的不稳定状态	退回供应商
设备的不稳定状态	立即停用并检修
作业环境的不稳定状态	温度、湿度、光照检测
作业场地的不稳定状态	整理、整顿并现场管理
作业过程的不稳定状态	过程参数调节和过程控制
作业人员的不稳定状态	教育、训练和培训

（2）强化安全意识，避免不安全的行为。所谓不安全的行为，是指人的行为的失误状态，即人为失误的状态。人为失误的原因是多方面的，其中意识是最重要的原因。

三、危险预知训练、紧急情况预案和演练

危险预知训练简称 KYT，是日本企业普遍采用的一种预防性安全教育方式，即通过预知作业场所可能发生的危险，强化员工安全意识，提高全员预防事故的能力。

1. 现场安全管理分析

根据生产工艺和作业内容，分析生产线及工序或岗位的作业特点，找出所有可能的安全隐患及事故引发点，并明确具体的防范措施，从而全面把握岗位安全要点。

在进行现场安全管理分析时，要善于从过去发生过的事故中进行统计分析，重点控制事故的多发环节，重点加强安全管理的薄弱环节。

2. 实施危险预知训练

结合多发事故、常发事救，把薄弱环节以图片、表格、电子演示文稿（PPT）等生动直观的形式表现出来，并汇编成系统的危险预知训练资料。

以岗位危险预知训练表作为教材，组织相关员工进行系统学习，必要时结合现场操作和演示进行，使员工全面掌握本岗位安全要点。

3. 紧急情况及其预案和演练

在产生伤害事件或发生紧急情况时，能够积极采取应对措施，能够把风险降低至可容许的最小限度，需做好如下几方面的工作。

（1）应制订好应急计划。应急计划内容一般包括：预测事故造成的后果；与外部机构的联系（消防、医院等）；报警、联络步骤；应急指挥者、参与者的责任、义务；应急指挥中心的地点、组织机构；应急措施等。

（2）应准备好应急设备。应急设备一般包括：报警系统；应急照明和动力；逃生工具；安全避难所；危急隔离阀；开关和断流器；消防设备；急救设备；通信设备等。

（3）对应急计划和程序进行评审，保证其适宜性，使其更能发挥作用。

（4）对应急计划和预案进行测试和演练，以确保其在危险发生时能够产生作用。

推进现场安全的步骤与技巧

一、推进现场安全的步骤

1. 制定现场安全作业标准

- 通道、区域画线，加工品、材料、搬运车等不可超出线外放置或压线行走。
- 设置工装夹具架，用完后归回原处。
- 物品按要求放置，堆积时要遵守一定的高度限制，以免倾倒。
- 灭火器放置处，消防栓、出入口、疏散口、配电盘等处禁止放置物品。
- 易爆、易燃、有毒物品专区放置，专人管理。
- 材料或工具靠放在墙边或柱旁时，一定要做防止倒下的措施。
- 需要专业人员使用的机动车、设备，其他人不得违规使用。
- 在车间、仓库内交叉处设置凸面镜或"临时停止脚印"图案。

2. 规定员工的着装要求

- 工作服是否合身。
- 袖口、裤角是否系紧、有无开线。
- 衣扣是否扣好。
- 工作服是否沾有油污或被打湿（有着火或触电的危险）。
- 不穿拖鞋或容易打滑的鞋。
- 正确使用安全帽、安全鞋。
- 按要求戴工作手套。
- 使用研磨机等时要戴上护目镜进行作业。
- 在会产生粉尘的环境工作时使用保护口罩。
- 发现安全装置或保护用具不良时，应立即向负责人报告，立刻给予处理。

3. 预防火灾的措施

- 绝对遵守严禁烟火的规定。

- 除特定场所外，均不得未经许可动火。
- 把锯屑、有油污的破布等易燃物放置于指定的地方。
- 特别注意在工作后对残火、电器开关、乙炔等的处理。
- 定期检查公司内的配线，并正确使用保险丝。
- 妥善管理稀释剂及油剂类物品。

4. 应急措施

- 常备急救用物品并标明放置位置。
- 指定急救联络方法，写明地址、电话。

5. 日常作业管理

- 一般机械作业部分。
- 定期检查机械、定期加油保养。
- 齿轮、输送带等回转部分加防护套后工作。
- 共同作业时，要有固定的沟通信号。
- 在机械开动时不与人谈话。
- 停电时务必切断开关。
- 故障待修的机器须明确标示。
- 下班后进行机械的清扫、检查、处理时，一定要将其放在停止位置上再进行。
- 装配、组装作业。
- 向加工品正向施力。
- 不可用口吹清除砂屑，因为这会造成眼睛的伤害。
- 弯曲作业时注意不可弯曲过度。
- 在不使吊着的物品摇晃、回转的状态下加减速度。
- 如果手和工具上沾满油污，一定要完全擦净再进行作业。

二、推进现场安全技巧

1. 推车的使用方法

推车时，双手握住把手，两眼目视前方，途中不可松手；急转弯时，不能推快，并注意有无阻碍物。使用手动叉车时，车上不能站人。使用台车时，只能推车，不能拉车；推车时，不能高速推出，以防撞人。推车时，不能谈笑，车上禁止坐人。

2. 抬重物方法（30公斤以上）

必须两人进行，先找好最安全的着手处，然后将重物抬起，平稳放置处的高度不要高于1米，高过1米时，采用其他辅助设备以保证人身安全；放置处的距离超过25米时，请用推车。

3. 小刀的使用方法

使用固定旋钮旋开，推出刀片，然后旋紧固定旋钮后再使用；不使用时必须退回刀片，并旋紧固定旋钮；每次使用时推出刀片至2~3格，不许将刀片整个推出；去除用钝的刀片时，应使用钳子挟紧刀片后再卸刀。

4. 载送机的使用方法

载送产品时，将移载机叉子完全推入卡板槽内，安装好把手，将移载机调至ON状态，提起机器；卸下产品时，将移载机调至OFF状态，取出移载机。非使用负责人，一律不许操作。

现场安全改善

一、安全防护改善

以人为本，确保全员的安全与健康；预防为主，控制公司生产经营风险；教育为重，提高员工事故防范意识；强化监督，遵守职业安全法律法规；科学管理，实现安全、健康、持续改进——这是企业安全管理的基本要求。

1. 危险区域防护

在工序作业中，员工进行工件装卸、设备启动和工件检查等工作，设备进行工件的加工，这是人机联合作业的基本分工。

人机联合作业的安全隐患，一是设备安全性不足，包括防护不足和程序设计不合理；二是人员违章操作或人为疏忽。

我们知道，设备处于运转状态的时候是最危险的时候，所以，避免员工身体的任何部位进入运转区域是作业安全的重要保证，加强设备的防护改善

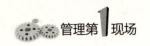

是现场安全管理的重要内容。

通过加装必要的防护网、防护栏，避免员工的身体部位进入危险区域，这是设备防护最常用也是最有效的方法之一。

2. 设备控制改善

除了对设备防护进行硬件改善外，还必须对设备的程序控制进行改善。一旦由于员工疏忽，身体的某些部位进入危险区域，设备能够立即自动反应，启动保护程序和保护动作，避免对员工造成伤害。

3. 设备防护改善

设备防护改善是现场安全管理的重要保证。重视硬件的改善，通过护栏的方法保护设备、管道等，从而保障作业安全，创造令人安心的作业环境，这是设备安全改善的最终目的。

4. 作业安全防护

现场安全管理有"三不原则"，即"不伤害他人、不伤害自己、不被他人伤害"。劳动保护是从技术上、组织上和硬件上采取各种措施，改善员工劳动条件，减轻劳动强度，预防各种事故，确保员工职业健康。劳动防护是劳动保护的重要组成部分。

为了避免各种环境污染，如焊接产生的烟、尘、电弧光、热辐射、噪声，这些环境因素可能对人产生焊接尘肺、电光眼、皮肤损伤、听力下降等伤害。企业要为员工配备工序作业必需的劳动保护用品，员工则要按照要求正确穿戴劳动保护用品，能最大限度地降低上述职业危害。

二、危险源改善

现场安全管理的重要内容是从源头消除事故隐患。"三点控制法"是现场安全管理的有效方法之一，即通过控制危险点、危害点和事故多发点这三种危险源，有效预防和减少安全事故。

危险点是指相对于其他作业点更危险的岗位，其固有的危险性对作业安全构成威胁。危险点发生事故的概率很高，但并不表明它时时、处处都会发生事故，只要安全措施到位、防范办法周密，就可以有效降低危险点的安全威胁。

1. 作业危险点改善

不同的工艺伴随有不同的危险因素，如冲压有压伤的隐患，搬运有砸伤的可能。针对工序作业的特点，分析其危险因素并进行针对性的改善，这就是作业危险点改善。其一般步骤如下。

- 对工序作业进行危险因素分析，列出所有可能的安全隐患。
- 结合过去的安全事故，对所有危险因素可能造成的伤害及损失进行评价。
- 对所有危险因素进行防范对策研讨，包括从源头消除隐患、设备防护、劳动防护等。
- 将上述分析结果系统整理成安全管理规范，以照片、图形、表格、数字等生动客观的形式，辅助以看板、标识等在现场展示出来。

以上述资料作为教材，通过讨论、讲授、座谈、有奖竞答等丰富灵活的方式对全员进行安全教育。

2. 电气危险点改善

电气线路是工业企业内经常存在的危险点，加强电气安全是危险点改善的重点之一。

- 规范电气线路，运用颜色、标签等方式进行标识。
- 加强线路防护，消除损伤、短路等安全隐患。
- 加强环境管理，避免水、油、金属等与电气接触。

3. 易燃易爆危险点改善

有的工序会使用到油、气等易燃易爆品，应将此类危险点作为重点管理对象。

- 加强定置定位管理，使易燃易爆品处于安全、有效的管理状态。
- 配备必要的应急条件，如灭火器材等，以备紧急情况下使用。
- 加强安全标识，利用目视管理对其性质、成分、危险等级和危害性等进行充分展示，起到警示效果。同时还要标注应急程序、紧急联络方式、紧急疏散路线等。
- 对员工进行安全教育，每年定期进行安全演练。

现场安全管理细节

危险本身有许多不确定因素，这是因为生产过程中有许多因素是随机的，特别是因为它受到作业人员的心理和精神状态的影响，其次，危险的程度也难以确定。因此，为防止事故的发生，必须对作业中所存在的危险进行认真分析，找出危险点并全力加以"控制"。

一、危险点分析

危险点分析，是指在一项作业或工程开工前，对该作业项目（工程）所存在的危险类别、发生条件、可能产生的情况和后果等进行分析，找出危险点。其目的是控制事故发生。

危险点分析的方法是：在详细了解设备及系统的功能、结构以及运行情况后，根据工作任务、检修项目及操作目的，对可能影响安全的危险因素进行分析。

在分析危险因素时，应该对分析范围加以限定，以便在合理的、有限的范围内进行分析。列出所有影响安全的危险因素，找出危险点，提出控制措施。

1. 危险点分析的步骤

（1）根据过去的经验教训，分析本次作业可能出现的危险因素。

（2）查清危险源，即查清危险因素存在于哪个子系统中。

（3）识别转化条件，即研究危险因素变为危险状态的触发条件和危险状态变为事故的必要条件。

（4）划分危险等级，排出先后顺序和重点。对重点危险因素要优先加以"控制"或"处理"。

（5）制定控制事故的预防措施。

（6）指定落实控制措施的负责单位和人员，并且必须监督到位。

2. 作业中危险点预控的一般步骤

（1）全面了解即将开展的作业情况，认真分析它的特点以及给安全工作提出的课题。同时，回顾在过去完成的同类作业中所积累的经验教训，作为预测此次作业危险点和制定安全防范措施的参照。

（2）对大型危险作业项目，应事先召开会议对其进行分析预测，寻找存在的危险点，明确作业中应重点加以防范的危险点，并提出控制办法。

（3）围绕确定的危险点，制定切实可行的安全防范措施，并向所有参加作业的人员进行交底，还要有签字。

（4）工作结束后对作业危险点预控工作进行检查回顾，认真总结经验教训。在下一次同类作业前要把遗漏的危险点都寻找出来，并结合以前的预测结果，制订出更完善的预控危险点方案。

认真编制标准化、规范化的危险性因素控制表。首先，从班组开始，以自下而上、上下结合、车间专业把关的原则，发动职工群众，抓好危险性因素分析工作。结合本专业、本岗位的各种典型作业（操作），分析出危险点，对照《规程》及有关制度措施，初步提出作业项目危险因素控制措施，形成危险性因素控制表。经车间专业人员、安全员审查、补充、完善后报安监办审查，由厂安监办统一汇总印制成册。

对于一般性作业项目，由工作负责人或班组长组织全体作业人员，分析查找该项目作业过程中可能出现的危胁人身、设备安全的危险因素。再对照《规程》和事先编制的《作业项目危险因素控制措施表册》中的有关措施、要求，在填写工作票的同时，由工作负责人填写"危险因素控制措施卡"作为工作票的附页与工作票一并执行。

一般性作业项目的"危险因素控制措施卡"，由工作负责人填写，交班长审核，经车间指定的专业技术人员或工作票签发人审查批准，并分别签名后执行。

对于复杂的检修作业项目、大小修、公用系统检修、技改工程及多班组的作业等项目，应由车间或部、公司生技处及主管生产领导人主持召开作业前的准备会议。针对该项目的各个环节，分析查找危险因素，并按专业制定安全、组织、技术措施方案。明确各专业应控制的危险因素及落实安全、组织、技术措施的负责人。由工作负责人组织各作业班组，根据安全、组织、技术措施方案，对本班组承担的作业进行危险因素分析。并在填写工作票的同时，由作业班组工作负责人填写"危险因素控制措施卡"，与工作票一并执行。

二、危险源分析

危险源是可能导致人员伤亡或物质损失事故的潜在不安全因素。造成人员伤害的危险源如未系安全带、防护罩脱落等；造成职业病的危险源如噪声超标导致人员音频听损，粉尘排放造成尘肺病等；造成财产损失的危险源有建筑物、机器设备损坏等；造成作业环境破坏的危险源有使得作业环境过热、过冷、过潮湿等。液化石油气泄漏是导致火灾爆炸的一种根源。

系统安全认为，系统中存在的危险源是事故发生的根本原因，防止事故就是消除、控制系统中的危险源。根据危险源在事故发生、发展中的作用，把危险源划分为两大类，即第一类危险源和第二类危险源。

1. 第一类危险源

根据能量意外释放论，事故是能量或危险物质的意外释放，作用于人体的过量的能量或干扰人体与外界能量交换的危险物质是造成人员伤害的直接原因。于是，把系统中存在的可能发生意外释放的能量或危险物质称为第一类危险源。一般地，能量被解释为物体做功的系统，其做功的本领是无形的，只有在做功时才显现出来。因此，实际工作中往往把产生能量的能量源或拥有能量的能量载体作为第一类危险源来处理。

2. 第二类危险源

在生产生活中，为了利用能量，让能量按照人们的意图在系统中流动、转换和做功，必须采取措施约束、限制能量，即必须控制危险源。实际上，绝对可靠的控制措施并不存在，在许多因素的复杂作用下，约束、限制能量的控制措施可能失效，能量屏蔽可能被破坏而发生事故。导致约束、限制能量措施失效或被破坏的各种不安全因素称为第二类危险源。第二类危险源主要包括人、物、环境三个方面的问题。

3. 危险源与事故

一起事故的发生是两类危险源共同作用的结果。第一类危险源的存在是事故发生的前提，第二类危险源的出现是第一类危险源导致事故的必要条件。在事故的发生、发展过程中，两类危险源相互依存，相辅相成。第一类危险源在事故发生时释放出的能量是导致人类伤害或财物损坏的能量主体，决定事故后果的严重程度；第二类危险源出现的难易决定事故发生的可能性大小。两类危险源共同决定危险源的危险性。

三、安全指导

生产现场有一些自认为身手敏捷不会负伤的人，认为只要本人不负伤就行，于是就通行在狭小的禁止通行的机械中间。在生产现场上司有过要遵守规定的指示，现场会议也有过决定，对这种行为不能接受，但就是改变不了这些员工。

为防止劳动伤害的发生，不遵守规定的事情，即使一例也不允许。只要有1个人不遵守规定，就会影响其他人遵纪守法的意识，造成规定的维持和商定的事情在实行上的不顺。对此提出以下对策，并尽量实施。

- 作为直接的上司监督者，列举他过去行动的事例一对一地明确地说："这是违反规定的行为，今后不允许再犯类似的错误。"
- 教训他说，虽然他自己认为没有问题，认为自己的身体有特别的能力，但是若允许这种行为，其他人也会这样。那么生产现场商定的规定就被破坏了。
- 看到他违反现场的规定，就要在安全卫生告示板上写"要停止这样的行为"。
- 最好把他追加为安全卫生委员会的成员，由他负责今后防止劳动伤害活动计划的建立和实际的统计工作。
- 之后监视和调查他的行动，若和以前一样没有什么变化就开除他。

四、善用安全色进行目视管理

目视安全管理主要是利用颜色刺激人的视觉，来达到警示的目的及作为行动的判断标准，以起到危险预知的作用。在工厂生产中所发生的灾害或事故，大部分是源于人为的疏忽，因此，有必要追究到底是什么原因导致人为的疏忽，研究如何预防工作疏忽。其中，利用安全色彩是很有必要的一种手段。

1. 安全色的含义和用途

表 6-2   安全色的含义、用途

颜色	含义	用途举例
红色	禁止、停止	禁止标志 停止信号：机器、车辆上的紧急停止手柄或按钮，以及禁止人们触动的部位
		红色也表示防火
蓝色	指令必须遵守的规定	指令标志：如必须佩戴防护用具，道路上指引车辆和行人行驶方向的指令
黄色	警告、注意	警告标志 警戒标志：如厂内危险机器和坑池周围引起注意的警戒线 行车道中线 机械上齿轮箱内部 安全帽
绿色	提示安全状态通行	提示标志 车间内的安全通道 行人和车辆通行标志 消防设备和其他安全防护设备的位置

注：1. 蓝色只有与几何图形同时使用时，才表示指令。

2. 为了不与道路两旁绿色行道树相混淆，道路上的提示标志用蓝色。

2. 对比色

对比色为黑白两种，使用对比色是通过反衬使安全色更加醒目。如安全色需要使用对比色时，应按相关的规定执行（见表 6-3）。

表 6-3   对比色

安全色	相应的对比色
红色	白色
蓝色	白色
黄色	黑色
绿色	白色

黑色用于安全标志的文字、图形符号和警告标志的几何图形；白色还可用于安全标志的文字和图形符号。

红色和白色、黄色和黑色间隔条纹，是两种较醒目的标识。

3. 安全色使用标准

（1）红色

红色表示禁止、停止、消防和危险的意思。凡是禁止、停止和有危险的器件设备或环境，应涂以红色的标记。

（2）黄色

黄色表示注意、警告的意思。要引起人们注意的器件、设备或环境，应涂以黄色标记。

（3）蓝色

蓝色表示指令，必须遵守的规定。

（4）绿色

绿色表示通行、安全和提供信息的意思。凡是在可以通行或安全的情况下，应涂以绿色标记。

（5）红色和白色相间隔的条纹

红色与白色相间隔的条纹，比单独使用红色更为醒目，表示禁止通行、禁止跨越的意思，用于公路、交通等方面所用的防护栏杆及隔离墩。

（6）黄色与黑色相间隔的条纹

黄色与黑色相间隔的条纹，比单独使用黄色更为醒目，表示特别注意的意思，用于起重吊钩、平板拖车排障器、低管道等方面。相间隔的条纹，两色宽度相等，一般为10毫米。在较小的面积上，其宽度可适当缩小，每种颜色不应少于两条，斜度一般与水平成45度。在设备上的黄、黑条纹，其倾斜方向应以设备的中心线为轴，呈对称形。

（7）蓝色与白色相间隔的条纹

蓝色与白色相间隔的条纹，比单独使用蓝色更为醒目，表示指示方向，用于交通上的指示性导向标。

（8）白色

安全标志中的文字、图形、符号和背景色以及安全通道、交通上的标线用白色。标示线、安全线的宽度不应小于 60 毫米。

（9）黑色

禁止、警告和公共信息标志中的文字、图形都符合用黑色。

五、安全标志的规范使用

安全标志是由安全色、边框和以图像为主要特征的图形符号或文字构成的标志，用以表达特定的安全信息。

安全标志分禁止标志、警告标志、命令标志和提示标志四大类。

1. **禁止标志**

禁止标志是禁止或制止人们想要做某种动作。其基本形式是带斜杠的圆边框。

2. **警告标志**

警告标志的含义是促使人们提防可能发生的危险。警告标志的基本形式是正三角形边框。

3. **命令标志**

命令标志的含义是必须遵守的意思，命令标志的基本形式是圆形边框。

4. **提示标志**

提示标志的含义是提供目标所在位置与方向性的信息。提示标志的基本形式是矩形边框。

现场安全检查

现场安全检查是指上级有关部门对企业或企业内部进行的安全生产、工业卫生检查，包括经常性或定期的、普遍性或专业的检查活动。现场安全检查是推动企业贯彻执行劳动保护政策、法规、标准，及时发现和解决安全生产和工业卫生方面存在的各种问题，加强宣传教育，不断改进管理工作的重要方法。现场安全生产检查应该始终贯彻领导与群众相结合的原则，依靠群众边检查、边改进，并且及时地总结和推广先进经验。有些限于物质技术条件当时不能解决的问题，也应该制订出计划，按期解决，务必做到条条有落实，件件有交代。

一、现场安全检查的内容

开展现场安全生产检查，必须有明确的目的、要求和具体计划，并且必须建立由企业领导负责、有关人员参加的安全生产检查组织，以加强领导，做好这项工作。现场安全检查的内容如下。

1. 查思想

检验现场管理人员及作业人员是否重视安全生产，是否树立"安全第一"的思想，是否时时刻刻都想着现场的安全问题。

2. 查规章制度

首先查"五同时"是否认真执行；查新改建、技改工程是否贯彻"三同时"原则；查"两票三制"；查防火、动火、搭拆脚手架等各种制度是否认真执行；查"两措"是否认真执行；查事故"三不放过"；查安全信息是否能迅速传达到现场。通过检查评价规章制度是否有效执行。

3. 查生产设施与安全器具

首先要检查生产设备、设施有无安全隐患，查主要设备安全装置是否齐全、是否投入使用或正常工作。同时，检查劳动条件、作业环境等，如设备器材堆放是否整齐，通道是否畅通；查防尘、除灰、通风设备是否有效和投入使用；查电源、照明是否符合要求；查易燃易爆、有毒有害物质及防护措施是否符合安全规定；查锅炉压力容器、气瓶是否按监察规程执行；查孔洞、楼梯、平台扶梯、走道是否符合要求；查消防器材是否按规定放置并定期检查更换；查安全工器具定期检查试验登记制度是否执行等。

其中，对于一些专业性的设备、设施和器具，还要进行专业性安全检查。

二、现场安全检查的形式

现场安全检查的形式很多，通常采用的形式有员工自查、一班三检、节假日前后的安全检查、季节性安全检查、定期安全检查等。

1. 员工自查

每天上岗前，现场全体作业人员应对作业环境、设备的安全防护装置、信号、润滑系统、工具及个人防护用品穿戴进行全面检查，确认符合安全要

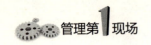

求后，方可开始工作。

2. 一班三检

一班三检是指现场作业班组在班前、班中、班后开展安全检查。

3. 节假日前后的安全检查

这种形式的安全检查主要保证节假日期间的安全。检查作业人员的劳动纪律、重点部位防火、生产作业现场的安全隐患。

4. 季节性安全检查

这种形式的安全检查是依照季节气候变化的特点，为保障安全生产的特殊要求所进行的检查。如暑季来临之前进行的防暑降温检查、冬季之前进行的防寒保温检查、暑季来临之前的防汛安全检查等。在检查内容上应突出季节来临预防容易发生的事故为重点，还要检查措施的落实和专项工作组织责任的落实，防止灾害事故的发生。

5. 定期安全检查

定期安全检查是指现场管理员组织现场核心人员定期对现场安全生产状况进行检查。检查前应做好准备工作：确定检查时间；确定检查范围、对象和标准；制定检查方法和检查出问题的处理办法，即以何种形式向谁反映、谁负责进行整改、谁负责进行监督等。定期检查的内容应具有综合性，即安全管理和现场管理，包括组织领导、规章制度、生产环境、事故隐患、保护用品及严肃处理事故等。做到检查与总结经验相结合、检查与竞赛评比相结合、检查与奖励相结合、检查与整改相结合。

对现场安全检查中查出的问题，要切实做到"三定""四不推"，即对不安全因素的整改要做到定人员、定措施、定时间；落实整改任务时做到个人能解决的不推给现场管理员，现场管理员能解决的不推给车间，车间能解决的不推给厂部，本厂能解决的不推给上级部门。对一时解决不了的问题，要采取临时安全措施。

现场安全检查应配合厂级、车间的安全检查进行，也可以独立进行。无论采取哪种形式，最好使用安全检查表，建立安全检查档案。

三、岗位安全检查

实行生产作业岗位安全检查，是企业各种安全检查中的一种基本制度，也是搞好安全生产最经常、最直接、最有效的安全检查方法，现场应建立健全岗位安全检查制度。岗位安全检查，主要应以岗位作业人员自我检查为主，同时辅以相关作业人员互检、专业检查和领导检查。

岗位安全检查的方式包括班前和交接班检查，班中检查和定点、定时的巡回检查。检查的内容应依生产安全要求而定。现场在岗位安全检查中应使用安全检查表，经过设备设施、环境条件的科学剖析，把检查的项目、对象按系统顺序编制在表内，每次检查都能不漏项目，及时发现问题妥善处理。实行这种科学方法检查对保证安全生产有显著的效果。岗位安全检查是实现岗位安全责任制的主要措施，必须坚持执行，每次检查发现的问题都要及时处理。现场管理员和车间领导应定期进行检查和考评。

四、安全检查表的编制

安全检查表的种类，一般有设计审查用安全检查表、厂级安全检查表、车间安全检查表、现场安全检查表、专业性安全检查表和设备安全检查表等。

编制安全检查表，事先要把检查对象加以剖析，把大系统分割成小的子系统，找出不安全因素所在。然后，确定检查项目，并将检查项目按系统、顺序编制成表。采用提问的方式，以"是"或"否"来回答，"是"表示符合要求；"否"表示存在问题，有待解决。表内要注明检查时间、检查者、处理问题的负责人等，以便核查。

企业推行安全检查表，对改变传统被动的安全检查，加强安全生产管理和设备系统的安全控制相当有效。表 6 - 4 是一个安全检查表的示例，以供参考。

表6-4　　　　　　　　　安全检查表的示例

厂　科　　　　　　　　　　　　　　　　　　　　年　月　日

项次	检查项目	良好	不良	缺点事实	改善事项
1	电气设备及马达外壳是否接地				
2	电气设备是否有淋水或淋化学液				
3	电气设备配管配线是否有破损				
4	电气没备配管及马达是否有过载使用				

项次	检查项目	良好	不良	缺点事实	改善事项
5	高压马达短路环、电限器是否良好				
6	配电箱处是否有堆材料、工具或其他杂物				
7	导体露出部分是否容易接近？是否挂有"危险"的标示牌				
8	D.S 及 Bus Bar 是否因接触不良而发红				
9	配电盘外壳及 P.T.C.T 二次线路是否接触				
10	转动部分是否有覆罩				
11	变电室灭火器是否良好				
12	临时线的配置是否安全				
13	高压线路的碍子等绝缘支持物是否不洁或有脱落现象				
14	中间接线盒是否有积棉或其他物品				
15	现场配电盘是否确实欠妥				
16	电气开关的保险丝是否合乎规定				
17	避雷针是否可用				

厂（处）长：　　　　　　部门主管：　　　　　　检查员：

车间安全管理细节

一、克服忽视安全生产的几种错误观点

1. 重生产、轻安全的思想

有些人认为完成生产是头等大事，必须全力以赴，而安全工作可有可无，如"生产是硬指标，安全是软指标"、"生产有计划，安全一句话"。

2. 安全与生产对立的观点

有些人认为安全与生产相矛盾，讲安全会影响生产，把安全与生产对立起来的错误观点，危害极大。

3. 冒险蛮干思想

不尊重客观规律，不讲究科学办事，有章不循，明知故犯，不关心员工，不注意劳逸结合，随便让员工加班加点。

4. 消极悲观的观点

有些人对生产中发生的事故，认为无法避免，"只要车轮转，事故就不断"。生产中所发生的事故，绝大多数是由于领导明知员工受教育不够，采取预防措施不力而产生的，是思想问题而不是什么技术问题，很多事故是可以避免的。

二、贯彻安全生产责任制度

安全生产责任制是企业各级领导对安全工作应该切实负责的一种制度，是做好车间的安全生产的具体措施。它把"管生产必须管安全""安全生产，人人有责"的原则用制度的形式固定下来，明确要求各级领导在安全工作中各知其责，各负其责，各行其责。

（1）车间领导和生产管理人员在负责组织生产时，要负责安全工作。没有把安全搞好，就没有资格管生产。要在计划、布置、检查、总结生产工作的同时，布置检查和总结安全工作。坚持公司、车间、班组三级安全制度，每半个月对车间的安全生产状况，事故发生情况，隐患整改情况进行小结。

（2）车间、班组、个人都要认真贯彻执行安全生产责任制，逐个落实到人。只有这样，才能做到"安全生产，人人有责"，不能只靠少数人做。

（3）充分发挥车间专（兼）职安全员的作用。各组组长及兼职安全员起模范带头作用，把搞好班组安全生产，变成全体员工的自觉行动。

（4）认真贯彻执行安全生产值班制，责任落实，值班人员认真负责，避免事故的发生。

三、贯彻安全生产教育制度

安全生产教育是做好安全工作的基础，必须先行。主要内容包括四个方面：经常性的安全生产教育；对新工人的教育；对调动岗位工人的教育；加强对特殊危险工种的教育。

1. 经常性的安全生产教育

车间要经常运用各种形式进行宣传讲解安全生产制度、操作规程，组织定期安全检查，发动群众制定隐患整改措施。表扬安全生产中的好人好事，杜绝违章作业，随时警惕事故的发生。

2. 新工人的教育

新工人进厂必须经过安全技术培训才能上岗位操作。新工人一入厂就要向他们介绍车间的安全情况、工作性质和职责范围，车间内危险设备的性能，车间的管理制度及有关的安全技术管理规程，安全设施，工具、个人防护用品、急救器材的性能使用方法等，以及以往的事故教训。

3. 调动岗位工人的教育

要同新工人一样教育，不掌握新的技术或操作方法不能独立操作。

4. 特殊危险工种工人的教育

应由企业进行训练，经考核合格者发给特殊工种工人操作证。无证不能从事特殊工种工作的操作。

四、贯彻安全技术操作规程

安全技术操作规程，是每个工人在生产中为了预防事故必须严格遵守的操作规程，安全技术操作规程反映了生产中的客观规律。根据不同的生产性质、不同的机械设备或工具性能，规定出合乎安全技术要求的操作程序，认真贯彻这个规程，就能达到不出事故的目的。因此每一个操作工人都要认真学习，严格执行各种操作规程。可以通过标准安全操作方法来表演，来教育员工，尤其是由新工人来掌握操作技术，更有说服力，进而达到不出事故的目的。

五、发挥车间领导的作用

车间领导要带头自觉遵守安全规章制度，坚决杜绝违章指挥，发现工人有违章现象要立即纠正。

1. 车间领导的主要任务

车间安全文明生产的好坏，关键在于车间领导的态度，车间领导要对本车间安全文明生产工作及工人的安全健康负责。具体应做到以下几方面。

（1）认真贯彻执行安全教育文明生产方针政策法规及本单位有关这方面的规章制度。对其所领导的员工安全健康负责，认真贯彻"管生产必须管安全"的原则。

（2）制订作业计划和工艺规程，并应符合安全健康要求。在计划、检查、总结工作，评比生产的同时，要抓安全工作。

（3）坚持每月进行一次安全检查，并进行巡回检查。检查生产现场的建筑物、机电设备、工艺设备、工位器具、原材料、在制品、成品、工作地等是否符合安全健康要求。发现问题，做好记录，及时整改，严格考核。坚持开展好一月两次安全生产日活动，做到有布置，有检查，有记录。

（4）搞好宣传教育，组织本车间工人学习安全文明生产规程制度和安全技术知识，教育工人自觉遵守安全文明生产纪律和安全操作规程。

（5）关心女员工四期（经期、孕期、产期、哺乳期）的特殊劳动保护，搞好防暑降温工作。

（6）为了改善劳动条件，消除事故隐患，防止职业病危害，提出安全技术措施，报请公司领导有关部门批准后，组织实施。

（7）注意员工劳逸结合，合理组织和安排劳动，不滥行加班加点活动，不搞拼体力、拼设备的突击生产，保持旺盛的精神参加生产。

（8）员工发生伤亡事故，应立即报告，保护现场，积极参加伤亡事故的调查处理。召开事故分析会议。按"事故原因分析不清，不放过；事故责任者和群众没有受教育，不放过；没有定出防范措施，不放过"的"三不放过"原则，吸取教训，采取措施，预防伤亡事故的发生。

（9）对防尘防毒，工业通风，防暑降温，防寒防冻，消防器材及安全装置等设备和附件，要妥善保管，及时维护保养，保持其完好。

（10）积极开展"安全无事故竞赛"和"三保证"（即个人保班组、班组保车间、车间保公司）活动。

2. 车间专（兼）职安全员的主要任务

车间专（兼）职安全员应该切实负责协助车间领导搞好本车间的安全生产工作，主要任务如下。

（1）每天进行现场巡回检查，危险要害部位必须查到，及时检查督促本车间工人劳保用品穿戴情况。对不正确穿戴劳保用品不听劝阻者，及时向领导反映，有权批评教育，停止其工作。进行严格考核。

（2）协助车间领导做好车间的三级安全教育工作，开展安全活动。

（3）发生事故后，协助车间领导开好事故分析会，严格执行"三不放过"的原则，及时上报事故经过，并在 24 小时内填写"伤亡事故登记表"一式两份上报。应监督车间领导，不得隐瞒事故或虚报、迟报。对隐瞒不报、虚报、迟报者应予以教育，并受纪律处分，情节严重的，应负刑事责任。

3. 工伤事故的处理

（1）工伤事故是指工人在生产区域内发生和生产有关的伤亡事故，或在执行企业行政临时指定的工作时，发生与生产有关的伤亡事故，或虽不在生产工作岗位上，但由于企业设备或劳动条件不良而引起的伤亡。这些伤亡都应按工伤事故进行处理。

（2）工人发生伤亡事故，使本人工作中断的时候，负伤人员或者最先发现的人应立即报告班组长，车间领导或厂长在得知发生多人事故或死亡事故时要立即组织抢救，接到班组报告后还要立即将发生事故的时间、地点、伤亡者姓名、年龄、工种和职务、伤害程度、发生原因等向上级报告。

（3）凡发生了工伤事故，要保护现场。发生了重伤、死亡或多人事故，在未经上级安全部门和现场检查人员同意之前，不准破坏现场。

（4）要坚持"三不放过"原则。

（5）对重复发生的事故要进行严肃处理。

六、车间常见安全防护

1. 机械加工车间常见防护装置

机械加工车间常见的防护装置有防护罩、防护挡板、防护栏杆和防护网等。在机械设备的传动带、明齿轮接近于地面的联轴节、转动轴、皮带轮、飞轮、砂轮和电锯等危险部分，都要装设防护装置。对压力机、碾压机、压延机、电刨、剪板机等压力机械的旋压部分都要设有安全装置。防护罩用于隔离外露的旋转部分，如皮带轮、齿轮、链轮、旋转轴等。防护挡板、防护网有固定和活动两种形式，起隔离、遮挡金属切屑飞溅的作用。防护栏杆用于防止高空作业人员坠落或划定安全区域。总体来说，防护装置的形式主要有固定防护装置、连锁防护装置和自动防护装置。

2. 金属冷加工车间防止工伤事故的措施

金属冷加工车间各种机床很多，只要妥善布置工作场所，设置必要的防护装置、保险装置，并严格遵守安全操作规程，就可以有效地防止工伤事故。

（1）机床平面布置要求

①不使零件或切屑甩出伤人。

②操作者不受日光直射而产生目眩。

③搬运成品、半成品及清理金属切屑方便。

④车间应设安全通道，使人员及车辆行驶畅通无阻。

（2）防护装置要求

①防护罩：隔离外露的旋转部件。

②防护栏杆：在运转时容易伤害人的机床部位，以及对不在地面上操作的机床，均应设置高度不低于1米的防护栏杆。

③防护挡板：防止磨屑、切屑和冷却液飞溅。

（3）保险装置要求

①超负荷保险装置：超载时自动脱开或停车。

②行程保险装置：运动部件到预定位置能自动停车或返回。

③顺序动作连锁装置：在一个动作未完成之前，下一个动作不能进行。

④意外事故连锁装置：在突然断电时，补偿机构能立即动作或机床停车。

⑤制动装置：避免在机床旋转装卸工件；发生突然事故时，能及时停止机床运转。

3. 金属热加工车间防止工伤事故的措施

金属热加工车间的生产特点是生产工序多，起重运输量大，在生产过程中易产生高温、有毒气体和粉尘，使劳动环境恶化，因此容易发生工伤事故。所以，金属热加工车间必须采取以下一些有效的安全措施。

（1）精选炉料，防止混入爆炸物，投入的物料必须充分干燥；添加的合金要进行预热。

（2）金属熔液出炉时，应采用电动、气动或液压式堵眼机构或旋转式前炉。

（3）地坑要采取严格措施，严防地下水及地上水渗入。

（4）熔融金属的容器，必须符合制造质量标准；浇包内的金属液不能过满。

（5）锻锤应采用操作机或机械手操纵，防止热锻件氧化皮等飞出伤人；操作人员与气锤司机座前应设置隔离防护罩，防止烫伤并隔热。

（6）工具与工件在放进热处理盐炉前，必须经过预热，淬火池周围应设栏杆或防护罩。

另外，车间应有安全通道，地面要平坦而不滑，并保证畅通。

劳动保护、健康检查和特种作业

一、劳动保护用品和健康检查

《中华人民共和国劳动法》第五十四条规定，用人单位必须为劳动者提供必要的劳动防护用品。所谓劳动防护用品，是指保护劳动者在生产过程中的人身安全与健康所必备的一种防御性装备，对于减少职业健康危害起着相当重要的作用。

为从根本上保护员工的健康，用人单位还要定期对本单位的员工进行身体检查，一般为每年一次。

1. 劳动防护用品分类

劳动保护用品按照防护部位分为以下几类。

（1）安全帽类，是用于保护头部，防撞击、挤压伤害的护具。主要有塑料、橡胶、玻璃、胶纸、防寒和竹藤安全帽。

（2）呼吸护具类，是预防尘肺和职业病的重要护品，按用途分为防尘、防毒、供氧三类；按作用原理分为过滤式、隔绝式两类。

（3）眼防护具，用以保护作业人员的眼、面部，防止外来伤害。分为焊接用眼护具、炉窑用眼护具，防冲击眼护具，微波防护具，激光防护具以及防 X 射线、防化学、防尘等眼护具。

（4）听力护具，长期在 90 分贝以上或短时在 115 分贝以上的环境中工作时应使用听力护具。听力护具有耳塞、耳罩和帽盔三类。

（5）防护鞋，用于保护足部免受伤害。目前主要产品有防砸、绝缘、防静电、耐酸碱、耐油、防滑鞋等。

（6）防护手套，用于手部保护，主要有耐酸碱手套、电工绝缘手套、电焊手套、防 X 射线手套、石棉手套等。

（7）防护服，用于保护员工免受劳动环境中的物理、化学因素的伤害。防护服分为特殊防护服和一般作业服两类。

（8）防坠落护具，用于防止坠落事故发生。主要有安全带、安全绳和安全网。

（9）护肤用品，用于外露皮肤的保护。分为护肤膏和洗涤剂。

2. 劳动防护用品发放

劳动防护用品是保护劳动者安全健康的一种预防性辅助措施，根据安全生产、防止职业性伤害的需要，按照不同工种，不同劳动条件进行发放。

劳动保护用品的选择应考虑对有害因素的防护功能，同时考虑作业环境、劳动强度以及有害因素的存在形式、性质、浓度等因素。所选择的劳动保护用品必须保证质量，各项指标符合国家标准和行业标准，穿戴舒适方便，不影响工作。

劳动保护用的发放标准应按照行业、地方标准执行。

劳动保护用品的采购、保管、发放工作，由企业行政或供应部门负责，安全管理部门和工会组织进行督促检查。

特殊防护用品应建立定期检验制度，不合格或失效的，一律不准使用。

对于在易燃易爆、烧灼及有静电发生的场所，禁止发放、使用化学防护用品。

3. 劳动防护用品的检验与认证

为保证劳动防护用品质量，国家对特种劳动防护用品建立了质量检验与认证制度。

劳动防护用品质量检验机构负责全国劳动防护用品产品合格证书和产品

检验证书的发放工作。各省、市建立地方劳动保护用品质量检验机构，对当地生产和经营的劳动防护用品进行监督，督促检查企业严格执行劳动防护用品标准。

国家安全生产行政管理部门负责劳动防护用品生产企业许可证发放工作。

生产特种劳动防护用品的企业，必须具有一支足够保证产品质量和进行正常生产的专业技术人员、熟练技术工人及计量、检验人员队伍。并能严格按照国家标准和行业标准进行生产、试验和检测。

具备申请取证条件的企业，经检验单位对企业进行质量体系审查及产品抽样检验后，审查合格，由国家安全生产部门颁发生产许可证，并报全国工业产品许可证办公室统一公布名单。

二、特种作业

特种作业是指在劳动过程中容易发生伤亡事故，对操作者本人，尤其对他人或生产设备的安全有重大危害的作业。《中华人民共和国劳动法》第五十五条规定："从事特种作业的劳动者必须经过专门培训并取得特种作业资格"。

1. 对特种作业人员进行安全培训和考核的必要性

工业技术的发展，促进了生产设备的现代化，改变了传统的作业方式和工作方法，减轻了劳动强度。提高了工作效率，造福于人类，服务于人类。但设备的机械化和自动化，对操作人员的技能提出了更高的要求，要正确操作，安全驾驶。对于某些设备来讲，由于其本身就存在一定的危险性，如果发生事故，将机毁人亡，不仅对操作者本人，而且对他人和周围设施会造成严重损伤或破坏。因此，世界各国都对危险性较大的生产设备，即特种设备，实行特殊管理。除对特种设备进行严格检验，实行安全认证外，同时对操作人员进行严格的技能和安全技术培训，对考试合格的，发给操作证书，没有操作证书人员不能从事特种作业。

从以往事故统计看，仅对部分省市1516起伤亡事故的调查分析，属于特种设备而引起的事故为570起，占37.6%，死亡人数占49.46%，重伤人数占32.7%。这些事故主要是由于特种作业人员本人过失而造成。事故不仅造成操作者本人死亡或终身残废，而且对他人及周围设施造成严重伤害和破坏。

因此，对于特种作业人员，必须进行安全技术培训和考核，提高对设备危险性意识和处理事故的能力，有效控制特种设备事故发生。

2. 特种作业人员培训与考核

从事特种作业人员，必须进行安全技术培训。安全技术培训实行理论教育与实际操作技能相结合的原则，重点是提高其安全操作技能和预防事故的实际能力。培训的方式可以由企事业单位或有关部门进行。

特种作业人员安全技术考核与发证工作，由特种作业人员所在单位负责组织申报，地市级劳动行政部门负责实施。安全技术考核包括安全技术理论考试与实际操作技能考核两部分，以实际操作技能考核为主。考核内容应严格按照《特种作业人员安全技术培训考核大纲》进行，经考核成绩合格者，发给"特种作业人员操作证"，不合格者，允许再考一次。补考仍不合格者，应重新进行培训。

安全生产教育

一、企业安全生产教育的内容

安全生产教育是企业安全管理的一项主要内容，是员工接受与更新安全知识的重要途径，是保证企业安全生产的重要手段。其内容一般包括下述几个方面。

1. 安全生产思想教育

主要包括安全生产方针政策、典型经验及事故案例教育。通过教育，帮助员工提高对安全生产重要性的认识，牢固树立"安全第一"的思想，正确处理好安全与生产的关系，确保企业的安全生产。

2. 安全生产知识教育

主要包括一般生产技术教育、基本安全技术教育和专业安全技术教育等。其中，一般生产技术教育的内容主要包括作业方法、各种机具设备的性能、各种操作技能技巧等方面的知识教育；基本安全技术教育的内容主要包括认识并防范生产过程中的不安全因素。如认识危险设备、危险场所，并掌握相

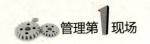

关安全防护知识；安全用电知识；厂内运输安全知识；个人防护品的正确使用知识；发生事故时的救护和自救知识等。专业安全技术知识教育的内容主要包括工业卫生知识和特殊工种的安全操作规程、制度等。例如锅炉、压力容器、起重机械、防爆、防毒、铸造、煅造、高空作业等方面的操作规程与制度。

3. 安全生产法规教育

主要包括国家颁布的有关安全生产方面的政策、法律法规，企业所在地政府颁布的地方性法律法规以及企业自身颁布的有关安全生产方面的规章制度等。通过安全生产法规教育，可以帮助广大员工懂得法规的强制性与严肃性，更进一步牢固树立安全生产的意识，正确掌握各种安全生产规章制度，做到依法依规生产，确保生产安全。

二、企业安全生产教育的特点

企业安全生产教育是一项全员性、全面性与持久性的工作。

1. 全员性

是针对安全生产教育的对象而言的。安全生产涉及生产的每个环节，而这每个环节的工作又是由不同的员工具体完成的。要确保安全生产，就是要确保每个环节的生产安全，也就是对全体员工进行安全教育，全面提高他们的安全意识和技术素质。

2. 全面性

是针对安全生产教育的内容而言的。为确保安全生产，需要对全体员工进行安全思想意识、安全操作技术、相关法律法规等的教育，以提高员工的安全综合素质。

3. 持久性

是针对安全生产教育的时间而言的。对企业而言，安全生产是一个永恒的主题；对员工而言，安全教育是一项永恒的课题。企业只有做到安全教育的长期性、持久性，才能实现安全生产的永久性。

三、企业安全生产教育的类型

按教育对象的不同，可将企业安全生产教育划分为企业负责人的安全生产教育、安全管理人员的安全生产教育、一般员工的安全生产教育和特种作业人员的安全生产教育等四种类型。其中面向管理层的教育侧重于对安全的监管，而面向员工的教育侧重于操作技术。

1. 企业主要负责人的安全生产教育

企业主要负责人是指对本单位生产经营负全面责任、有生产经营决策权的人员。它具体指厂长、经理、董事长一级的人员。对他们开展安全生产教育的内容如下。

（1）国家有关安全生产的方针、政策、法律和法规，以及有关行业的规章和标准。

（2）安全生产管理的基本知识、方法，安全生产技术，有关行业安全生产管理的专业知识。

（3）重大事故防范、应急救援措施及调查处理方法，重大危险源管理与应急救援预案的编制原则。

（4）国内外先进的安全生产管理经验，典型的安全生产案例学习等。

2. 安全管理人员的安全生产教育

企业安全管理人员是指企业内从事安全生产管理工作的人员。具体是指企业安全生产管理部门的负责人及其工作人员，以及其他专职兼职安全管理人员等。

《安全生产法》对安全管理人员的教育有着明确的要求。安全管理人员须经专业培训并考核合格后方可持证上岗。对其开展安全生产教育的内容如下。

（1）国家有关安全生产的法律法规、政策及有关行业安全生产的规定、规程、规范和标准。

（2）安全生产管理知识、安全生产技术、劳动卫生知识和安全文化知识，有关行业安全生产管理的专业知识。工伤保险的法律法规、政策。

（3）伤亡事故和职业病的统计、报告及调查处理方法。

（4）事故现场勘察技术以及应急处理措施。

（5）较重大危险源管理与应急救援预案编制方法。

（6）国内外先进的安全生产管理经验，典型的安全生产案例学习等。

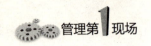

3. 一般员工的安全生产教育

对一般员工进行安全生产教育的主要内容有：安全生产方针政策和法纪教育，基本安全技术知识教育以及安全生产责任制的落实。对一般员工进行安全生产教育的关键在于从工作实际出发，从员工自身行为习惯出发，采用员工喜闻乐见的形式，帮助员工提高安全意识与技能。

4. 特种作业人员的安全生产教育

我国对特种作业人员的安全培训非常重视。《安全生产法》第 23 条规定："生产经营单位的特种作业人员必须按国家有关规定经专门的安全作业培训，取得特种作业操作资格证书，方能上岗作业。"《劳动法》第 55 条规定："从事特种作业的劳动者必须经过专门培训并取得特种作业资格。"

特种作业人员上岗作业前，必须进行专门的安全技术和操作技能的培训教育，增强其安全生产意识，防止由于缺乏安全教育和必要的技能培训而引起伤亡事故。因此，国家经贸委对特种作业人员的培训推行全国统一培训大纲、统一考核教材、统一证件的制度。特种作业人员在独立上岗作业前，必须进行专门的安全技术培训，并获得证书后方可上岗。特种作业人员安全技术考核包括安全技术理论考试与实际操作技能考核两部分，以实际操作技能考核为主。"特种作业人员操作证"由国家统一印制，地、市级以上行政主管部门负责签发，全国通用。取得"特种作业人员操作证"者，每两年进行一次复审。未按期复审或复审不合格者，其操作证自行失效。

四、企业安全生产教育的方式

"三级安全生产教育"是企业开展安全生产教育的主要方式。"三级安全生产教育"是指入厂安全教育、车间安全教育和岗位安全教育。

1. 入厂安全教育

是指对新入厂的工人或新调进的工人，在没有分配到车间或工作岗位之前，由厂人力资源部门、安全部门组织开展的初步安全生产知识教育。

入厂安全教育的内容主要有：国家有关安全生产法令法规、本厂安全生产的一般状况、企业内特殊危险部位的介绍、入厂安全须知和事故预防的基本知识。入厂安全教育的重点是安全生产规章制度的教育。具体包括安全生产责任制、安全检查制、伤亡事故报告制、防火制度、劳动保护用品和保健食品发放制度等。

2. 车间安全教育

是指当新员工或新调进的工人分配到车间后，由车间对其开展的安全知识教育。其教育的内容主要有：本车间的生产概况、本车间的安全生产情况、本车间的劳动纪律和生产规则、安全注意事项、本车间的危险设备、危险部位以及必须遵守的安全生产规程等。

3. 岗位安全教育

是指由班组长对新到岗位的工人进行的上岗前的安全教育。具体内容主要有：本班组生产概况、本班组的工作性质和职责范围、机器设备的安全操作方法、各种安全防护设施的性能和作用、工作地点的环境卫生及各种危险机件的控制方法、个人防护用具的领取和使用方法、发生事故时的紧急救援措施和安全撤退路线等。

安全生产教育的方法是多种多样的。例如，利用宣传挂图、图书资料、安全科教电视以及幻灯等媒介开展安全生产教育，开展安全知识专题报告、讲座、安全知识技能竞赛、安全日活动等进行安全教育。另外还可通过实地参观、现场教育、典型事故案例、安全会议、班前班后会、简报等进行安全教育。

如何制定应急预案

为了避免突发事故时的慌乱，必须做好应急预案，以便及时处理突发安全事故。

一、应急预案内容

现场应急预案应包括以下内容。

（1）潜在事故性质、规模及影响范围。

（2）危险报警和通信联络步骤和方法。

（3）与各紧急救援服务机构的联系。

（4）现场事件主要管理者（总指挥）及其他现场管理者的职权。

（5）应急控制中心的地点和组织。

（6）危险现场人员的撤离步骤。

（7）非现场但可能影响范围内人员的行动原则。

（8）设施关闭程序。

二、预案制定

制定应急预案时，必须确保应急所需的各种资源（人、财、物）及时到位，而且预案的内容具有实际操作指导性。

三、预案告知

现场应急预案必须要让现场所有人员都知道，可以将其公布在现场看板上。

以下是某现场的应急预案示例。

安全生产事故应急预案

1. 目的

为了预防和控制潜在的事故或紧急情况，做出应急准备和响应，最大限度地减少可能产生的事故后果，特制定本预案。

2. 适用范围

本预案适用于现场内有可能发生的工伤事故、火灾、危险品泄漏、爆炸事故等紧急情况。

3. 权责

3.1 现场主管负责制订重大事故的应急计划。

3.2 现场主管负责定期进行安全防火技能培训和组织消防演习，发生火灾时组织救护工作。

3.3 现场主管负责与消防、医疗等单位联系。

4. 具体规定

4.1 应急准备。

4.1.1 现场主管检查现场各种应急设备是否配备齐全，如果有遗漏必须补齐。

4.1.2　要有与消防部门的通信联络表。

4.2　应急响应。

4.2.1　事故发生后紧急响应流程图（略）。

4.2.2　火灾、危险品泄漏发生事故时按以下要求进行。

4.2.2.1　火灾、危险品泄漏发生时，发现人员应迅速将此信息报告并报警，同时采取措施控制事故扩大，由现场主管联络各部门及消防队立即赶赴现场，组织救灾。

4.2.2.2　若火势不能控制，应立即报警，并说明具体情况，派人到路口接警。

4.2.2.3　组织人员将受伤者转送医院或通知医院赶赴现场进行紧急救护。

4.2.3　工伤事故发生时按以下要求进行。

4.2.3.1　最接近伤害者的人应立即报告，并进行紧急救护及处理。

4.2.3.2　如属重大工伤事故者，应立即安排车辆紧急送医院治疗，并进行后续处理。

4.3　纠正与完善。

事故发生后应组织进行原因分析，填写"事故调查与处理报告"，针对导致意外事故的原因，如异常作业、操作人员缺乏培训等，由责任部门采取纠正措施，并予以事故记录实施。

5. 支持性文件

5.1　通信联络表。

5.2　事故调查与处理报告。

安全事故的处理

一、事故与伤亡事故

1. 事故

它是指在进行有目的的行动过程中所发生的违背人们的意愿的事件或现

象，它包含人身受到伤害和财产受到损失。在不同的行业对事故有不同的描述。在企业中发生的事故按性质可分为以下几类。

（1）人身事故。指企业职工在生产领域中所发生的和生产有关的伤亡事故。

（2）设备事故。由于某种原因引起的机械、工艺、动力设备、管道、电线、运输设备以及仪器仪表、工具的非正常损坏，造成严重损失，影响生产的事故。

（3）火灾和爆炸事故。由于火灾和爆炸造成的伤亡或财产损失的事故。

（4）生产、质量事故。由于违反工艺规程、岗位操作规程或由于指挥失误，造成生产工艺不正常或造成生产中断，以及产品质量下降或废品、次品的大量出现，从而较严重影响生产和产品质量的事故。

（5）污染和急性中毒事故。因为工业装置排放污染物引起周围居民中毒、死亡、农作物减产、树木枯死、牲畜伤亡或由于生产过程中存在的有毒物质，在短期内大量侵入人体造成身体中毒的事故。

（6）重大未遂事故。指虽然已经构成发生各类重大事故的条件，由于处理及时得当，未造成伤亡和直接经济损失，但性质恶劣或生产操作严重不正常，给设备带来重大隐患或降低设备使用寿命的事故。

2. 伤亡事故

它是指生产经营单位的从业人员在生产经营活动中或在与生产经营相关的活动中，突然发生损伤或人体的某一些器官失去正常机能，导致负伤肌体暂时或长期地丧失劳动能力，甚至终止生命的事故。

二、伤亡事故的分类

伤亡事故按不同的划分标准可分为不同的类型。下面重点介绍按其伤害程度和按人员保险待遇两种标准划分下的类型。

（1）按其伤害程度分类，可分为轻伤、重伤、死亡。其中，轻伤是指损失工作日满 1 天而低于 105 天的失能伤害；重伤，指损失工作日等于或大于 105 天而低于 6000 天的失能伤害。

（2）按人员保险待遇分类，可分为工伤事故、比照工伤事故、外因事故。

其中，工伤事故是指在生产过程中发生的人身伤害和急性中毒事故；比照工伤事故是指与工作有关、可按工伤待遇处理的伤亡事故；外因事故是指与生产或工作无关的事故。

三、伤亡事故的鉴别

工伤事故是企业伤亡事故的主要类型，是安全管理的重点对象。它是企业员工为了生产和工作，在生产区域内，由于生产过程存在的危险因素的影响，或虽不在生产和工作岗位，但由于企业生产条件、设备条件、劳动条件或管理制度不良，人体受到伤害，导致部分地、暂时地或长期地丧失劳动能力的事故。大量的毒物突然侵入人体，导致员工急性中毒、工作中断的事故也属于工伤事故。下面介绍对伤亡事故的鉴别有重要意义的两个概念。

1. 生产区域

是指生产所涉及的场所。包括厂区道路，生产车间等。有一些无固定生产岗位的员工，其工作地就是他们的生产区域。员工上下班途中发生交通事故不属于工伤。

2. 工作时间

包括班前准备和班后清理的时间。

员工的活动有一些与生产无直接关系，应根据《企业职工工伤保险试行办法》规定的条款来判定是否属于工伤。

四、伤亡事故的预防与救援

由于伤亡事故管理是一种事后行为，所以伤亡事故的预防与救援就显得特别重要。伤亡事故管理的中心应该是预防第一。

1. 伤亡事故的预防原则

伤亡事故的预防主要是对生产过程出现的有毒有害及危险因素加以消除、降低与防护。即通过管理和技术手段消除生产中的危险或有害因素，或使危险及有害因素降低到最小限度，以及控制危险源不与人接触等。伤亡事故的预防原则表现如下。

（1）消除潜在危险的原则。即从根本上消除事故隐患，排除危险。

（2）降低潜在危险因素数值的原则。即在无法彻底消除危害因素影响的情况下，最大限度的限制和减少其危险程度。如采用无毒代有毒的原材料或操作工艺改干式操作为湿式操作等。

（3）防护潜在危险的原则。即在既无法彻底根除、又无法降低危害程度的情况下，可采用各种各样的防护措施来保护人的安全。这是一种消极的防护措施。具体包括：距离防护、时间防护、屏障防护、坚固防护、闭锁防护等。

2. 伤亡事故预防的技术

（1）根除。根据生产技术条件，通过改进设计方案、工艺过程，选用合适的原材料来彻底消除危险。例如用阻燃性材料代替可燃材料，用液压代替电力等。

（2）限制。对某些不能根除的危险，应设法限制它，使其不能造成伤害和损失。例如用低压替代高压。

（3）隔离。隔离是常用的安全技术措施。一般来说，一旦判明有危险因素存在就应设法把它隔离起来。隔离技术包括分离和屏蔽两种。前者是指空间上的分离，后者是指应用物理屏蔽措施进行隔离。利用隔离技术，可以把不能共存的物质分开，也可以控制能量释放。

（4）故障——安全设计。在系统或设备的某一部分发生故障或损坏的情况下，在一定时间内也能保证安全的技术措施称为故障——安全设计。这是一种通过技术设计手段，使系统或设备在发生故障时处于低能量状态，防止能量意外释放的措施。

3. 伤亡事故的救援

伤亡事故的救援主要是指制订一套应急计划，以便在伤亡事故发生时能立即启动救援措施，及时报警并联络相关部门组织救援。

（1）应急计划的内容。应急计划需要充分考虑每一个重大危险以及它们之间可能发生的相互作用，以及危险发生后应该采取的消除隐患和减少损失的具体措施等。

（2）报警和联络。伤亡事故救援时，首先应能将任何突发的事故或紧急状态迅速通知给所有有关人员，并作出安排。企业应将报警步骤通知所有的工人以确保其能尽快采取措施，控制事态的发展。

（3）应急救援措施。现场救援的首要任务是控制和遏制伤亡事故，防止伤亡事故扩大到附近的其他设施，以减少人员伤亡和财产损失。在应急救援措施中应包含足够的灵活性，以保证在现场能采取适当的措施和决定。

（4）应急救援措施的演习。一旦应急救援措施被确定下来，安全管理人员应组织相关人员进行培训与演练，以确保所有工人以及外部应急服务机构都了解企业的应急救援措施。

五、伤亡事故的报告与登记

伤亡事故的报告与登记是安全管理工作的一项重要内容。企业领导和相关的责任人必须对伤亡事故报告与登记的准确性与及时性负责，并坚持尊重科学与实事求是的原则。

1. 伤亡事故报告与登记的范围

企业职工发生的伤亡，一般分为两类。一类是因工伤亡，另一类是非因工伤亡。伤亡事故的报告与登记所统计的是因工伤亡的数字，非因工伤亡的不包括在内。一般来说，只要职工为了生产和工作而发生的事故，或虽不在生产或岗位上，但由于企业设备和企业劳动条件不良引起的职工伤亡，都应算作因工伤亡而加以登记报告，并且其受伤害人员应包括企业所有人员。即临时工、实习生、义务参加劳动人员、来厂参观学习和检查工作的人员等。

2. 伤亡事故报告制度

伤亡事故报告制度是指生产经营单位发生伤亡事故后，负伤者和最先发现人逐级报告的程序与报告内容的要求。

（1）对生产经营单位的要求。事故发生后，当事人或事故现场有关人员应当及时采取自救、互救、保护现场等措施，并立即直接或逐级报告本单位的负责人。单位负责人接到事故报告后，应当迅速采取有效措施，组织抢救，防止事故扩大，减少人员伤亡和财产损失，并按照国家有关规定，立即如实地报告当地负有安全生产监督管理职责的部门及有关部门。不得隐瞒不报、谎报，不得故意破坏事故现场，不得毁灭有关证据。

（2）对负有安全生产监督管理职责的部门的要求。负有安全生产监督管

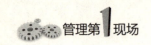

理职责的部门接到事故报告后，应当立即按照国家有关规定上报事故情况。安全生产综合监督管理部门接到伤亡事故报告后，应当立即向当地人民政府和上一级安全生产综合监督管理部门报告，并向当地公安等部门通报。同时迅速赶到事故现场组织事故抢救。

3. 伤亡事故报告和登记的要求

伤亡事故报告的总要求是"一快二准"。"快"就是要迅速及时，也就是报告写得及时，报得迅速。上报时一般是逐级上报，特殊情况下也可越级上报。"准"就是内容准确。要求时间、地点、范围、程度都准确无误。报告人为受伤人或最早发现人。

伤亡事故登记要求是企业发生伤亡事故后应进行及时登记。登记表一般由班组长或企业安全管理员填写。

伤亡事故的报告和登记是一个十分严肃的工作，各种事故登记必须认真细致地填写，不得虚报、假报、隐瞒不报或者故意延迟报告。各级主管领导必须对报告的真实性、准确性和及时性负责。违者应受到纪律处分甚至追究法律责任。

六、伤亡事故调查的程序

伤亡事故的调查是掌握整个事故发生的过程、原因和人员伤亡及经济损失的重要工作。根据调查结果分析事故责任，提出事故处理意见和事故预防措施，并撰写调查报告。其具体程序如下所述。

1. 成立调查组

轻伤、重伤事故的调查一般由企业负责人或指定的人员组成调查组。

死亡事故调查一般由企业主管部门会同企业所在地的劳动部门、公安部门、工会组成调查组。

重大伤亡事故的调查一般按企业隶属关系，由省、自治区、直辖市企业主部门或者国务院有关主管部门会同劳动部门、安全部门、监察部门等组成调查组。

2. 确定调查内容

• 事故发生的时间、地点和经过。

- 伤亡人数、伤害部位和程度、伤亡人员的具体情况。
- 造成事故的直接原因和相关原因。
- 事故的后果和经济损失。
- 对事故责任人的处理意见。

3. 进行事故分析

在搜集到足够的材料后，应将所有材料加以整理，进行事故分析，找出事故发生的直接、间接和主要原因，以便分清责任，制定出有效的防范措施。

事故发生的直接原因是指最接近事故发生时刻，直接导致事故发生的原因。包括人和物两个方面。其中，人的原因主要是指作业人员的行为；物的原因主要是指作业环境、物质及设备的不安全性等。

事故发生的间接原因是指使直接原因得以产生和存在的原因。一般有以下四个方面。一是技术原因。即技术上的不完善或缺陷。如装置或设施设计不合理，结构、材料选用不当，工艺水平低等。二是教育原因。即工作人员的安全技术知识不够或经验不足。如缺乏安全知识、对安全规程误解、缺乏工作经验等。三是身体和精神原因。如生病、身体缺陷、精神状态欠佳、思想松懈、智能低下、反应迟钝等。四是管理原因。即生产组织管理不科学。如企业领导安全责任心不强、安全机构不健全、安全制度不完善、安全标准不明确、安全决策不及时、劳动组织不合理等。

4. 编写调查报告

事故调查报告是指调查中获得的信息和分析结论编写成文件。其基本要求是：结论正确、肯定，证据充分，书写清楚、明确。事故调查报告的内容如下。

- 前言。扼要说明事故调查的情况，事故发生的时间、地点、经过和造成的后果，性质、类别及经济损失。
- 事故经过。详述事故发生的前因后果。
- 原因分析。分直接原因和间接原因两方面来叙述。
- 责任分析与处理意见。
- 提出防范措施。

第七章　现场人员管理

生产岗位的设置

一、生产岗位

为什么要设置生产岗位？亚当·斯密在《国富论》中对制作别针过程的描述，生动地回答了这一问题：如果每个工人都完成抽丝、拉直、切断、削尖的制作别针的全过程，则每人每天最多制作 20 根；而如果将全过程分成若干工序，每个工人完成一道工序，则每人每天的产量可以提高到 4800 根。岗位设置的必要性，通过这一描述而变得不言而喻。

设置生产岗位，就是按照专业化原则将生产流程分解为若干部分，将基本相同或类似的任务确定为一个岗位的过程，主要是解决企业生产需要什么岗位的问题。生产总监要解决好这一问题，必须以流程为基点，遵循相关的原则，进行相关的准备，熟悉相关的方法。

二、生产岗位设置的基本原则

企业的生产岗位设置，要遵循以下四个原则。

1. 必需原则

在设置生产岗位时，要以事设岗，不能因人设岗。岗位是完成工作的基础，要在确保岗位的必需性前提下，根据需要来安排岗位人员的配备，两者之间的关系不能混淆，更不能本末倒置。

2. 合理原则

在设置生产岗位时，要衡量所设的岗位是否合理，并在符合合理性的条件下，根据需要撤销或增加岗位，实现最佳的岗位组合。

3. 整合原则

在设置生产岗位时，既要考虑岗位分工，也要考虑岗位合作。各个岗位

的职责必须明确，岗位之间的合作必须协调好，不能只强调分工而影响合作，也不能只强调合作而不明确分工。明确分工是为了更好地合作。

4. 规范原则

在设置生产岗位时，要遵守规范，力求平衡，各个岗位的职责、工作量和工作强度不能差距过大，要尽量保持各岗位的工作负荷大体相当。

实行上述原则，概括起来就是进行流程的优化。优化流程是设置生产岗位的前奏，只有在流程优化的基础上设置的岗位，才是经过整合和规范的，才能做到必需和合理。只有完成流程优化后的岗位设置，对企业才最为经济，对生产才最为有利。

应该如何优化流程呢？我们可以采取"ESCRI"的方法：也就是针对不同的情况，分别通过取消（Eliminate）、简化（Simplify）、合并（Combine）、重排（Rearrange）、新增（Inerease）的手法，对流程进行改善和优化。第一要取消不必要、不合理、不增值的操作和工序，以增强岗位实效；第二要简化工作的过程、动作和方法，以明确岗位规范；第三要合并相邻工位重复的工作，以减少岗位数量；第四要重新安排高效、合理的操作方法和工序，以整合岗位职能；第五要新增必需的工序或设备，以提高岗位效率。

优化流程的目标是提高生产效率。具体范围和方法可以按需确定、因地制宜。范围既可以是整体的，也可以是局部的。在方法上企业可以根据各自发展阶段的不同要求作出不同的选择，无论是在取消、简化、合并、重排、新增等哪一方面取得了进展，提高了生产效率，都是实现了流程优化的目标。

三、生产岗位设置的准备

生产岗位设置的准备，包括岗位分析和岗位设计。岗位分析和岗位设计，都必须围绕生产流程展开。从横向角度看，由原料入库到成品出库，各个岗位必须环环相扣；从纵向角度看，由生产总监到一线员工，各个岗位必须层层相连。所有的岗位，或横或纵，都应该贯穿在生产的流程之中。生产岗位设置的准备工作所包含的环节和要求如下。

1. 岗位分析

岗位分析的主要工作是完成对岗位"做什么"、"由谁来做"的描述。包括列明工作的内容、确定主要的职责、明确涉及的关系、规定任职的要求等，每一项都要有确切的定位。下面以生产部经理为例，简要说明岗位分析的内容。

岗位分析一般包括四个角度。以生产部经理为例，从工作角度看，主要围绕着生产，包括计划、调度、统计、协调、监管等；从职责角度看，有协助、管理、协同、指导等；从关系角度看，有领导、下属、同事、监管对象，包括上下级关系、协作关系和监督关系；从任职要求角度看，需要有一定的生产知识、业务能力和管理经验，具有良好的人格特征。其他岗位的分析，原理是一样的，只是由于职位的不同，有的会更复杂些，有的则要相对简单一些。

2. 岗位设计

岗位设计的主要工作是完成对岗位"怎么做""有何标准"的规范。形式包括工作说明书、作业指导书、岗位规范、操作的流程等，每一种形式都各有侧重。比如工作说明书，侧重的是工作性质、隶属关系、主要任务、环境条件、任职资格等；作业指导书，侧重的是具体步骤、工作内容、执行标准、检验方法、责任部门等；岗位规范，侧重的是工作范围、具体职责、行为要求等；操作流程，侧重的是工作的程序、环节、路径等。对于各自的格式和侧重点，可以根据具体情况进行编制，以实现相应的功能。

企业生产岗位的分析和设计，并不是单一的和局部的，因此需要满足完整性和统一性的要求。完整性体现在生产流程的全过程，从开始到结束、从原料入库到成品出库，生产流程所经过的每一个环节的岗位都要涉及。统一性体现在管理流程的全方位，从高层到低层、从生产总监到一线员工，管理流程所经过的每一个岗位都不能落空。生产总监在审核生产岗位的设计时，一定要从全局的角度出发，一定要考虑整体的协调性。

四、生产岗位设置的方法

生产岗位设置的方法有很多种，其中比较适合生产型企业的有标准法、标杆法、任务法、能力法等。但在具体应用中，这些方法都必须以生产和管理的流程为基础。

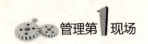

1. 标准法

其依据一般是行业标准。行业标准是根据同类企业多年积累下来的数据进行科学处理后得出的，参考性较强，尤其是有些具体的定岗方法和思路很值得借鉴。但缺点是制定周期较长，时效性不太强，相对有些滞后。企业在采用标准法时可以参照《中华人民共和国职业分类大典》，并根据企业的实际情况进行调整。

2. 标杆法

分为外部标杆法和内部标杆法。

（1）外部标杆法。通常选定一个与本企业情况相类似的企业为标杆，以其定岗模式为岗位设置的参照，采用时要特别考虑企业之间的差异性。

（2）内部标杆法。通常以企业内部管理先进的模块为标准，确定企业内部其他类似的生产模块的岗位，由于这些模块之间有较强的可比性，可以使推广定岗方案更具说服力，但不可能适用于所有部门。

标杆法的使用范围较广，不限行业、不限范围，只要存在较大可比性的企业都可以采用。比如，某塑料制品生产企业，主要产品是家用小型盆、桶，生产中最大的问题是产量较低。为解决这一问题，企业向同类的先进企业取经，发现问题出在岗位设置方面，先进企业在岗位设置方面比较合理，除了操作工外，还配备一定比例的辅助工，专门负责送料、取成品和清洁场地工作。而在该厂，取料、送成品、清洁场地的工作都是由操作工一人完成的。根据先进企业的经验，该厂也设置了相同比例的辅助工，结果生产效率明显提高，产量也大幅增加。

3. 任务法

根据任务设置岗位。将明确的任务层层分解，用单一任务与岗位绑定。这种设置方法的优点在于岗位的职责简单明了，便于监督管理，在一定时期内会有较高的效率。但缺点是任务比较单一，会影响员工工作热情的发挥。任务法比较适用于流水线作业的岗位设置，以汽车组装为例，在整个装配过程中，可以设置若干岗位，分别负责不同部位的零配件安装，完成一部分组装后再转到下一部分，直至整车下线。

4. 能力法

依据能力设置岗位。也是将明确的任务分解到岗位，但任务是复合型的，职责也比较宽泛，对员工的工作能力要求更全面一些。这种设置方法的优点是有利于发挥员工个人特长，使企业具有应对各种变化的弹性，但岗位之间的层次性相对模糊。能力法适用于一些特定的环境或特定的人。比如，某企业有一位对生产、设备、技术、管理都比较在行的人员，生产总监就可以为他专门设置一个总调度的岗位，协助处理日常生产事务，使他的特长能得到充分发挥。

上述定岗方法，在实际工作中可以根据具体情况灵活应用，有的时候也可以交叉使用。但不管是哪种方法，岗位的设置都不能脱离工作流程。生产岗位的设置，必须以生产工序为基础、以生产流程为依据。

五、生产人员的配备

生产人员的配备，就是要为已经设置的生产岗位和确定的生产编制找到适合的人选。生产总监在抓生产人员配备的工作时，需要关注标准、途径、规则和培训四个环节，做到以岗位要求为标准，以直接有效择途径，以适者生存作规则，以注重实效搞培训。

1. 按照岗位要求配备

生产岗位人员的配备标准，必须按照岗位的要求。岗位的要求可以概括为三大类：一是不同类型的岗位，二是相同类型的岗位，三是特殊岗位。

（1）不同类型的岗位要求

不同类型的岗位，上岗要求有很大差别。管理岗、技工岗、操作岗、辅助岗，对上岗人员的标准各不相同，要求相当悬殊。管理岗会要求有一定的知识层次、管理知识和实战经验；技工岗会要求专门的不同等级的技能；操作岗会要求对操作对象有掌控的能力；而辅助岗的要求则会相对低很多，可能只要有一定的责任心和好的身体就可以上岗，如清洁工。

（2）相同类型的岗位要求

相同类型的岗位，在不同的岗位上也会有不同的要求。以操作工为例，如果你是织布操作工，就必须掌握织布的技能；如果你是车床操作工，就必须掌握加工零件的技能；如果你是锅炉操作工，就必须掌握安全使用锅炉的技能；如果你是鞋厂穿带操作工，就必须掌握穿带的技能；如果你是流水线装配操作工，就必须掌握产品装配的技能。

（3）特殊类型的岗位要求

有的岗位可能对体能有特殊的要求，如装卸工；有的岗位可能对性别有特殊的要求，如炼钢工；有的岗位可能对年龄有特殊的要求，如缝纫工；有的岗位可能对资格有特殊的要求，如电工、司机等，需要有相关的电工证或驾驶证等。

所以，岗位要求是生产人员配置的唯一标准。

2. 采用招聘、竞聘、调配三种方式

生产人员的配备，主要途径有三个，一是招聘，二是竞聘，三是调配。

（1）招聘

除非是新建工厂，一般情况下不会出现全员招聘的情况。因此，企业在常态下对生产人员的招聘大多是急需的、关键的，或是个别岗位的补缺。招聘主要在厂外开展；可以通过报纸、网站等形式发布招聘信息，公布拟招聘的岗位、人数，详细列明岗位要求和福利待遇；在对应聘人员进行筛选的基础上确定面试人选，最后择优录用。

（2）竞聘

当有空缺职位出现时，在企业内部进行竞争聘用也是一种方法，通过竞岗的形式，将适合的人员选聘到所需的岗位。竞聘的程序包括成立竞聘领导小组、发布竞聘信息、竞聘者报名、领导小组决定竞聘人选、竞聘讲演、领导小组评议、征求群众意见、决定聘用人员等。

（3）调配

除了招聘和竞聘以外，企业还可以通过内部调配的方法进行岗位补缺。当生产岗位出现空缺时，企业可以根据管理级别，由相应的部门进行相关岗位的调配工作。进行岗位调配时要注意三条：一是过程透明，不能暗箱操作；二是标准相同，必须择优选用；三是机会均等，不得厚此薄彼。也就是要做到公开、公平、公正。

现场工作制度规则

一、现场工作制度规则

1. 现场规则的内容

生产现场规则应具备的内容如表 7-1 所示。

表 7-1　　　　　　　　　　生产现场规则

序号	项目	内　　容
1	问候	1. 早晨晚上的问候语要大声地说 2. 进入会议室和办公室等特别的房间之前，要敲门大声问候 3. 在通道上碰到来往客人时，要行注目礼
2	时间规律	1. 以良好的精神状态提前 5 分钟行动 2. 作业在规定的时间开始，按照规定时间结束 3. 会议按时开始，也应按时结束 4. 休假应提前申请
3	服装	1. 要着与工作场所的作业相符合的服装 2. 厂牌是服装的一部分，必须挂在指定的位置 3. 作业服要干净
4	外表修养	1. 男性不要蓄胡子 2. 不要留长指甲、涂指甲油 3. 保持口气清新 4. 女性应化淡妆
5	吸烟	1. 只在规定时间内吸烟 2. 只在指定场所内吸烟 3. 不乱扔烟头
6	言行	1. 对上司要正确使用敬语 2. 作业中不要说废话 3. 不可在工厂中跑动 4. 不做危险的动作

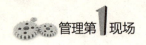

序号	项目	内　　容
7	遵守约定的事	1. 对指示的内容，在催促之前报告其结果 2. 借的东西要在约定时间之前返还 3. 如看到了整理、整顿的混乱，不要装着没看见，可自己处理，也可告知责任部门
8	认真地工作	1. 按作业标准进行正确的作业 2. 确认了指示内容后再采取行动 3. 发生了不良品或机械故障，应立即报告 4. 不在生产现场和通道上来回走动

2. 不遵守现场规则的问题及原因

（1）问题

现场规则是指为完成现场的生产目标，维持生产现场良好秩序必须遵守的约束，如不能遵守，就会发生以下问题。

- 员工懒散，工作没干劲。
- 不按指示去做，且同样的问题重复发生。
- 迟到了，也没有人去注意，迟到者像没事一样。
- 没有生产现场整体的总结，不论做什么也没有进行总结。
- 完不成生产任务，好像与己无关，且在现场也没有研究以后应该如何去改善的氛围。

（2）原因

- 员工不了解现场规则。
- 班组长总是把责任推到部属身上。
- 管理人员从来没有和员工说过话。
- 管理人员对作业的失误也不认真地批评。
- 作业者对提高自己的能力缺乏自主性。
- 现场内的告示太少，生产状况、目标之类的情况没有传达给现场，使生产人员不知道应该干什么。

3. 改正不遵守规则的方法

通过以上分析，对不遵守现场规则的原因有所了解后，应采取一些对策，制造有生气、有效率的生产现场氛围。

（1）管理者引导

现场管理者首先自己应熟知并严格执行这些规则，起示范作用。

（2）对部属交代工作应清楚明确

向部下交代工作可运用 5W1H 法，即什么人做、做什么、为什么这样做、在什么时候之前完成、在什么地方做、怎样做。

（3）信息交流

生产现场信息的交流主要包括必要的生产所需的情报的交流。

（4）评价工作结果

对指示了要执行的工作，要部下报告结果，看是否符合期待的结果，为提高成果，有必要对成果作公平、积极的评价。

4. 维持现场规则的方法

（1）明确管理职能

维持现场规则，首先要明确管理职。

（2）导入 5S 并彻底实行 5S

实行 5S 的基本目的是提高员工的素养。在彻底实施 5S 的过程中，自然会产生遵守现场规则的氛围。同时也确立了维持现场规则的基础。

（3）强调生产指令的遵守

强调生产指令的遵守，须明确以下事项。

- 明确生产的目的。
- 告诉员工生产中应采取的必要的手段。
- 明确交货日期。
- 具体地说明生产项目。
- 明确指示"要严格遵守"的要点。
- 对指示、命令的内容一定要求下属作记录。
- 要员工确实地报告工作的内容。
- 在生产进度减慢或异常发生时，要求员工迅速地报告情况。

二、现场人员的沟通

1. 现场管理沟通的对象

（1）和上司交流

和上司进行沟通是完成工作的重要的部分，但因为和上司人际关系不好而苦恼的人不在少数。其实，在沟通中只要做好以下几点就会收到良好成效。

• 和上司议论时要理解自己和上司的立场不同，所以观点不一样，也不要气恼。

• 面对上司要切实地进行报告、联系、商讨。

• 作工作报告时应先说结论，并把事实和意见明确区分开来报告。

（2）和部下交流

为完成生产目标，现场管理者和部下的沟通也是最重要的工作之一，其技巧如下。

• 利用"目视管理"等手段明确表示生产现场的目标，并反复告诉部下。

• 有计划地培养部下。

• 激发部下的工作热情，营造良好的生产现场的人际关系。

• 耐心倾听部下的烦恼和要求，并帮助其解决。

• 在给部下发出工作指令时，要清晰、明确，同时要激发部下的工作热情。

（3）同事之间的交流

和同事沟通是寻求协助的最佳手段，所以应运用良好的交流手段，因为有时从同事处得来的非正式信息非常有用也是事实。

• 积极地进行频繁的信息交换。

• 相互之间互相激励、互相刺激以求提升能力，并成为良好的搭档。

• 对不喜欢的同事也可作为反面的教材进行沟通。

2. 沟通不良易产生的问题

现在的社会竞争激烈，个人价值观又呈多样化，要很好地维持现场沟通不是一件容易的事。若沟通得好，就会产生既能提高生产效率又能提高品质的协作优良的生产现场；而若生产现场的沟通不足，则会使生产现场的效率、品质都降低，并导致发生以下的问题。

- 部下只做交代了的工作，未交代的不会动手去做，而且这种现象越来越多起来。
- 在工作方法上守旧，改善意识低下，甚至不愿意改善。
- 成为只做跟前工作的生产现场。
- 员工只被日常工作追着，很被动，不思进取，不去主动学习。
- 存在员工能力差，使某些工作集中在某些特定的人身上，如果该特定的人缺勤，生产就无法正常进行。
- 完不成生产现场整体的生产目标，而且谁也不觉得自己有责任，谁也不会去探究原因，提出改善对策。

3. 沟通改善的方法

现场的沟通受非常多的因素影响，所以相应的解决的方法也多样。以下介绍一些简单易行的方法，作为现场管理者可下意识地进行实践。

（1）明确沟通目标

谋求别人和自己的交流，须明确自己的目标。作为管理者应该明确自己想干什么及自己的目标是什么。只有目标明确，才可找出最佳方法。

（2）运用会议进行沟通

每日召开5～10分钟的早会，一周召开一次30分钟的生产现场会议等，这样连续不断地进行并成为一种惯例，会产生意想不到的效果。

①早会的召集方法。早会应由生产现场管理者主持或由成员轮流主持。早会的召开可按如下顺序进行：开始早会；点名（叫到名者，应答是有意义的）；昨日实绩（生产数量、不良率、劳动灾害）总结；本日计划告知（生产数量、培训、有无会议等）；本日的注意事项（危险的作业、为缺勤者安排替代者等）；成员的发言（说：其他还有要问的吗？）；早会结束。

②现场会议沟通的技巧。生产现场是问题的审议和解决的重要场所，有效地利用会议的关键在于沟通的好坏，为达到此目的应运用以下技巧：开会之前就分发会议所需资料；缩小出席范围，举行高质量的会议；选择有能力的主持者和记录者；严格遵守会议开始和结束的时间；明确决定了的事项，分别进行实施、明确期限；分发会议记录，并对会议决定事项进行情况追踪。

定员与定额管理

一、劳动定员的作用

现场劳动定员管理的基本要求是科学地组织员工进行生产作业，合理使用劳动力，采用先进的劳动组织形式，正确处理劳动过程中的分工协作关系，从而调动劳动者的积极性，不断提高劳动生产率。

劳动定员是根据国家有关的劳动政策和法令，结合企业的具体情况，本着精简机构、提高工作效率的要求，规定企业及其各部门在既定的产品方向、生产规模和一定时期、一定生产技术组织条件下，应该配备的各类人员的数量标准，促使企业做到用尽可能少的人力办更多的事，创造更多的财富。

劳动定员是企业的一项重要基础工作。搞好定员工作，对于提高劳动生产率有重要意义。具体如下。

（1）劳动定员为企业及其作业现场规定了各类人员的配备数量标准，使之在用人方面能够做到心中有数，做到在保证生产（工作）需要的前提下，合理配备人员，节约使用劳动力，并根据生产情况的发展和变化，相应调整劳动力。

（2）劳动定员是按照一定劳动效率要求确定的劳动需要量标准，因而它也是企业编制劳动计划的基础。

（3）劳动定员有助于企业进行劳动力的平衡和余缺调剂，有助于节约劳动力和提高工作效率。

（4）劳动定员有助于企业改善劳动组织，巩固劳动纪律，建立健全岗位责任制，做到定编定员，克服人浮于事、工作效率低等现象。

（5）对于新企业，劳动定员有助于企业有计划地、合理地调配各类人员。

二、劳动定员的方法

由于企业各类人员的工作性质不同、总的工作量和各人劳动效率表现形式不同、影响定员的因素不同，确定定员的方法也各不相同。

1. 劳动效率定员法

这种方法根据工作量和劳动定额计算定员。适用于一切能够用劳动定额表现生产工作量的工作或岗位。其计算公式是：

$$定员人数 = 生产任务 \div 工人劳动效率 \times 出勤率$$

式中，工人劳动效率用劳动定额乘以定额完成率计算。

由于劳动定额的形式有工时定额和产量定额、生产任务和工人劳动效率，可相应按工时或产量表示。不论用产量定额还是工时定额计算得出的定员人数都是相等的。

2. 设备定员法

这种方法是根据完成一定的生产任务所必须开动的设备台数和班次，以及单机设备定员计算编制定员的方法。适用于操纵设备作业工种的定员。其计算公式是：

$$定员人数 = 机器设备台数 \times 每台机器设备开动班次 \div$$
$$（工人看管设备定额 \times 出勤率）$$

式中，机器设备台数和开机班次，需要根据设备生产能力和生产任务来计算，不一定是实有的机器设备台数，因为备用设备不必配备人员，有时生产任务不足又不必开动全部设备。

不同的机器设备，必须开动的台数，有不同的计算方法。一般要根据劳动定额和设备利用率核算单台机器设备的生产能力，再根据生产任务计算开动台数和班次。

3. 岗位定员法

这种方法是按岗位定员、标准工作班次和岗位数计算编制定员的方法。适用于大型装置性生产、自动流水线生产的工人以及某些看守性岗位的定员。对于多岗位共同操作的设备，计算公式是：

$$定员人数 = 共同操作的各岗位生产工作时间总和 \div$$
$$（工作时间 - 休息与生理需要时间）$$

对于单人操作设备的工种，如车工皮带输送机工等，主要根据设备条件、岗位区工作量，实行兼职作业和交叉作业的可能性等因素来确定定员。

4. 比例定员法

这种方法是以服务对象的人数为基础，按定员标准比例计算编制定员的方法。适用于辅助性生产或服务性工作的单位的定员。这种定员方法的出发点是某种人员的数量随企业员工总数或某一类人员总数的增减而增减。

5. 职责定员法

这种方法是按照既定的组织机构和职责范围，以及机构内部的业务和岗位职责确定人员。适用于管理人员和工程技术人员的定员。在多数情况下，无法用数学公式表示。

以上5种定员方法在一家企业里是同时使用、互相补充的。

三、劳动定员的要点

为了合理地确定各类人员需要量，劳动定员应做到以下几点。

1. 定员水平先进合理

先进合理的劳动定员水平是建立在精干的组织机构、合理的劳动组织、先进合理的劳动定额和充分发挥员工积极性的基础之上的。因此，在定员工作中必须反对那种宽打窄用、三个人的活五个人干的不合理现象。

（1）定员水平先进，是指和同行业中生产条件大体相同的企业相比较，或同本企业历史最高水平相比较，劳动生产率要相对地高，用人要相对地少。

（2）定员水平合理，是指确定的定员标准要能够保证生产的正常需要，做到各项工作有人去做，而不是无人负责，避免人员的窝工浪费。

2. 定员标准相对稳定

在一定时期内，企业的生产技术组织条件是相对稳定的，这种相对的稳定性正是制定定员标准的依据。因此，企业及其内部各单位需要配备的人员数量定下来以后，也要保持相对的稳定。没有定，无用人标准，必然引起人力使用的混乱和浪费。

企业定员的标准的稳定是相对的，企业定员标准不能固定不变。随着生产的发展，技术的改进，劳动组织的改善，劳动者业务、技术水平的提高，定员标准也必须作相应调整，并使定员水平不断有所提高。只有这样，才能适应生产技术发展的需要，使定员标准充分发挥积极作用。

3. 合理安排各类人员的比例

这些比例包括合理安排直接生产人员和非直接生产人员的比例，基本工人和辅助工人的比例关系。在处理各类人员的比例关系中，还要注意安排好各工种工人的比例，以防止各工种工人之间的忙闲不均和窝工浪费现象。

企业各类人员的比例是随着生产的发展、工艺技术水平和企业管理水平的提高以及管理职能的变化而变化的。因此，在处理各类人员的比例关系时，既不能脱离当前的实际需要，也要看到长远的发展趋势，有一定的预见性。

四、劳动定员的实施

劳动定员制定以后，更重要的是认真贯彻执行，使定员在企业管理中充分发挥其积极作用。因此，必须认真加强定员管理工作。为了搞好定员管理工作，应切实抓好以下几个环节：

1. 提高认识，认真执行

要使各级领导和全体员工深刻认识到，搞好定员工作是整顿劳动组织、提高经济效益的需要，是加强劳动纪律、搞好员工队伍建设的需要。这是搞好定员工作并使定员标准得到认真贯彻实施的关键环节。

2. 建立健全有关管理制度

定员管理不是孤立的，它与企业的各种规章制度特别是劳动力管理制度紧密相连。人事管理制度不健全，用人控制不严，往往是浪费人力、突破编制定员的重要原因。为此，必须建立健全用人制度，劳动计算管理制度，工资基金管理制度，员工的考勤、请假和奖惩等各项制度，并对员工的招收、录用、调动、退休、退职以及劳动力的临时调配等作出统一的规定。这是贯彻实施编制定员的重要保证。

3. 妥善安排富余人员

企业进行编制定员后，必然要出现一批富余人员。这些人员必须及时从原岗位上撤下来另外安排。做好这项工作，是搞好定员工作、巩固员工工作成果的关键。如果对富余人员安排不及时、不妥当，就会使编制定员流于形式，不能发挥应有的作用。安排富余人员，要立足于企业内部，其主要途径是积极开展新的生产、服务门路，分期分批地组织文化技术业务培训，以适应将来发展的需要。

4. 定期研究和修订标准

随着科学技术和社会分工的发展，企业的生产条件也在不断发展变化，因此定员标准也要随之进行修订。否则，用已过时的定员标准进行新的编制定员就会脱离实际，阻碍生产的发展。这就要求在日常管理工作中经常分析研究企业生产工作条件的发展变化，定期地修订各类人员的定员标准。这是搞好定员管理的一项重要内容，必须认真抓好这项工作。

5. 做好基础资料分析工作

这项工作是指做好定员基础资料的积累和统计分析工作。主要有以下三个内容。

（1）做好月度组织机构各类人员运用情况报表的统计分析工作。

（2）做好月度生产工人产品人工消耗和工时利用率（非生产时间）报表的统计分析工作。

（3）做好月度考勤报表的分析工作。

这些定员基础资料，既是搞好定员管理的手段，也是进一步修订定员标准的依据，必须正确积累，认真管理。

6. 加强监督检查

为了保证定员的贯彻实施，必须加强监督检查。监督检查的主要内容包括：各类人员是否都严格实行了定员，定员水平是否先进合理，组织机构的设置和各类人员的构成是否合理，多余的人员是否撤离原岗位并进行了妥善安排，是否有随意抽调生产人员从事非生产活动以及向所属单位摊派劳动力的情况等。要实行定员奖、增人不增奖、减人不减奖、节约劳动力加奖等经济办法管理定员，以保证定员标准的贯彻落实。

五、劳动定额作用

劳动定额管理的基本要求是采用先进合理的定额，实现生产过程及产量的标准化，进一步降低劳动消耗，提高劳动效率和劳动生产率，促进和保证生产作业的完成。

劳动定额是指在一定的生产技术和生产组织的条件下，为生产一定数量的产品或完成一定量的工作所规定的必要劳动消耗量的标准。

劳动定额是提高劳动生产率的重要手段之一。为了组织生产，保持生产过程的连续性、协调性和比例性，保证工人满负荷，就必须预先规定并要求工人完成劳动定额。在生产过程中，当完成劳动定额的程度发生重大变化时，还必须按照新的劳动定额加以调整和平衡，其主要作用如下。

1. 计划管理的依据

编制生产计划、劳动计划和服务计划；生产指标从厂部层层落实到车间、现场及其个人，都需要参照劳动定额。

2. 组织生产的依据

为使产品生产有秩序、有成效地进行，必须制定先进合理的劳动定额，用以核算和配备生产过程中各工序的工人和设备的数量，使生产各阶段都能依照劳动定额，在一定的劳动时间内，生产一定量的产品或完成一定量的工作。

3. 经济核算的依据

核算劳动消耗指标是以劳动定额为依据进行的，它还可以用来计算人工费用，作为确定计划成本和控制成本的依据之一。

4. 按劳分配的依据

在一般情况下，劳动定额可以用作考核成绩、计算奖金，在实行计件工资的情况下，劳动定额可以用来计算计件单价。

5. 竞赛评比的依据

劳动竞赛评比活动，通常要以劳动定额的完成情况来评定工人完成任务的好差，并从中评选出竞赛的优胜者。

六、劳动定额的形式

劳动定额的基本形式一般分为产量定额、工时定额、看管定额、服务定额四种。

1. 产量定额

产量定额是指工人在单位时间（每小时或每个轮班）内应当完成的合格产品数量。这是用产量表示的劳动定额。计算方法如下：

$$产量定额 = 产品数量 \div 生产产品所消耗的劳动时间$$

2. 工时定额

工时定额是指工人生产单位合格产品所必须消耗的时间。这是用时间表示的劳动定额，因此，也可称之为时间定额。计算方法如下：

$$工时定额 = 生产产品所消耗的劳动时间 \div 产品数量$$

以上两种劳动定额，在数值上成反比关系，即互为倒数；可以相互换算，其换算公式为：

$$单位时间产量定额 = 1 \div 单位产品工时定额$$

$$单位产品工时定额 = 1 \div 单位时间产量定额$$

3. 看管定额

看管定额也是一种劳动定额形式。它是按一个工人或一组工人能同时看管几台机器、设备表示的劳动定额。

4. 服务定额

服务定额是服务性现场、集体或个人在一定时间内服务数量的定额，如理发工人一个工作班理多少人的发，托儿所按一个保育人员照看多少孩子配备人员，食堂按一个炊事员做多少人的饭菜确定劳动组织等。

七、劳动定额的类型

劳动定额一般分为现行定额、计划定额、不变定额、设计定额四种。

1. 现行定额

现行定额即为现在生产所使用的定额，它反映当前生产、技术水平。一般以工序为单位制定，可进行定期或不定期的修改。主要用于平衡和核算生产能力、安排作业计划、计算产品成本或衡量工人生产成绩。

2. 计划定额

计划定额即为计划期内拟订的定额，它反映预期、预算水平，是在考虑到计划期内的技术、组织措施的实施、劳动组织的改善、先进经验的推广、劳动生产力增长的幅度等因素，以现行定额为基础，综合研究制定的。在实行目标管理的企业，把计划定额叫做目标定额，主要用于编制企业计划。

3. 不变定额

不变定额也叫固定定额，是将某个时期的现行定额固定下来，作为计算产值、下达经济指标的依据。它通常反映固定价格水平，便于分析比较劳动生产率的增长和产品成本下降的情况。

4. 设计定额

设计定额即为工厂设计时所规定的定额，它反映开工生产后应达到的生产水平，通常根据产品的工艺技术资料和设计任务书的有关要求，采用定额标准和通过与同类型产品的现行定额分析对比，概略计算出来的。设计定额主要用于计算新企业的生产能力、规模、设计需要量、生产面积、各种劳动需要量和选择生产的劳动组织形式等。也可作为新产品投产后，企业逐步降低工时消耗的目标，还可用于企业扩建和改建时，计算设备需要量、劳动力配备等。

八、劳动定额的制定方法

劳动定额的制定方法，一般有以下三种。

1. 经验估计法

经验估计法的要求是由定额人员、技术人员和老工人组成估计小组，根据产品设计图纸、工艺规程、工装条件和设备状况，以及生产组织形式，凭实践经验来估计工时定额。估计有精细之分。精估计是按整个工序估算；细估计是按工序各组成部分分别估算，然后汇总确定工序的工时定额。

（1）经验估计法的适用对象。经验估计法适用于多品种小批量生产、单件生产、新产品试制、临时性生产等情况。

（2）经验估计法的优点。经验估计法简便易行、工作量小、制定定额快。

（3）经验估计法的缺点。由于对组成定额的各种因素不能细致分析和计算，技术根据不足，受估计人员主观因素的影响大，容易使定额出现偏高或偏低等现象。因而定额的准确性较差。

（4）经验估计法的实施。选择经验比较丰富，技术水平比较高的老工人参加估计，并把估计的设想交群众讨论，应尽量利用过去生产类似产品的资料进行对比分析，为制定定额提供尽可能多的客观依据。

2. 统计分析法

统计分析法的要求是根据过去同类型产品（零件、工序）的实际工时消耗的统计资料，结合分析当前生产条件的变化情况，来制定定额的方法。

（1）统计分析法的适用对象。统计分析法适用于企业生产比较正常、产品比较稳定、品种较少以及原始记录和统计工作比较健全的情况。

（2）统计分析法的优点。它比经验估计法更能反映实际情况，因为它有较多的统计资料作为依据。

（3）统计分析法的缺点。由于统计分析法依据的是过去的统计资料，在这些资料中某些不合理的因素，比如在实耗工时中包括一部分浪费工时，又如原始记录不准等，必然要影响到制定定额的准确性，使定额水平不够先进合理。

（4）统计分析法的实施。必须建立和健全原始记录、加工工时定额的统计工作，特别是要加强对统计资料的整理、分析和研究工作，剔除其不合理部分，分析平均水平与先进水平的差距及其原因，还要考虑当前条件和过去条件相比发生了哪些变化，这些变化对定额有什么影响。一定要把提高劳动生产率的各种可能因素，如推广先进的操作方法和采用新工艺、新技术等考虑进去。

3. 技术测定法

技术测定法的要求是在分析研究生产技术组织条件和挖掘生产潜力的基础上，对组成定额的各部分时间，通过实际观测或分析计算制定定额的方法。

（1）技术测定法的适用对象。技术测定法适用于品种多、零件多、工序多的情况。

（2）技术测定法的优点。技术测定法比较科学，有一定的技术依据，较为准确，易于平衡。

（3）技术测定法的缺点。因为工作量太大，只适用于品种少、生产稳定或机械化的大量大批生产，以及单件小批生产中的典型零件或工序，通常用来制定典型定额。

（4）技术测定法的实施。由于取得资料的来源不同，技术测定法有两种：一种是分析研究法，即通过现场观测记录取得第一手资料制定定额的方法；另一种是分析计算法，即根据事先制定的工时定额标准计算制定定额的方法。采用这两种方法制定的定额都称为技术定额。

以上三种制定定额的方法，各有优缺点和适用范围。企业生产现场在制定定额中究竟采用哪一种方法，应从实际出发，根据需要和可能来确定。不管采用哪种方法都要坚持群众路线，实行专群结合，加强思想工作。在企业生产现场实际工作中，这几种方法往往是结合起来运用的。例如，有的企业在制定劳动定额时，通过竞赛评比，在总结先进操作技术的基础上，分析研究有关的统计资料，结合经验估计，并用技术测定法的现场观测作典型调查，然后提出定额的初步意见，交群众反复讨论，最后由企业现场领导干部、专业人员、工人代表三者结合，共同审查定案。

九、工时消耗的分析

工时消耗的分析，是指对工人在整个工作日（轮班）内的实际时间消耗进行系统的分析，并对每一项时间消耗按其性质和作用进行科学的分类。工时消耗分析的目的是消除不必要的时间消耗，为制定先进合理的劳动定额提供依据。

工时消耗大体可分为工作时间、中断时间和非工作时间三个基本部分。

1. 工作时间

工作时间是指工人用于生产活动所必需的有效劳动时间。这类时间是由作业时间、布置工作地时间和准备与结束时间三个部分组成的。

（1）作业时间。是指直接用于完成生产任务，实现工艺过程所消耗的时间。按其作用的不同，又可进一步划分为基本作业时间（简称基本时间）和辅助作业时间（简称辅助时间）。它是定额时间中最主要的组成部分。

①基本时间。指工人运用劳动工具（或手工）实现基本工艺过程，使劳动对象直接发生物理或化学变化所消耗的时间。如井下作业中用于起下管柱、抽汲提捞等所消耗的时间。基本时间按其性质的不同，又可分为以下三种：一是机动时间（即机器设备完成工作所消耗的时间）；二是手动时间（即工人

用手工或简单工具操作完成工作所消耗的时间）；三是机手并用时间（即工人操纵机器完成工作所消耗的时间）。基本时间的特点是，随着单位产品或单位工程量的重复而重复，其时间的长短与产品数量或工程量的多少成正比。

②辅助时间。指工人为保证完成基本工艺过程所必需进行的辅助作业所消耗的时间。如井下作业中的丈量管柱、装抽子、接捞筒等所消耗的时间。在一般情况下，辅助时间多为手动时间。机动的基本作业和手动的辅助作业有两种结合方式。一是交叉的，即平行进行的；二是不交叉的，即轮换进行的。对于这两种结合情况，在工时消耗分类中要划分开来，前者不应计入辅助时间消耗，以免在作业时间中出现重复计算的情况。

（2）布置工作地时间。又叫服务工作时间。它是指工人用于布置和照看工作地，使工作地经常保持正常工作状态，以及对工作地进行供应所消耗的时间。布置工作地时间又可分为两种。

①技术性的，即由于技术上的需要，为使工作得以顺利进行所消耗的时间。如校正工具、调整机器设备加注机油等所消耗的时间。这部分时间是随着基本时间的变化而成正比例变化的。

②组织性的，即由于生产组织的需要而做工作所消耗的时间。如班前领取图纸、工具和穿工服、布置工作地点等准备工作，下班收拾工具、整理工作地、填写记录、进行交接班等所消耗的时间。这部分时间是随工作班的重复而重复的，其时间的长短与产品品种或工程类别无关，同具体的生产、施工任务即产品数量或工程量的多少也没有直接关系，但它是随着整个作业时间的增加而相应增加的。

（3）准备与结束时间。准备与结束时间是指工人为完成某项工程的施工任务或某批产品的生产任务，在工作开始前需要消耗的准备工作时间和工作完毕时需要消耗的结束工作时间。这一类时间消耗的特点是，它不是在加工每件产品或进行每个轮班都要消耗，而是完成一种产品生产或一项工程施工任务中只消耗一次，它是随着产品品种或工程类别（结构）的更换而出现的，其时间长短与产品批量、工程以及工作量的大小没有关系。

2. 中断时间

中断时间是指工人在工作班内因种种原因停顿下来没有进行工作所消耗的时间。这类时间包括合理的中断时间和不合理的中断时间两个部分。

（1）合理的中断时间。包括劳动者休息和生理需要的中断时间以及生产或施工过程中不可避免的工艺需要的中断时间。

①劳动者休息和生理需要的中断时间。主要是指从事繁重紧张劳动、有毒有害和高空、高温、水下作业等工作的工人，在工作中必须定期休息而消耗的中断时间，以及因喝水、上厕所等生理上的需要而消耗的中断时间。这部分时间是随工作班的重复而重复的。

②工艺需要的中断时间。主要是生产施工过程中，因工艺过程的原因，在一定生产条件下不可避免或必须合理中断所消耗的时间。如井下作业过程中的等待恢复液面，等候水泥凝固等所消耗的时间。这部分时间与工艺性质有关，但并不是随工作班的重复而重复的。

（2）不合理的中断时间。按其造成的原因不同，又可分为组织造成的中断时间、自然因素造成的中断时间和工作者责任造成的中断时间三种。

①组织造成的中断时间。指在工作时间内，由于组织领导不善，使工人因等候分配工作、原材料和配件、图纸、工具设备、动力、检验、修理工具机械，以及占用生产施工时间开会、学习、找人谈话，分工不当与人力过多等原因，造成工人不能继续工作而停工的中断时间。

②自然因素造成的中断时间。指由于天气突变，发生风、雷、雨、雪等各种自然灾害，使工人不能干活、生产不能进行而造成的中断时间。

③工作者责任造成的中断时间。指工人在工作班内因责任事故造成停工，以及迟到、早退、闲谈、闲逛、打闹、办私事、违反劳动纪律和工艺操作规程等造成的中断时间。

3. 非工作时间

非工作时间是指工人在正常生产活动中，从事不必要的无效劳动或做本职任务以外的工作所消耗的时间。出现上述非工作时间，有些是由于企业管理不当、生产组织不合理造成的，也有些是工人本身原因造成的。因此，它又可分为组织造成的非工作时间和个人造成的非工作时间。

（1）组织造成的非工作时间。包括领导分配做本职以外的工作，因材料不良造成返工、回修或废品，因工作地组织不善、动力不足而造成多余的动作，因指示及图样不明确而造成的多余动作或返工报废，非本人原因找工具、找材料等。

（2）个人造成的非工作时间。包括工人因技术不熟练或违反操作规程造成返工报废及做多余动作、本人工具乱放而到处寻找、自动做本人职务以外的工作、不使用专用工具而浪费时间等。

十、劳动定额的制定

1. 制定劳动定额的要求

制定劳动定额的基本要求如下。

（1）时间上要快。即能够及时满足生产和管理上的需要。

（2）质量上要准。即劳动定额要先进合理，不同车间、不同工序和不同工种之间的定额水平要基本平衡。

（3）范围上要全。即凡是需要和可能制定劳动定额的工种和项目，都要有定额，即使是一些临时性的工作，也要尽可能制定定额。

2. 制定劳动定额的方法

劳动定额水平是指劳动定额所规定的劳动消耗量标准的高低程度。劳动定额水平必须先进合理，所以定额水平应以当时当地工人的技术水平和设备条件为基础，以大多数工人经过努力能够达到为立足点，始终保持平均先进水平的标准。平均先进定额水平是全现场的共同努力目标，它的制定方法如下。

（1）求出现场中从事同一劳动或生产同一种产品的全部工人实际完成的定额的平均数即平均定额。

（2）求出现场中超额完成生产任务的部分工人所达到的先进定额平均数即先进平均定额。

（3）求出平均定额同先进平均定额的平均数，这个平均数就是平均先进定额。

十一、劳动定额的修改

劳动定额的修改，在实际工作中一般有两种情况。

1. 定期全面修改

定期全面修改是指在正常生产条件下，依据预先确定的期限，对各种产品和工作的定额进行比较全面的审查和修改。其具体期限，可根据不同的生产类型、不同的制定方法而定，可将修改期定为两年，也可定为一年或半年。由于全面修改的工作量大，牵涉面广，故在通常情况下，最好结合制订年度生产计划，对定额进行一次全面审查修改。

定期全面修改定额的方法，与制定定额的方法基本相同，其核心是确定定额的先进合理水平，搞好各车间、产品、工种之间定额水平的平衡。由于全面修改定额的工作量大，故一般采用简化的办法，即首先确定定额压缩系数，再按其对各项定额进行修改。

$$定额压缩系数 = (报告年度工时定额 - 计划年度工时定额) \div 报告年度工时定额$$

定额压缩系数对全面修改的定额水平能否达到先进合理与平衡的要求，影响极大。因此在对其确定之前，管理人员必须事先做好工作。既要研究报告期工时定额的统计资料，又要选择修改对象进行必要的现场观测。在此基础上，将提出的压缩系数建议数字，提交领导人员、管理人员和工人参加的三结合定额审定会议讨论。通过讨论、核算、对比平衡定额水平，确定定额压缩系数，由厂长批准后，再正式进行定额的修改。

2. 不定期临时修改

不定期临时修改是指当某些生产的客观条件发生重大变化，而使某些产品或工作的定额变得不相适应时对其进行的临时性修改。如当产品设计、工艺变更、原材料变更、设备和工装变更、生产组织和劳动组织形式变更、新产品从试制转入正常生产的变更等情况下，对原有产品或工作定额的临时性修改等。

不定期临时修改定额也要经过一定的审批手续方可进行。劳动定额工作应运用现代管理手段和方法，不断完善和提高。目前的制定方法有数字模型法、瞬时观察法、预定动作时间法和用计算机编制程序等。

十二、劳动定额实施

劳动定额的实施是指现场对劳动定额的贯彻执行、检查督促、统计记录、及时反馈等项工作。其基本内容如下。

（1）加强教育培训，使现场成员认清贯彻劳动定额的重要意义和目的，增强大家完成定额和超定额的信心。

（2）协助企业职能部门做好劳动定额的制定和修订工作，并组织工人进行讨论，使劳动定额保持先进合理的水平。

（3）组织工人正确填写定额原始记录，做到全面、完整、准确、及时。

（4）定期检查督促本现场成员执行定额的情况。

（5）根据劳动定额，组织现场劳动竞赛，实行按劳分配。

（6）对现行定额在执行中发生的问题，及时向车间和厂部反映，提出意见和建议。

员工考勤管理与绩效考核

员工考勤是进行员工绩效考核的重要依据，通过对员工的日常出勤、缺勤、请假等进行管理。

一、出勤管理

出勤管理通常采用打卡（卡钟）或刷卡（磁卡或 IC 卡）两种形式，通过具体的记录来掌握员工的出勤状况。

二、缺勤管理

对于员工因迟到、早退、旷工而出现的缺勤情形，要根据企业的日常规章制度进行处罚。如果是因请假而缺勤，则应视情况进行处理。

（1）如果是病假，可给半薪，工伤假给全薪并不扣全勤，年休假亦同。

（2）丧假、婚假、产假虽然给薪，但要扣全勤。

（3）事假不发薪酬。

三、加班管理

在正常的上班时间以外，根据生产任务的需要可组织员工加班。加班的上下班都要打、刷卡。一般正常班与加班要间隔到 30 分钟，供加班员工用膳及休息。组织加班时，主管一定要安排各班组长进行跟踪，并做好相关人员的安全、饮食管理。

四、如何进行绩效考核

现场员工的绩效考核，主要从工作量（数量）、工作效果（质量）以及本职工作中的改进和提高等方面进行。具体在实施考核时可采取以下方法。

1. 生产记录法

即根据生产现场的记录进行考核的方法。记录的内容是生产或其他工作中的"数"或"质量"的成绩，以及原材料或时间的消耗等。记录的单位可以用产品数量、合格率、时间消耗等来表示。考核者将这些记录汇总整理，以此对员工进行考核。

这种方法能如实反映工人的工作情况，容易被工人理解和接受。但工作量较大，需配备专职记录员和统计员进行考核、记录及汇总工作。

2. 专家评定法

即根据事先确定的许多表示员工行为规范、劳动态度、性格气质等的适用性评语，通过专家对考核对象进行观察，而后对其进行评定。如某企业有如下一些适用性评语。

（　）积极　　　（　）懒惰

（　）认真　　　（　）马虎

（　）诚实　　　（　）不诚实

（　）谦虚　　　（　）骄傲

（　）坦率　　　（　）乖僻

有关专家可在评语前括号中标出肯定或否定的符号。这种方法可以较清晰地描绘出一个人的形象，对员工的调换工作、有目的培养和提拔等有一定参考价值，但不能直接作为晋升或提高待遇的依据。

3. 量表法

量表法通常要做评价指标分解，并划分等级，设置量表（尺度）。该方法可实现量化评估，而且操作也很简捷。以下是一种可供参考的表格。

表 7－2　　　　　　　绩效评价表

工作绩效评价要素	评价尺度	评价事实依据或评语
①质量： 所完成工作的精确度、彻底性和可接受性	A□91～100 B□81～90 C□71～80 D□61～70 E□60 以下	分数：
②生产率： 在某一特定的时间段中所生产的产品数量和效率	A□91～100 B□81～90 C□71～80 D□61～70 E□60 以下	分数：
③工作知识： 实践经验和技术能力以及在工作中所运用的信息	A□91～100 B□81～90 C□71～80 D□61～70 E□60 以下	分数：
④可信度： 某一员工在完成任务和听从指挥方面的可信任程度	A□91～100 B□81～90 C□71～80 D□61～70 E□60 以下	分数：
⑤勤勉性： 员工上下班的准时程度、遵守规定的工间休息、用餐时间的情况以及总体的出勤率	A□91～100 B□81～90 C□71～80 D□61～70 E□60 以下	分数：

续　表

工作绩效评价要素	评价尺度	评价事实依据或评语
⑥独立性： 完成工作时需要监督的程度	A□91～100 B□81～90 C□71～80 D□61～70 E□60 以下	分数：

注：评价等级说明如下。

A. 在所有方面的绩效都十分突出，并且明显地比其他人的绩效优异得多。

B. 工作绩效的大多数方面明显超出职位的要求。工作绩效是高质量的并且在考核期间一贯如此。

C. 是一种称职的、可信赖的工作绩效水平，达到了工作绩效标准的要求。

D. 需要改进。在绩效的某一方面存在缺陷，需要进行改进。

E. 不令人满意。工作绩效水平总体来说无法让人接受，必须立即加以改进。绩效评价等级在这一水平上的员工不能增加工资。

4. 业绩评定表法

根据所限定的因素来对员工进行绩效评估，这种方法通常可以使用多种绩效评估标准。

生产现场员工训练解决方案

一、目的

为促进生产现场的交流，强化生产现场的合作，同时提高作业人员的工作热情，从而有效地实施生产现场的工作，以完成生产目标。企业可根据实际情况，编制生产现场员工训练解决方案。

二、生产现场员工训练实施步骤

1. 确定受教育对象

即确定需要接受训练的岗位及任职人员。

2. 列举生产现场各作业岗位对任职人员的要求

即列举生产现场各个作业所需要的知识、顺序、要点、品质要求、速度、检查重点等。

3. **对各岗位作业人员的能力予以评价**

4. **将两者之间的差距列出，并确认作业者需要培训的能力**

5. **制作标准化作业指导书，明确 5W1H**

- What：工作目标名称是什么？

- When：工序怎么安排？作业时间怎么确定？

- Who：谁是作业责任人？

- Where：工位、作业地点在哪？

- Why：作业原因和目的是什么？

- How：作业的工具、方式方法、关键是什么？

6. **指导作业**

（1）对标准化作业指导书进行讲解

了解新上岗人员的能力，是否从事过类似工作；讲解作业的意义、目的、质量和安全要求；重点是 5W1H 和安全控制，使安全问题可视化。

（2）优秀员工示范，让新上岗人员重复操作

示范时，要对重点关键处和容易混淆容易出差错的地方作详细说明，要求新上岗人员不仅能简单复述出来，而且能反复操作。

（3）随时观察指导新上岗人员，对不规范、不合格操作予以纠正

随时观察指导新上岗人员，对其不规范、不合格的操作细节，要马上纠正，让其知道如何才能获得正确答案。

三、新员工岗前培训

1. **新员工的特征**

（1）不能正确地使用礼貌用语，在过道上与人相遇不打招呼，开会时交头接耳。

（2）由于不了解新环境规则，遇到不明白的事情时，用含糊的话回应询问。

（3）不能实际操作，空想空谈比较多。

（4）容易消极和缺乏信心或对于训斥怀恨在心。

（5）不知道团队协作，容易推卸责任。

（6）不会思考问题、发现问题和解决问题。

（7）不知道求助别人，对于不了解不熟练的作业，怕被别人看不起，便凭着自己的经验和知识硬做。

2. 培训新员工的方法——针对新员工制作培训手册

（1）学习公司的员工守则，关于考勤、着装、仪容仪表、礼节等。

（2）被指派的工作，要在被催促检查前，向领导汇报工作进度，并形成习惯。

（3）发生故障或可能给其他作业带来影响的情况，要及时报告上级。

（4）如果不明白上司指派的工作，不要盲目地操作。

（5）循序渐进，逐步提高，由能够"一专"到"多能"。

四、"一专多能"的在岗培训

1. 培训的必要性

（1）各司其职，一旦员工出现缺勤、休假和跳槽，就可能造成停产或减产。

（2）长期待在一个岗位上，没有挑战性，没有变化，员工容易麻木，失去热情。

（3）适应多品种小批量、频繁变换生产计划和换线的需要。

（4）多技能的员工获得晋升、提薪的机会多，更自信和有竞争优势。

基于以上原因，要定期轮岗，培训"一专多能"的员工。保证每一个岗位，有三个员工能够熟练操作，班长或主管确保落实。

2. 制订培训计划

（1）列出所有技能、工序或岗位在横轴，所有员工在纵轴：已经熟练并能够培训别人的技能用"◎"表示，一般掌握的技能用"○"表示，正在培训的技能用"□"表示，不用掌握的技能用"×"表示，需要掌握的技能用"※"表示。

（2）制订需要掌握的技能的培训计划，5W1H，什么项目？什么时候和多长时间？培训人和被培训人是谁？地点在哪？目的是什么？方式方法是什么？

（3）通过竞赛的推行，激发员工的上进心，使每个员工能利用休息或业余时间参加培训，让有心人逐渐脱颖而出，通过公开考核评比，获得加薪晋职的机会。

（4）可以先从上道或下道工序开始学习。

（5）可以安排其和该岗位员工一起实际操作，获得实际工作经验，校正不标准的操作。

（6）技能培训结束后，可以安排其独立作业 6～10 天，检验和巩固学习成果。

（7）避免出现都去干净、简单、清闲的岗位，又脏又累又难的岗位没人愿意去的现象。

五、交接班训练

1. 交班要求

（1）交接前，将生产指标控制在规定范围内，消除异常情况。

（2）交接班备忘录填写齐全，将各种生产指标、计划完成情况、设施设备情况、事故异常情况、需要接班人员注意的情况。

（3）交接前清洁卫生。

（4）为下一班备料和准备工具。

（5）向接班人员详细解释交接班备忘录，并指出重点。

（6）三不交班。

①事故未处理完不交班，否则接班人员不能及时排除故障。

②接班人员未到岗不交班，否则会形成空岗。

③接班人员没有在交接班备忘录上签字不交班，否则发生问题责任不清。

（7）二不离开。

①班后总结会不开不离开。

②事故分析会未开完不离开。

2. 接班要求

（1）接班人员应提前 30 分钟到岗，留出交接时间，保证交班人员准时下班。

（2）听取交班人员解释交接班备忘录，检查上岗前的准备情况，各个岗位的人员要将检查情况汇总到班长处并在备忘录上签字，交接职责。

（3）三不接。

①岗位检查不合格暂时不接班，并与交班人员一起解决问题。

②事故未处理完不接班。

③交班人员不在现场不接班，在准备作业的同时，等候领导的安排。

3. 班会

（1）班前会流程。

①参与员工：交接班双方的班长或领导，白班交接时，要有一位中层领导参加；接班的全体员工。

②参与员工必须穿戴与作业场所相匹配的服装和胸牌。

③队列整齐、姿势规范、站位固定。

④点名考勤。

⑤交班班长介绍上班情况。

⑥各个岗位的人员要汇报检查情况。

⑦接班班长传达公司文件精神，解决作业问题，下达生产计划。

（2）班后会流程。

①参与员工：交班全体员工，白班交接时，要有一位中层领导参加。

②交班结束后召开班后会。

③各个岗位的人员要汇报作业情况，交流作业心得，提出解决问题的建议。

④交班班长总结，传达公司文件精神，并解决作业问题。

⑤班会结束后班长作工作记录。

（3）班会技巧。

①简单高效，不要超过 10 分钟，以免影响接班的作业。

②要互动参与，不要变成班组长的独角戏，最好给下属轮流主持班会的机会。

③准备充分，最好列出提纲，以免疏漏。

六、遵守现场守则的训练

1. 问题现象

（1）员工懒散、工作没有干劲。

（2）不按标准操作，同样的问题反复发生。

（3）迟到早退不受制裁，没人关心。

（4）完不成生产任务也不在意，没有团队责任感、荣誉感。

（5）没有改善问题的积极性，听之任之。

（6）制订的制度、标准、规范等非常抽象，且操作性不强。由于未被有效地执行，问题还在发生。

2. 出现问题的原因

（1）员工不了解现场守则，或者未经过培训，或者没有条件遵守。

（2）操作标准制订得不切实际、纸上谈兵、落后和烦琐。

（3）在人为失误频繁发生的地方，预防措施和控制失误扩大的设施不能灵敏快速反应，甚至人为设定失误指标，指标以内的操作还被认为是正常发挥。

（4）班组长总是把过失责任推卸到下属身上，把成绩荣誉揽在自己身上，失去下属的信任，进而恶性循环。

（5）班组长不善于沟通，不了解下属的需求；下属也不知道班组长的意图，更不了解作业目标、生产状况等情况。

（6）班组长对过失不认真批评，对成绩不表扬，不树立榜样。

3. 解决问题的方法

（1）班组长以身作则，起到标准的示范作用，认真培训后，严格执行落实。

（2）及时当众表扬优秀的员工，对后进员工正确的地方，要及时鼓励，少批评指责，尤其不能当众打击损毁下属的自信心。

（3）应用5W1H，向下属交代清楚，实现双向交流。

（4）确定岗位责任制，确定每个人的职责。

（5）推行并坚决落实5S管理。

（6）强调遵守作业指令

● 明确作业的目的，不出现自相矛盾、前后不一致的命令。

● 告诉员工作业中应该采取的必要手段。

● 让每一个人都明确交货日期。

● 重点指出要严格遵守的关键点。

● 对指示和命令的内容，一般采取书面通知或要求下属作书面记录。

● 要求员工实事求是地定期报告作业进度，并形成定期报告制度。

● 不能按照作业计划完工或出现故障异常时，要立即向上级汇报。

4. 找出解决现场问题的方法

（1）观察操作者的操作。先隐蔽在操作者不会察觉的地方（最好通过监视器）仔细观察其操作内容，查找是否存在异常或值得怀疑的地方。

观察时，管理人员不要立即进入出现问题的区域，向操作者问这问那，更不要立即展开讨论。

（2）将操作者的动作分为四部分来观察。

● 手：胳膊肘是否不用离开身体就可以完成所需要的操作。

● 脚：是否不用走动或走动不超过一步以上，或者踮起脚尖就可以完成所需要的操作。

● 腰：是否可以不用弯腰或转腰就可以完成所需要的操作。

● 头：是否不需要左右上下转动。作业操作范围是否设置在眼睛看见的区域内。

（3）向现场负责人或直接操作者了解实际情况，发挥他们的主观能动性。

（4）实际操作，验证刚刚听到和看到的东西，掌握第一手的资料，找到真正的问题和解决问题的方法。

七、沟通技巧训练

1. 存在的问题

（1）推一下做一下，下属的作业只限于领导安排的工作，对于未交代的事，即使应该由他完成也不做。

（2）不思进取，因循守旧，即使看到问题，也懒得考虑改善方法，甚至有想法也不愿意说出来。

（3）作业现场问题成堆，班组长和团队每天忙于"灭火"，却不能消除隐患，非常被动地工作，没有工作成绩，视上岗为畏途。

（4）将工作托付到老黄牛、生产骨干或劳模身上，使得忙的人忙得不可开交，闲的人抽烟、喝茶、看报纸、听音乐。

（5）职责不清，落实不到位，出现问题，谁也不认为是自己的责任，下属觉得是领导无方，不会追究自己的责任；上级认为是属下无能，拖累了自己，要求人力资源部将下属换掉。双方站在各自的立场，观点对立，不能心平气和地换位思考。

2. 沟通技巧

（1）用看板管理方式让每个成员明确作业目标、作业进度，时刻提醒大家。发出生产指令时，要清晰、明确、容易理解。

（2）重视关心下属，有计划地培养下属独立运作的能力，甚至是局部取代自己的能力。

（3）耐心倾听下属的需求和烦恼，耐心解释和解决其出现的问题。

（4）激励激发下属的工作积极性，创造团结的人际关系。

（5）同事之间积极沟通，排解矛盾，团结协作。

参考文献

［1］李家林．中小企业现场管理一本通［M］．北京：化学工业出版社，2011．

［2］黄杰．图解现场管理一本通［M］．北京：中国经济出版社，2011．

［3］影响力中央研究院教材专家组．现场硬功夫：让生产良性运转的6S管理［M］．北京：电子工业出版社，2009．

［4］姚小风．生产现场精细化管理全案［M］．北京：人民邮电出版社，2009．

［5］表万洙．班组长现场管理实战［M］．北京：人民邮电出版社，2010．

［6］朱少军．现场管理简单讲［M］．广州：广东经济出版社，2005．

［7］李景元．现代企业劳动定额员现场管理运作实务［M］．北京：中国经济出版社，2004．

［8］潘林岭．新现场管理实战［M］．广州：广东经济出版社，2008．

［9］张晓俭，张睿鹏．现场管理实操细节［M］．广州：广东经济出版社，2005．

［10］大西农夫明．图解5S管理实务［M］．高丹，译．北京：化学工业出版社，2009．

［11］杨剑，黄英．优秀班组长现场管理［M］．北京：中国经济出版社，2004．

［12］胡俊，黄英．金牌班组长现场管理［M］．广州：广东经济出版社，2009．

［13］张平亮．现代生产现场管理［M］．北京：机械工业出版社，2009．

［14］章慧南．中小企业现场管理与开发理论与实务［M］．上海：复旦大学出版社，2005．

附录　企业现场管理 3 定 5S 管理示例

下面是××企业的 3 定 5S 活动巡查作业示例，目的在于长期维持 3 定 5S 活动的成果。

××企业的 3 定 5S 活动巡查活动示例

一、背景

为了使改善活动持续下去，工厂应按星期进行项目分类，开展改善活动。工厂全体员工一定要有改善的决心与意志；在尚有不足的工作现场，3 定 5S 活动指导人员与监督人员应提出改善指示并激励现场人员进行改善。

二、每星期的活动安排

3 定 5S 活动每星期的巡查活动安排如表 1 所示。

表 1　　　　　　　　3 定 5S 活动每星期的巡查活动安排

时间	巡查活动内容	备注
星期一	设备的清扫、润滑、维护	
星期二	目视管理、3 定 5S 活动	
星期三	卫生间、休息室、更衣室	
星期四	执行定期检查、3 定 5S 活动检查表	
星期五	其他抽查、检查等，如环境检查、安全检查	

三、活动要点

1. 消除分散的、众口铄金式的指责，按原因把改善领域具体化。

2. 改善领域"点"的改善要转换为"面"的改善措施。

四、每日巡查活动流程

每日巡查活动流程如图 1 所示。

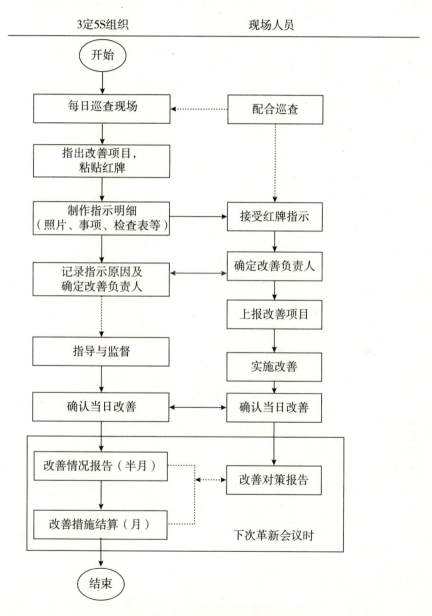

图1　3定5S每日巡查活动开展流程

五、附件

1. 每日现场改善相关表格示例

表 2   **每日现场改善指示表**

每日现场改善指示	
日期	___年___月___日
项目	□5S □3 定 □目视管理 □现场物流 □设备管理 □环境安全 □其他_____
内容	
负责人	

迅速改善以上地点，1 日内完成，并向上级领导及 3 定 5S 组织汇报。

                                     ——生产管理部经理

表 3   **每日现场改善明细表**

序号	指示日期	生产线	指示项目	指示内容	负责人		是否改善
					班组长	主管	
1							
2							
3							
…							

表 4   **每日现场巡查改善检查表**

每日现场改善指示编号		改善地点	
班组/工序		负责人	
监督人		主管	
原因分析			
对策及管理方案			
改善前		改善后	
		（必须粘贴改善后的照片）	

2. 现场 5S 活动检查表示例

表 5　　　　　　　　　　现场 5S 活动检查表

检查项目	检查内容	分数	评价	建议事项
整理活动	在作业现场没有不必要的物品	5分		
	有不必要的物品,但区别标识分明,不妨碍进行作业	3分		
	作业现场有不必要的物品,没有与必要品进行区分而混在一起	1分		
夹具、工具、测量工具、材料等的整顿活动	作业人员所使用的夹具、工具、测量工具、材料等被放在指定的位置,便于使用并摆放整齐	5分		
	作业人员所使用的夹具、工具、测量工具、材料等被放在指定的位置,但不方便使用	3分		
	作业人员所使用的夹具、工具、测量工具、材料等没被放在指定的位置	1分		
叉车及工作台等的整顿活动	使用中的叉车、工作台等处于便于使用的状态,并依平行或垂直方位整顿好	5分		
	使用中的叉车、工作台等处于便于使用的状态,但不处于被放置的状态	3分		
	使用中的叉车、工作台等处于使用困难的状态,也没有位置标识,被放置于作业现场周围	1分		
不良品管理	根据不良品处理规定适当处理不良品,并被整齐地放在指定地点和搁板上	5分		
	虽没有不良品处理规定,但被明确地区分,整齐地放在指定地点和搁板上	3分		
	没有不良品处理规定,也没有指定地点和搁板,只是被随便存放和处理	1分		

检查项目	检查内容	分数	评价	建议事项
桌子、搁板、工具箱、椅子等现场物件的整理活动	在作业现场所需要的其他物件被明确分类标识，并被整齐地摆放在指定地点和搁板上	5分		
	作业现场所需要的其他物件被明确分类标识，但没有指定的保管场所	3分		
	作业现场所需要的其他物件没有明确地区分，而且被杂乱地摆放在作业现场	1分		
设备、工作台、工具、地板等的清扫活动	作业现场内的设备、工作台、工具、地板等都干净，没有发现乱丢的卫生纸	5分		
	作业现场内的设备、工作台、工具、地板等有清扫过的痕迹，但可以看见乱丢的卫生纸	3分		
	作业现场内的设备、工作台、工具、地板等没有清扫过的痕迹，污物仍然被置之不理	1分		
废品桶和垃圾桶等的清扫活动	废品桶和垃圾桶周围没有垃圾，且摆放端正	5分		
	废品桶和垃圾桶周围可以看见一些垃圾，且摆放杂乱	3分		
	废品桶和垃圾桶周围可以看见一些污物，且废品桶和手纸桶内充满手纸和污物	1分		
清洁活动	作业现场内的工具、桌子、地板、工作台、测量器具等处于良好的整理、整顿、清扫状态	5分		
	作业现场内的工具、桌子、地板、工作台、测量器具等虽经过整理、整顿、清扫，但大部分只流于形式	3分		
	作业现场内的工具、桌子、地板、工作台、测量器具等没有经过整理、整顿、清扫，废品被随便丢弃	1分		

续 表

检查项目	检查内容	分数	评价	建议事项
生活化活动	正确了解企业的规范、作业方法等事项,并认真遵守	5分		
	正确了解公司的规范、作业方法等事项,但不能遵守	3分		
	不了解公司的规范、作业方法等事项,现场的清洁状态不良时也要等别人清扫	1分		

3. 现场 3 定活动检查表示例

表6   现场 3 定活动检查表

检查项目	检查内容	分数	评价	建议事项
定品	备有标有保管品名的、适合保管物类别特性的、便于使用的保管容器	5分		
	虽然有保管物品名,可是没考虑各物品的特性,不方便使用	3分		
	没有标识保管物品名,也没有指定保管容器,不方便使用	1分		
定量	把握了与需要量相应的适应的保管数量,管理着适合供给时间的适当保管数量	5分		
	虽然把握了所需要的量进行管理,但是发生过盈和不足的现象	3分		
	没有把握所需要的量进行管理,也没有在管理适当的保管数量	1分		
定位	物品按大小和保管数量划分,并可以先入先出及进行合格品和不良品的区别管理	5分		
	虽然物品按大小和保管数量划分,但不能进行先入先出及进行合格品和不良品的区别管理	3分		
	由于没有考虑物品的大小和保管数量,同种物品被分散在多处进行管理	1分		

4. 现场目视管理检查表示例

表7　　　　　　　　　　　现场目视管理活动检查表

检查项目	检查内容	分数	评价	建议事项
用眼观察	无论在怎样的状态下，任何人都能轻易了解物品的放置地点	5分		
	虽然可以了解物品的放置地点及保管状态，但无法区分正常和异常	3分		
	无法了解物品的放置地点、以怎样的状态保管，也无法区分正常与异常	1分		
作业工艺保管箱管理状态	各工艺的工具及测量器具等的保管箱便于使用，可正确区分保管	5分		
	各工艺的工具及测量器具等有保管箱，但没有区别保管，不便于使用	3分		
	各工艺的工具及测量器具等没有保管箱，且没有区别保管	1分		
作业工艺工具管理状态	各工艺的工具、材料、测量器具等的保管数量适合，并良好地放置于便于使用的位置	5分		
	各工艺的工具、材料、测量器具等的保管数量适当，但不方便使用，妨碍进行作业	3分		
	各工艺的工具、材料、测量器具等的保管数量过多，不便于使用，妨碍进行作业	1分		
用眼观察现场检查单的管理活动	现场的各种检查项目均按标准制作和实施	5分		
	现场的各种检查单的制作与实施与标准作业指导书无关	3分		
	现场的各种检查项目没有检查标准，也没有适当的管理措施	1分		

5. 车间现场3定5S活动检查表示例

表8　　　　　　　　　车间现场3定5S活动检查表

项目	评分要点	评价标准				
		1分	2分	3分	4分	5分
整理	1. 通道状况	有很多东西或脏乱	行驶不通畅	摆放的物品超出通道	物品超出通道，但有警示牌	既畅通又整洁
	2. 工作场所的设备、材料	1个月以上未用的物品杂乱放着	角落放置不必要的物品	放置半月后要用的物品且杂乱	放置一周内要用的物品且整理良好	放置3日内要用的物品，且整理良好
	3. 料架、货架状况	未规范好，造成空间浪费	物品摆放很凌乱	摆放稍乱，未分类存放	存放整齐但未进行标识	规划适当，架物标识一致
	4. 工作台上、下及抽屉	不使用的物品摆放杂乱	放置半月才用一次的物品，但整齐	摆放不用的文具、物品	放置当日使用的物品，但杂乱	桌上及屉内均放置必需品且整齐
	5. 原材料、半成品、成品存放	存放处塞满东西，人不易行走或阻塞防火通道	东西摆放杂乱	有定位但未严格执行或无标识	有定位，也处在管理状态，但搬运不方便	任何人都易了解，搬运简单
	6. 公布栏、看板	文件有破损且有灰尘或书写杂乱	存放两周以上的文件	张贴、书写不整齐，但整洁	从左到右张贴整齐，看板清洁干净	看板有做美术设计，漂亮、新颖
	7. 设备、机器、仪器、工具	破损不堪，不能使用，放置杂乱	不能使用的集中放置在一起	标签脏，有破损或污迹	能使用，有保养，有定位，但不整齐	摆放整齐、干净，采用目视管理

续　表

项目	评分要点	评价标准				
		1分	2分	3分	4分	5分
整顿	8. 设备日常点检表确认	设备不点检	有设备点检规定，但执行不到位	进行日常点检，但检查表填写有误	进行日常点检，检查表填写规范	严格点检作业，检查表填写正确，能及时发现问题
	9. 标签	乱贴标签、凌乱	按规定粘贴所需标签	标识清楚，但未分类	预计项目未按规定执行	按标签管理规定运作
	10. 原物料、在制品、半成品、成品	合格品与不合格品混放	合格品与不合格品分开存放，但标识不清楚	共同被定位、集中保管	分类摆放，且有区域标识	充分做到定位、区分放置
	11. 文件、档案	放置凌乱，使用时找不到	虽然放置杂乱，但可以找到	有轻微灰尘	分类保管，但无次序	有目录、有次序，且整齐，任何人都能很快找到
清扫/清洁	12. 通道、作业场所	有烟蒂、纸屑等其他杂物	虽无脏物，但地面不平整	有大量水渍、灰尘，不干净	定时清扫，作业场所的零星材料存放杂乱	随时清洁，保持干净的环境
	13. 设备/工具/仪器/消防器材	有生锈	虽无生锈，但有油垢	有轻微灰尘	保持干净	有防止不干净措施，并随时清理

项目	评分要点	评价标准				
		1分	2分	3分	4分	5分
清扫/清洁	14. 窗、墙壁、天花板	布满蜘蛛网、污垢、卫生工具乱放	偶有蜘蛛网、污垢、卫生工具固定摆放	无蜘蛛网，偶有灰尘及污垢	还算干净，感觉良好	干净亮丽，很是舒服
	15. 通道与作业场所	未能加以区别	有所区别，但未做标识	标识不清楚	标识清楚，地面有清扫	通道与作业区干净、整洁
	16. 地面	有油或水	有油渍或水渍，显得不干净	地面不是很平	经常清理，且没有脏物	地面干净，感觉舒服
	17. 洗手台	容器或设备脏乱	损坏未修补	有清理，但还有异味	经常清理没有异味	干净亮丽，感觉舒服
素养	18. 日常5S活动	没有活动，5S稽核时不服从	有清扫工作，但不能积极配合5S稽核工作	开会对5S进行宣传	平时皆能完成清扫工作，且积极配合稽核工作	活动热烈，大家积极配合
	19. 服装穿着	没按规定穿着	按规定着装，但衣物很脏	衣物稍有脏污，纽扣或系带未弄好	衣物干净，但未挂识别证	衣物干净，识别证齐全
	20. 行为规范	举止粗暴、在现场吃食物或脚踩物料等	衣衫不整、不讲卫生或随地吐痰，乱丢垃圾	自己的事可以做好，但缺乏公德心	公司规定均能遵守	主动精神，团队精神
	21. 时间观念	大部分人缺乏时间观念，上班迟到、早退、离岗	稍有时间观念，但会尽力去做	不愿受时间约束，但会尽力去做	规定时间内会全力去完成	规定时间内会提早去做好

6. 车间办公室 3 定 5S 活动检查表示例

表9　　　　　　　　车间办公室 3 定 5S 活动检查表

项目	评分要点	评价标准				
		1分	2分	3分	4分	5分
整理	1. 储物柜	储物柜的使用不规范，造成空间浪费	物品摆放很凌乱	物品摆放稍乱，未分类存放	存放整齐但未用标识	规划适当，料架与物品标识一致
	2. 桌面、桌下或抽屉内	不用的资料或物品任意摆放	过期的资料和用品摆放整齐	偶尔有不用的文具与物品一起摆放	摆满要用的资料及物品，但稍显凌乱	将桌上屉内所需的物品降到最低限度
	3. 通道	有很多东西，脏乱	虽能通行，但要避开	物品略占通道，可顺利运行	放置的物品会在一天内移走	既通畅，又整洁
	4. 公布栏、宣传栏	文件有破损且多灰尘	存放两周以上的文件资料	标签粘贴不整齐，但整洁	从左到右粘贴整齐，看板清洁干净	看板有美术设计，焕然一新
整顿	5. 桌子、椅子	桌子上随意摆东西，显得凌乱，椅子未归位	桌椅排列整齐，但有灰尘、油垢	桌椅整齐干净，桌面东西杂乱	桌面上物品摆放整齐干净	桌面物品归位，椅子能及时归位
	6. 私人物品及一般消耗品	到处乱丢	对于报废不要的物品随时清理	使用后不能及时归位	设置固定放置场所，且清楚	人人都养成随手归位的习惯
	7. 文件、资料、档案夹	文件资料随意摆放	文件资料分类存放	档案夹没有弄清楚标识	及时对过期的资料文件做出处理	设定保存期限，用颜色管理文件夹

344

项目	评分要点	评价标准				
		1分	2分	3分	4分	5分
整顿	8. 清洁工具、垃圾桶	随处可见，到处摆放	清洁工具放在指定位置，但太脏	有定位但不能随时清理，有积存	有定位、有清理，稍有异味	固定放置，干干净净
清扫／清洁	9. 设备、工具、消防器材	有生锈、腐蚀现象	有灰尘、尚未生锈，但有油污	手摸到的地方稍有灰尘	清扫干净，感觉良好	没有污垢，一有就马上清除
	10. 天花板、墙角、窗户、洗手间等	布满蜘蛛网、污垢、卫生工具到处乱放	偶有蜘蛛网，污垢，卫生工具固定摆放	无蜘蛛网，偶有灰尘、污垢	感觉很干净，清扫工具摆放于固定位置	四周清爽干净，用具摆放整齐
	11. 洗手台、花盆	上面有较多灰尘、积垢或其他杂物	定时清扫，灰尘或杂物较少	上面有较多纸、碎屑	偶而有碎屑	用手摸也难感到不洁
	12. 地面、通道	散落塑料袋、纸或其他杂物	虽没有大垃圾，但偶有小纸屑等	定时清扫，有较多灰尘或积水	有专人负责清扫区域的维护工作	干净，无积水、灰尘等
	13. 桌子、椅子表面	布满灰尘及油垢	无灰尘，有较多油垢	定时清扫、无油污，有少许灰尘	有专人负责进行清洁维护	干净亮丽，用手摸也无灰尘油污
	14. 花圃	杂乱、落满树叶及其他杂物	少许杂物，但花草很杂乱	少许杂物，花草有做适当修剪	无杂物、花草等美观度欠佳	花草修剪整齐、美观，无杂物
	15. 大件不动之物品（如消毒柜等）	顶部堆积其他大量物品	顶部偶尔存放其他物品	顶部无杂物，但有灰尘及污垢	定时清扫，少有灰尘，但无污垢	干净亮丽，给人以崭新感

345

项目	评分要点	评价标准				
		1 分	2 分	3 分	4 分	5 分
素养	16. 服装穿着	没按规定穿着	按规定穿着，但衣物很脏	衣物有少许脏污	衣物干净，未挂厂牌	衣物干净，厂牌齐全
	17. 日常 5S 活动	没有活动，对 5S 稽核结果漠不关心	虽有清扫清洁工作，但非 5S 计划性工作	开会时对 5S 进行宣导	平时做能够做得到的	活动热烈，积极配合 5S 活动，大家均有感受
	18. 仪容	不修边幅又脏	头发、胡须过长	上两项其中一项有缺点	均依规定整理	感觉有活力
	19. 行为规范	举止粗暴，说脏话	衣衫不整，不讲卫生	自己的事情可做好，但缺乏公德心	公司规则均能遵守	有主动精神、团队精神
	20. 时间观念	大部分人缺乏时间观念	稍有时间观念，开会迟到很多	不愿受时间约束，但会尽力去做	会在规定时间内努力去完成	会在规定时间前提早做好